本书受国家自然科学基金青年项目
"顾客反馈视角下基于原型策略的迭代创新过程机理和边界条件研究"
（批准号：72102093）资助出版

ns Academic Press (CHINA)
高新技术制造企业原型设计策略研究

RESEARCH ON PROTOTYPES DESIGN STRATEGY IN
HIGH TECH MANUFACTURING FIRMS

宋 茜◎著

社会科学文献出版社
SOCIAL SCIENCES ACADEMIC PRESS (CHINA)

摘　要

　　伴随创新转型的巨大压力，新产品开发成为众多企业竞争的关键支点。然而，由于新产品开发的高度复杂性，众多企业的新产品开发以失败告终。除技术基础薄弱之外，不恰当的新产品开发策略也是众多新产品开发夭折的关键原因。众多企业经常错误地依赖以详细计划为基础的瀑布流式创新策略，导致产品试错成本居高不下、次生性问题不断，最终导致新产品开发失败。创新管理的最新研究认为，企业应采用迭代创新策略来扭转困局，以原型为起点通过反复试错、逐步逼近的迭代学习来实现新产品开发。然而，众多企业仍然对如何开始迭代创新存在诸多困惑，尤其是无法找到原型设计策略如何才能更好地促进产品开发的可靠理论依据。

　　遗憾的是，当前迭代创新的研究尚处于起步阶段，仍然无法回答以上问题。现有研究更多局限于对迭代创新概念的讨论，对迭代创新的作用机制仍然缺乏细致的分析，对原型策略的类型、原型策略对新产品开发绩效的影响机理和边界条件缺乏研究，导致众多企业不能有针对性地设计迭代创新策略。首先，迭代创新的研究未能区分原型策略及其对新产品开发绩效的不同影响。尽管迭代创新强调从原型开始不断迭代反馈，但是原型如何设计才能让后期的迭代过程更加有效仍然不够明确。其次，迭代创新的研究未能揭示迭代学习的过程机制和边界条件，尤其对如何激发客户反馈和抑制主导逻辑冲突的重要问题缺乏深入分析。尽管迭代创新研究强调了客户反馈的作用，但忽略了顾客参与迭代的成本和意愿；迭代创新研究提出企业根据市场对原型的反复测试和反馈逐步改进产品设计，却并未考虑产品迭代过程对企业内部主导逻辑稳健性的影响。

针对新产品开发的实践难题和迭代创新研究的不足，本书：①区分了归核原型策略和全面原型策略并分析了两种原型策略对新产品开发绩效的影响；②分析了两种原型策略对顾客共创与主导逻辑冲突的影响方式及其中介作用；③探讨了需求异质性对两种原型策略与顾客共创和主导逻辑冲突之间关系的调节效应。

本书利用299家中国高新技术企业的调研数据对所提出的17条假设进行检验，其中14条假设得到了数据支持。研究发现：①全面原型策略对新产品开发速度和质量的正向作用比归核原型策略更强；②顾客共创正向影响新产品开发速度、成本绩效和质量；③主导逻辑冲突降低了新产品开发速度和质量；④归核原型策略和全面原型策略促进了顾客共创；⑤归核原型策略抑制了主导逻辑冲突，而全面原型策略促进了主导逻辑冲突；⑥需求异质性增强了归核原型策略对顾客共创的促进作用，削弱了全面原型策略对顾客共创的促进作用；⑦需求异质性增强了全面原型策略对主导逻辑冲突的促进作用。

本书研究的贡献主要有以下几个。

一是区分并验证了全面原型策略和归核原型策略对新产品开发速度和质量的不同作用，解决了原型策略对创新绩效作用研究存在相冲突的结论的问题，拓展了试错学习方式的相关研究。现有原型策略作用机制的研究存在相冲突的结论。一部分研究提出原型策略提高了新产品开发团队内部的沟通交流效率，促进了新产品开发绩效的提升；另一部分研究提出原型策略将企业的关注点集中在原型功能实现的相关因素上，限制了企业对深层技术原理的探索。本书认为，对原型策略进行有效分类，分别就其作用机制进行研究能够解决以上冲突。本书按照原型功能的完备性将原型策略分为归核原型策略和全面原型策略，并发现全面原型策略对新产品开发速度和质量的提升作用显著强于归核原型策略。

二是引入了顾客共创和主导逻辑冲突两个关键变量，分析了迭代创新过程的内部机制，打开了原型策略对创新绩效作用的黑箱。国内外迭代创新相关研究较少，已有研究主要就迭代创新概念和内涵展开探讨，而对迭代创新策略对创新绩效的内在作用机制缺乏深入研究。本书引入顾客共创和主导逻辑冲突作为中介变量，弥补了以往研究的不足，揭示了不同原型策略通过影响顾客共创和主导逻辑冲突影响新产品开发绩效的中间机制。以往研究虽然认为收集顾客反馈是迭代创新的核心环节，然而并未进一步分析何种情况下顾客会真正与企业共创新产品。另外，迭代创新强调企业不断接收顾客反馈以优化新产品设计，实现新产品设计与顾客真实需求的逐渐逼近。新产品开发需要企业内部对创新方向形成统一认知，然而，不断变更的新产品设计会带来内部主导逻辑的冲突。现有研究并没有考虑不断变化的新产品设计对企业内部主导逻辑的影响。本书探讨了归核原型策略和全面原型策略对主导逻辑冲突和顾客共创的不同影响，打开了迭代创新策略对新产品开发绩效影响的黑箱，拓展了迭代创新作用机制的相关研究。

三是分析了需求异质性对不同原型策略作用机制的调节作用，发现了不同原型策略对创新绩效作用的边界。迭代创新过程是企业通过不断与顾客交互获取顾客反馈以优化新产品设计的过程。迭代的本质就是通过反复迭代，不断明确顾客需求，优化产品功能组合设计的试错学习过程。市场需求影响迭代创新过程中的信息获取和迭代方向的确定，从而对迭代创新作用机制起到调节作用。随着新一代信息技术带来的小批量、定制化需求的迅速增加，需求异质性已经成为中国企业所面临的典型市场环境特征。本书通过探讨需求异质性的调节作用，拓展了迭代创新策略对新产品开发绩效作用的环境条件相关研究。

ABSTRACT

With the tremendous pressure of innovation and transformation, New product development has been the key fulcrum for enterprise competition. Because of the high complexity, new product development has high failure risk. In addition to the weak technical foundation, inappropriate new product development strategies are also a key factor in the failure of many new products. Companies often mistakenly rely on waterfall innovation strategies based on detailed plans, resulting in high product trial − and − error costs, secondary problems, and ultimately failed new product development. The latest research on innovation management believes that enterprises should adopt iterative innovation strategies to reverse the dilemma, starting from prototypes, and realize new product development through repeated trial and error and gradual approximation of iterative learning. However, many companies still have a lot of confusion about how to start iterative innovation, especially how prototyping strategies can better facilitate product development.

Unfortunately, the current research on iterative innovation is still in its infancy and still cannot answer the above questions. The existing research is more limited to the discussion of the concept of iterative innovation, and there is still a lack of detailed analysis of the mechanism of iterative innovation, and there is a lack of research on the types of different prototype strategies, the impact mechanism and boundary conditions of prototype strategies on the performance of new product development, resulting in the inability of many enterprises to design iterative innovation strategies in a targeted manner. First, existing research lacks clear classification of iterative innovation strategy and the comparative analysis on their effects. Research has found the importance of prototype in iterative innovation process. However, existing research pays little attention to how to design prototype for better new product development performance. Second, existing research can not fully explain the inter-mechanism of the iterative innovation process. Existing research all posits a positive effect of iterative innovation strategy on new product development performance. There is a black box between iterative innovation strategy and new product development performance. Existing research on iterative innovation strategy emphasizes that customer cocreation is the chief component. However, research fails to recognize when customers are willing to participate in iterative innovation. Furthermore, existing research suggests that try and error is the core of iterative innovation process. However, research pays little attention to the effect of continuous improvement on the robustness of dominant logic.

According to above research limitation, this research: ① classifies prototype strategy into monofunctional prototype and multifunctional prototype; ② compares the effect of monofunctional prototype with multifunctional prototype on new product development performance; ③ analyzes the moderating effect of demand heterogeneity.

We test our theoretical model based on the survey data from 299 Chinese high-tech enterprises. We develop 17 hypotheses, and 4 of them are supported by the data. We find that: ① multifunctional prototype has a stronger association with new product development speed and new product development quality than monofunctional prototype; ② customer cocreation is positively associated with new product development speed, new product development cost performance and new product development quality; ③ dominant logic conflict is negatively associated with new product development speed, new product development cost performance and new product development quality; ④ multifunctional prototype and monofunctional prototype are both positively associated with customer cocreation; ⑤ monofunctional prototype is negatively associated with dominant logic conflict while multifunctional prototype is positively associated with dominant logic conflict; ⑥ demand heterogeneity strengthens the positive effect of monofunctional prototype on customer cocreation, while weakens the positive effect of multifunctional prototype on customer cocreation; ⑦ demand heterogeneity strengthens the positive effect of multifunctional prototype on dominant logic conflict.

This research makes three important theoretical contribution to existing research on iterative innovation strategy.

First, this research finds that multifunctional prototype and monofunctional prototype have different effect on new product development performance, resolves the conflict conclusion on the relationship between prototype development and new product development performance, and extends the research on try and error. Existing research offers conflict views on the relationship between prototype development and new product development performance. One stream of literature suggests that prototype development promotes internal communication within product development group and then new product development performance. The other stream of literature posits that prototype development weakens the depth of technology learning and then restricts technology capability development. This study divides prototype strategy into multifunctional prototype and monofunctional prototype and analyses the effect of multifunctional prototype and monofunctional prototype respectively. This study finds that multifunctional prototype has a stronger association with new product development speed and new product development quality than monofunctional prototype.

Second, this research identifies the mediating effects of customer cocreation and dominant logic conflict. Existing research on iterative innovation mainly discusses the definition and extension of iterative innovation. Little research explores the effect of iterative innovation. Research all posits a positive effect of iterative innovation strategy on new product development performance. There is a black box between iterative innovation and new product development performance. On the one hand, iterative innovation is an open innovation process. Customer is an important component of this process. However, existing research overlooks the willingness of customers to join in. On the other hand, iterative innovation is a continuous improvement process. New product

ABSTRACT

development requires firms to unify understanding on product concept. Research pays little attention to the effect of iterative innovation on the robustness of dominant logic.

Third, this study extends previous study on iterative innovation by investigating the moderating effect of demand heterogeneity. Customer is the key component of iterative innovation process. Firms clarify true market demand by feedback on the prototype and continuously improve product design. Customers' feedback directs the improving point of product and then the iterative innovation process. With rapid growth of customized demand, demand heterogeneity has been the typical feature of Chinese market. This study explores the moderating effect of demand heterogeneity, and extends the research on iterative innovation.

目 录

第1章 高新技术制造企业原型设计策略研究背景与不足 …………… 001
 1.1 现实背景 ………………………………………………………… 004
 1.2 理论背景 ………………………………………………………… 016
 1.3 当前研究不足 …………………………………………………… 024
 1.4 研究主要内容与思路 …………………………………………… 027

第2章 高新技术制造企业原型设计策略研究理论综述 ……………… 032
 2.1 新产品开发绩效 ………………………………………………… 032
 2.2 新产品开发管理 ………………………………………………… 039
 2.3 组织学习理论 …………………………………………………… 052
 2.4 主导逻辑 ………………………………………………………… 063
 2.5 顾客共创 ………………………………………………………… 073
 2.6 需求异质性 ……………………………………………………… 080

第3章 高新技术制造企业原型设计策略研究理论框架及假设 ……… 082
 3.1 概念界定 ………………………………………………………… 082
 3.2 理论框架构建 …………………………………………………… 090
 3.3 研究假设提出 …………………………………………………… 098

第 4 章　高新技术制造企业原型设计策略研究方法 ……………… 132
4.1　问卷设计与数据收集过程 …………………………………… 132
4.2　样本特征 ……………………………………………………… 137
4.3　变量测量 ……………………………………………………… 141
4.4　统计分析基本方法 …………………………………………… 143

第 5 章　高新技术制造企业原型设计策略实证研究结果 ………… 145
5.1　描述性统计分析 ……………………………………………… 145
5.2　信度、效度检验 ……………………………………………… 149
5.3　共同方法偏差 ………………………………………………… 152
5.4　回归分析结果 ………………………………………………… 153

第 6 章　高新技术制造企业原型设计策略研究结果讨论 ………… 162
6.1　研究结果讨论 ………………………………………………… 163
6.2　研究实践意义 ………………………………………………… 170

第 7 章　高新技术制造企业原型设计策略研究结论与展望 ……… 174
7.1　研究结论 ……………………………………………………… 174
7.2　研究创新点 …………………………………………………… 178
7.3　研究不足及未来研究方向 …………………………………… 183

参考文献 ……………………………………………………………… 185

CONTENTS

1 Research Background and Shortcomings of Prototype Design Strategy of High-Tech Manufacturing Enterprises ·············· 001
   1.1 Practical Background ·· 004
   1.2 Theoretical Background ·· 016
   1.3 Research Limitation ··· 024
   1.4 The Main-Content and Ideas ·· 027

2 A Theoretical Review of Prototyping Strategies in High-Tech Manufacturing Enterprises ·· 032
   2.1 New Product Development Performance ·························· 032
   2.2 New Product Development Process ································· 039
   2.3 Organizational Learning Theory ······································ 052
   2.4 Dominant Logic ·· 063
   2.5 Customer Cocreation ··· 073
   2.6 Demand Heterogeneity ·· 080

3 Theoretical Framework and Assumptions of Prototyping Strategy Research of High-Tech Manufacturing Enterprises ·············· 082
   3.1 Concepts Definition ··· 082

3.2 Theoretical Framework Construction 090
3.3 Research Hypotheses Proposed 098

4 Research Method of Prototyping Strategy of High-Tech Manufacturing Enterprises 132
4.1 Questionnaire Design and Data Collection Process 132
4.2 Profile of Sample 137
4.3 Variable Measurement 141
4.4 Basic Methods of Statistical Analysis 143

5 Empirical Research Results of Prototyping Strategy of High-Tech Manufacturing Enterprises 145
5.1 Descriptive Statistics Analysis 145
5.2 Reliability and Validity Analysis 149
5.3 Common Method Bias 152
5.4 Regression Analysis Result 153

6 Discussion of the Research Results of Prototyping Strategy of High-Tech Manufacturing Enterprises 162
6.1 Discussion of the Results of the Study 163
6.2 Practical Implication for Research 170

7 Research Conclusions and Prospects of Prototyping Strategy of High-Tech Manufacturing Enterprises 174
7.1 Conclusion of the study 174
7.2 Pesearch Innovation points 178
7.3 Research Limitation and Future Research Direction 183

References 185

第1章
高新技术制造企业原型设计策略研究背景与不足

技术创新已经成为中国企业扭转竞争窘境的关键途径。自改革开放以来，中国企业通过"引进、消化、吸收"的创新模式成功提升了市场竞争力，得到了丰厚的市场利润。经过40多年的发展，越来越多的中国企业出现在世界500强的名单之中。129家中国企业入选2019年世界500强企业。[①] 然而，中国企业越发突出的问题在于"大而不强"。世界500强企业以营业收入为评价指标进行排名。中国企业依靠庞大的市场红利和低廉的人工成本成为世界的代工厂，体量庞大而利润菲薄。以石油产业为例，2017年中国石油（20158.9亿元）和中国石化（23641.3亿元）总收入均高于埃克森美孚（15848.2亿元）和壳牌石油（19941.0亿元）；而埃克森美孚（1287.9亿元）净利润高于中国石油（227.98亿元）和中国石化（511.2亿元）。[②] 宏

---

① 《2019世界500强129家中国企业、48家中央企业上榜》，国务院国有资产监督管理委员会官网，2019年7月23日，http：//www.sasac.gov.cn/n2588020/n2877938/n2879597/n30275940/c11796407/content.html。

② 《2017年中国石油股份公司营业额20159亿 净利润达228亿》，人民网，2018年6月7日，http：//energy.people.com.cn/n1/2018/0607/c71661-30041742.html；《中国石油2017年净利润227.9亿元，同比增长188.5%》，中证网，2018年3月22日，https：//www.cs.com.cn/ssgs/gsxw/201803/t20180322_5754190.html；"ExxonMobil 2017 Summary Annual Report", ExxonMobil, https：//d1io3yog0oux5.cloudfront.net/_bf5ed64eb19ac3a 889359cde4a80c21a/exxonmobil/db/2301/21380/annual_report/2017-Summary-Annual-Report.pdf；"Annual Report and Form 20-F 2017", Shell Global，https：//reports.shell.com/annual-report/2017/? accept＝1。

碁集团创始人施振荣提出"微笑曲线理论",指出中国企业大多位于产业链中段利润最为低薄的位置,而国外企业往往占据了产业链中利润最为丰厚的区段。"大而不强"是中国企业面临的现实危机。

关键产品缺失造成了中国企业"大而不强"的窘境。尽管"以市场换技术"的创新战略让中国企业大大缩短了与国外企业的技术差距,关键产品创新依然是中国企业创新的短板。尽管中国企业通过合资合作不断融入国际产业体系,然而基于人口红利的中国制造并未换来国外先进产品的开发技术。中国企业被牢牢锁定在全球价值链的低端环节。例如,中国整车生产规模世界第一,却无法自主制造高端汽车发动机;中国电视的供货量世界第一,而至今未能实现液晶显示屏核心原材料基板玻璃的稳定生产。关键产品自主生产已经成为决定中国企业国际竞争力的关键支点。以中兴和华为事件为焦点的中美贸易摩擦让越来越多的中国企业意识到关键产品开发已经成为关乎产业竞争的瓶颈。

关键产品开发的复杂性较高,以详细计划为基础,以需求、规划、开发、测试、修正为核心的瀑布流式创新过程很难适用(Sethi and Iqbal, 2008; Coorevits et al., 2018)。创新理论的最新研究认为,逐步试错、反复迭代的迭代创新模式是更适合关键产品开发的创新策略。由于关键产品开发的复杂性,企业无法准确预测开发过程中可能出现的问题和障碍。市场需求和技术效应的不明确导致企业无法详细制订新产品开发计划。瀑布流式的一次性规划创新策略无法应用于企业对关键产品的开发过程中。迭代创新策略更加适合于高度模糊、高度不确定的关键产品开发过程(Sethi and Iqbal, 2008; Ganco, 2017)。尽管中国许多高新技术企业已意识到迭代创新模式的优越性,但对于迭代创新作用机制和不同迭代策略的选择依旧存在困惑。

迭代创新是试错学习的过程(Stewart and Grout, 2001; Coorevits et al., 2018)。组织学习理论强调了直接经验对实现创新的重要作用(Argote and Miron-Spektor, 2011)。经验学习研究集中讨论了组织内部环境对已有经验转化效率的影响（Macher and Mowery，2003）。然而，经验学习研究并未探讨如何进行试错学习以积累直接经验实现迭代创新。制造企业的迭代创新是以原型为载体的试错学习过程，原型开发是制造企业试错学习的主要策略。究竟如何通过设计原型产品来实现迭代创新是众多企业关心的焦点问题。回答这一问题需要进一步就原型设计策略对企业新产品开发绩效的作用机制展开讨论，打开试错学习过程的黑箱。

现有研究未能就迭代创新作用机制给出系统研究框架。迭代创新研究尚处于兴起阶段，已有研究集中于对迭代创新概念和内涵的讨论，对迭代创新作用机制的研究较少。仅有的迭代创新作用机制研究均强调迭代创新对创新绩效的促进作用。研究提出迭代创新模式更加适合于当代复杂多变的市场和技术环境，能够降低创新失败风险，提升创新绩效（Ries，2011；罗仲伟等，2014；王玉荣等，2016）。然而，研究对迭代创新过程内在机理和不同原型开发策略对创新绩效的作用机制缺乏讨论。一方面，迭代创新研究强调了迭代创新过程中顾客参与对产品开发的推动作用。Ries（2011）提出尽早将产品推向市场能够明确顾客需求，降低创新失败风险。但迭代创新研究并未考虑顾客参与迭代创新过程的成本、风险及意愿。参与迭代创新需要顾客花费时间、精力和物质成本，并且由于原型不完善不稳定，参与原型试用具有一定的故障风险。迭代创新策略影响顾客参与迭代的方式从而影响顾客参与的成本和意愿，并对迭代创新绩效产生影响。另一方面，迭代创新研究提出迭代创新通过不断完善改进原型概念设计，逼近顾客真实需求，提高新产品成功概率（黄艳、陶秋燕，2015；朱晓红等，2019b）。制造企业经营管理围绕产品展开，产品价值维度和概念的改变会直接影响企业运营管理的主导逻辑。迭代创新过程是企业不断接收外部信息并进行反馈的过程。主导逻辑相关研究提出，外部信息反馈直接影响了主导逻辑的稳健性和新主导逻辑的发现和兴起（张璐等，2019；Kor and Mesko，2013）。然而，迭代创新研究并未考虑迭代过程不断接收的外部信息对内部主导逻辑稳健性的影响。因此，研究需要进一步考虑迭代创新过程的内外部成本分布。

基于以上分析，本书就迭代创新作用机制展开讨论。基于组织学习理论、迭代创新研究和中国高新技术企业创新现状，本书主要提出以下问题：①如何实现试错学习？②迭代创新通过怎样的作用机制影响企业新产品开发绩效？③如何设计原型的功能组合以提升新产品开发绩效？④迭代创新的环境要求有哪些？对以上研究问题的探讨进一步完善了组织学习理论，加深了高新技术企业对迭代创新过程的认识，为企业迭代创新实践中原型选择的决策提供了理论依据。

1.1 现实背景

伴随中美贸易摩擦升级，高新技术成为全国关注的焦点，创新驱动发展战略成为扭转竞争困局的关键。关键产品的开发成为各个行业关心的焦点问题。然而，由于新产品开发过程复杂，如何采用恰当的开发策略提高新产品开发的质量和速度、降低新产品开发成本成为企业关心的重要问题，也成为理论研究亟待解决的问题。创新实践表明，新产品开发策略选择不当会导致众多创新无法实现预期绩效。

1.1.1 关键产品开发已经成为创新竞争力的重要来源

1. 关键产品缺失已经成为中国企业竞争力的瓶颈

关键产品国产化的缺失限制了众多中国企业的生存与发展。海思半导体是华为的子公司，专注于集成电路设计。自2019年5月美国对华为实施制裁以来，海思半导体受到了重大影响。美国的制裁导致海思半导体无法从全球晶圆代工厂，包括中国的晶圆代工厂获得芯片生产服务，导致海思半导体设计的任何芯片都无法生产。同时，由于台积电等晶圆代工厂自2020年9月15日后便不能为华为生产芯片，包括5nm、7nm手机芯片或是16nm、28nm芯片，海思半导体的高端芯片线彻底被搁置。表1-1是

2020年全球主要集成电路公司竞争情况，美国具有巨大优势。由于美国的限制，海思半导体技术发展受阻、供应链中断、国际合作受限，严重影响了海思半导体的业务发展和市场竞争力。其半导体收入从2020年的约82亿美元降至2021年的约10亿美元，手机芯片出货量也从2020年的9620万片降至2021年的3020万片，下降了68.6%。[①]

表1-1　2020年全球主要集成电路公司竞争情况

单位：亿美元，%

序号	公司名称	国家/地区	销售收入	同比增长
1	Qualcomm（高通）	美国	194.07	33.70
2	Broadcom（博通）	美国	177.45	2.90
3	Nvidia（英伟达）	美国	154.12	52.20
4	MediaTek（联发科）	中国台湾	109.29	37.30
5	AMD（超威）	美国	97.63	45.00
6	Xilinx（赛灵思）	美国	30.53	-5.60
7	Marvell（美满电子）	美国	29.42	8.70
8	Novatek（联咏）	中国台湾	27.12	30.10
9	Realtek（瑞昱）	中国台湾	26.35	34.10

资料来源：华经产业研究院。

"缺芯少屏"曾是中国半导体行业发展的两大难点。"少屏"是指液晶面板生产无法实现完全国有化。液晶面板是手机、彩电、电脑等电子产品的核心原材料。随着京东方、华星光电、中电熊猫及龙腾光电等液晶面板制造商的兴起，"少屏"已经不再困扰中国电子产业。在液晶显示行业，中国企业已经掌握了系统集成的面板生产技术。与之相对的是，上游混合液晶材料——偏光片和基板玻璃的生产国产化率非常低。液晶面板生产70%的原材料依赖进口输入；高端液晶材料属于技术高度

[①] 《太惨烈！2021年华为海思芯片营收减少458亿元，下滑88%》，维科网，2022年2月7日，https：//ee.ofweek.com/2022-02/ART-8320315-8500-30548408.html。

密集型行业。我国本土液晶材料企业加大研发力度，在指标和性能方面逐步向国际企业靠拢，材料的国产化率也不断提升，八亿时空、和成显示、诚志永华共占据全球17%的市场份额。但液晶材料市场基本上由日本JNC、DIC和德国默克垄断，市场份额约为80%。我国加强基板玻璃产线建设，龙头厂商京东方、TCL科技、彩虹股份等在用于显示领域的高世代玻璃基板产线上均有规划，但基板玻璃市场基本由美国和日本平分；制造偏光片所需的TAC膜与PVA膜依赖日韩厂商，导致我国偏光片严重依赖进口。然而，整个液晶显示产业链利润中面板生产的利润率最低。上游基板玻璃和光学膜等原材料的利润率远高于面板生产。基板玻璃、液晶材料、偏光片和滤光片是液晶面板最为重要的原材料。虽然我国在高端液晶材料、基板玻璃市场、偏光片等领域取得了一定的进展，但在核心技术和原材料方面仍然存在较高的对外依赖度，国产化进程正在加速，但尚未完全实现自主可控。一旦进口受阻，国内面板生产商容易陷入生产经营的困局。

中国汽车产能早已成为全球第一，然而汽车动力与传动系统等的核心元部件仍旧依赖进口。与液晶显示行业类似的是，中国企业在整车装配制造上具备国际一流水平，能够以世界最低的成本标准化整装汽车，却尚未掌握核心元部件生产技术。我国的汽车产业是在"以市场换技术"的指导方针下成长起来的。大批国外汽车企业通过设立合资企业迅速占领中国市场，中国企业赚取的仅仅是微薄的代理费。国外企业并未将核心技术传授给中国合资企业。中国企业尚未掌握发动机、变速箱和电控系统等汽车核心零部件开发技术。高端汽车发动机几乎完全依赖进口，比亚迪、长城、长安等中国汽车品牌都在使用爱信公司的自动变速箱，博世占了中国汽车电喷系统60%的市场份额。尽管目前重型卡车面临激烈的竞争，但美国伊顿公司凭借重型变速箱的垄断，利润获取丝毫不受重型卡车市场竞争的影响，而国内整车制造企业利润不断摊薄。

除以上提到的电子通信、液晶显示和汽车行业，我国在其他行业也存在核心零部件生产外部依赖的问题。改革开放初期，由于工业发展起步较晚及技术发展的线性累积效应，我国企业不具备和世界技术领先的创新企业进行竞争的基础。为了经济发展和快速学习技术，国内企业以国内巨大的市场空间作为交换条件与国外企业合资建立公司。然而，国内企业通过市场只换来了产业链中技术含量较低、收益较低及附加值较低的产业环节。经过数十年的发展与努力，中国制造企业逐渐形成规模，成为世界最大的代工厂。"大而不强"是中国制造企业的典型特征。许多产业在国内并未形成完整的产业链。中国企业往往分布在各个产业链的下游，扮演着集成组装的角色，关键产品被国外高科技企业垄断。除以上提到的芯片、基板玻璃和汽车发动机等核心技术，我国被"卡脖子"的关键产品数量庞大且分布行业广泛。光刻机、航空发动机短舱、触觉传感器、真空蒸镀机、激光雷达、高端电容电阻、铣刀、高端轴承钢、光刻胶、掘进机主轴承等均为被国外企业卡住命门的行业关键原材料产品。

各个行业的核心技术具有技术壁垒高、开发风险大、成本高等特点。我国将各个行业的关键产品开发企业统称为高新技术企业。高新技术包含高科学含量的技术及新技术。面对关键产品国产化缺失带来的巨大损失和隐患，我国政府颁布了一系列促进高新技术创新的扶持政策。

2. 关键产品开发已经成为国家创新战略的核心内容

亚当·斯密在《国富论》中提出，市场经济中存在"看不见的手"，强调了市场对经济发展的自我适应机制，反对政府对经济过分干预。自由市场经济在二战之后在美国大为流行，美国经济也在这一时期得到了快速的发展。与之相反的是，日本通过一系列通用和定向的产业经济政策迅速从二战后的经济颓靡中苏醒并崛起。日本在汽车、钢铁和家电领域的持续赶超促使美国和世界都认识到政府创新政策对经济发展和稳定的重要作用。

我国工业起步较晚，技术和工业基础薄弱。为提高资源的投入效率，加快经济发展速度，我国政府制定了一系列的产业支持政策。1956年我国成立了科学规划委员会，颁布《1956—1967年科学技术发展远景规划》，拉开了我国创新政策的序幕。历任党和国家领导人高度重视创新能力发展，肯定了科学技术对经济发展的重要作用。邓小平提出"科学技术是第一生产力"（中共中央文献研究室，2008）。江泽民在全国科学技术大会上提出，"科教兴国，是指全面落实科学技术是第一生产力的思想，坚持教育为本，把科技和教育摆在经济社会发展的重要位置，增强国家的科技实力及向现实生产力转化的能力，提高全民族的科技文化素质，把经济建设转到依靠科技进步和提高劳动者素质的轨道上来，加速实现国家繁荣强盛"。[1] 习近平指出"具有自主知识产权的核心技术，是企业的'命门'所在"。[2] 李克强在国家科学技术奖励大会上提出，基础研究是科学体系的源头，加快科技创新，必须把基础研究摆在更加突出的位置。[3] 党的二十大报告强调，"教育、科技、人才是全面建设社会主义现代化国家的基础性、战略性支撑。必须坚持科技是第一生产力、人才是第一资源、创新是第一动力，深入实施科教兴国战略、人才强国战略、创新驱动发展战略，开辟发展新领域新赛道，不断塑造发展新动能新优势"。创新是中国发展的主题，伴随着经济发展的不同阶段，我国的创新政策也在顺势进行改进。我国创新政策自改革开放初期经历了五个发展阶段。

1978~1985年是我国创新政策全面复苏的时期。"文化大革命"期间，我国科学技术发展停滞不前。邓小平同志在1978年召开全国科学大会，代表着中国科学的春天正式到来。这一阶段的创新政策确定了科学技

---

[1] 《科教兴国战略：推动科技与教育跨越式发展》，人民政协网，2021年6月11日，https://www.rmzxb.com.cn/c/2021-06-11/2879658.shtml。
[2] 《习近平强调的"命门"是什么》，中工网，2018年5月20日，https://www.workercn.cn/32841/201805/20/180520111722459.shtml。
[3] 《李克强：在国家科学技术奖励大会上的讲话》，中国政府网，2020年1月10日，https://www.gov.cn/guowuyuan/2020-01/10/content_5468147.htm。

术和科技人才对经济发展的重要作用。《1978—1985年全国科学技术发展规划纲要》提出"洋为中用"的开放思想。但这一阶段的科技工作由政府安排，主要科技工作集中为国防事业服务。按照政府计划确定科技研究方向和内容，存在科技研究成果产业化困难等问题。这一阶段的高新技术发展集中于航空航天和核能等国防军事领域，其余产业的高新技术发展几乎不存在。

1986~1998年是我国创新政策逐渐完善、科学研究与经济发展融合的阶段，是高新技术政策萌芽的时期。在这一阶段，我国科学研究的主体依旧是科学研究机构和高等教育学校。这一时期着重进行了科技体制改革，旨在激发科技人员的工作热情，促进经济发展与科技进步相结合。原有面向政府计划的科研安排逐渐转为面向经济发展。1986年实施的"星火计划"希望通过科学技术带动农村经济发展。1986年实施的"863计划"旨在增强我国在高新技术特别是战略性高新技术领域的自主创新能力。1988年实施的"火炬计划"则在全国范围内促进高新技术发展，建立高新技术产业园区，我国首批高新技术企业如北大方正和清华同方就是在"火炬计划"的支持下成立和发展的。

1999~2008年是创新政策大量出台并逐渐完善的阶段。在这一阶段，关键产品开发已经成为创新政策关注的重点领域，成为创新政策制定和经济发展的主旋律。科技创新的主体已经逐渐由科学研究机构和高等教育学校转变为企业。这一阶段对高新技术企业在税收、产品出口和金融等方面进行政策支持，并且加大对新创高新技术企业的扶持力度。2002年国家发布《关于进一步支持国家高新技术产业开发区发展的决定》，大力建立高新技术企业孵化机构，加大对高新技术创业企业的扶持力度。2003年颁布《关于大力推进国家863计划产业化工作的若干意见》，促进"863计划"的科技成果产业化。

2008~2019年进一步强调了关键产品开发对于国家经济发展的支柱作用，加大了对高新技术产业开发区外的高新技术企业的扶持力度。2008年发布的《高新技术企业认定管理办法》，提出对高新技术产业开发区外的高新技术企业实行税收减免。2010年颁布的《国务院关于加快培育和发展战略性新兴产业的决定》，加大了对新能源、信息技术、生物医药等新兴产业的扶持力度。我国政府更加重视高新技术产业化的关键作用，颁布了数个促进科技成果转化的专项政策。2015年对《中华人民共和国促进科技成果转化法》进行修订，2016年国务院相继推出的《实施〈中华人民共和国促进科技成果转化法〉若干规定》和《促进科技成果转移转化行动方案》为促进科技成果转化提供了较为完善和系统的政策支持。这一阶段更加注重高新技术的产业布局与发展，从较为宏观长远的角度为经济的进一步发展提供动力支持。

2020年以来中国的创新政策继续沿着既定发展方向进行深化和完善，进一步推动未来产业的创新发展。2021年12月，中央经济工作会议首次将科技政策作为七大政策之一，强调科技政策要扎实落地。科技部和财政部发布《企业技术创新能力提升行动方案（2022—2023年）》，逐步完善中国的创新政策，帮助企业提升技术创新能力，支持企业前瞻布局基础前沿研究，对企业基础研究投入实行税收优惠政策。在加快技术创新和产业化方面，政府稳步推进对高新技术领域的支持工作。工业和信息化部等七部门发布《关于推动未来产业创新发展的实施意见》，强调大力发展未来产业，引领科技进步、带动产业升级、培育新质生产力的战略选择。

回顾企业创新政策的发展，可以发现高新技术目前已经成为政策支持的重点。高新技术已经由经济发展的推动力量上升为经济发展的支柱。国家为高新技术创新提供了越来越多支持政策，支持政策的力度也越来越大。加快促进高新技术创新与产业化是国家政策的重点方向。我国工业化起步较晚，现代科学技术基础薄弱，政府为科技发展制定了一系列符合国家经济发展的扶持政策。改革开放初期，我国工业基础极度薄弱，经济基础较差。为在世界的工业产业系统中占有一席之地，我国政府创新政策主旋律是开发与学习。利用国内巨大的市场与国外工业企业合作，并向其学习。这一举措无疑有效促进了中国技术进步和经济发展。这一时期国家对外资和合资企业给予了较大的政策优惠。通过与国外企业合作，我国企业逐渐形成了较大的规模。基于人工成本优势，大量劳动密集型的工厂迅速成长，中国经济快速发展。中国制造就是以开放为主旋律的政策导向下的产物。这一时期成长起来的中国制造企业往往"大而不强"，产量规模世界领先，科学技术水平较低，处在各个产业链中利润最为薄弱的位置。面对这一问题，2010年，国务院发布《关于加快培育和发展战略性新兴产业的决定》，将新能源、新材料、信息技术等七大产业定为战略性新兴产业。同时，国家给予认定的高新技术企业大力度的政策倾斜和优惠。对高新技术企业的扶持有所得税的优惠、资金补贴、人才补贴、研发费用加计扣除、固定资产加速折旧等。2012年，中共中央、国务院印发《关于深化科技体制改革加快国家创新体系建设的意见》，要求建立企业主导产业技术研发创新的体制机制。2015年，李克强总理在政府工作报告中又提出"大众创业、万众创新"。习近平总书记提出"创新是引领发展的第一动力"。国务院印发《促进大数据发展行动纲要》，中共中央、国务院发布《关于深化体制机制改革加快实施创新驱动发展战略的若干意见》。第十二届全国人民代表大会常务委员会第十六次会议通过《全国人民代表大会常务委员会关于修改〈中华人民共和国促进科技成果转化法〉的决定》。2016年，中共中央、国务院印发《国家创新驱动发展战略纲要》。

1.1.2 中国高新技术企业新产品开发的问题与困难

1. 创新策略选择不当成为高新技术企业新产品开发失败的重要原因

尽管我国政府针对高新技术企业创新制定了较大力度的扶持政策，然而各个行业关键产品开发仍然存在困难，许多行业关键产品开发还处于瓶颈期。彩虹股份生产液晶显示面板的核心原材料基板玻璃。尽管彩虹股份斥巨资购置安装了基板玻璃的生产线，但是质量的不稳定和生产线的不断故障仍困扰着企业。我国医药行业以仿制药为主，目前世界主流抗癌药生产企业中没有我国企业的身影，我国医药企业尚未开发出能够得到全球认可的药物。2023年中国科学院列出35项我国被"卡脖子"的关键技术。在如此大力度的政策优惠和扶持下，我国高新技术企业创新依旧面临困境。

关键产品开发失败的重要原因在于创新策略选择不当。关键产品开发的市场、技术和组织管理不确定性较高，对创新管理能力和创新策略选择提出了较高要求。尽管经过数十年制造产业的发展，中国制造企业在生产运营管理方面已经达到世界领先的水平，然而由于长年致力于生产制造，对研发创新的投入不足，研发管理水平参差不齐。华为在20世纪90年代花费40亿元向IBM学习集成产品开发流程[①]，助力了华为的创新发展，成就了华为今天在技术创新方面的全球优势。然而，中国许多制造企业尚停留在从外部获取图纸、内部研发解析图纸的阶段。许多高新技术企业甚至没有研发部门，取而代之的则是技术质量部门。如此薄弱的研发管理能力限制了中国高新技术企业的发展。在创新管理的过程中，更多的企业采用了瀑布流式创新策略。

然而，面对高度不确定的市场环境，传统的瀑布流式创新策略往往难以奏效。这种创新策略给中国许多高新技术企业带来了惨痛的教训。蜗牛数字创办于2000年，是国内首个3D网络游戏开发企业。创始人石海毕业于南京师范大学美术系，创办蜗牛数字前曾在餐饮、广告和娱乐行业有过较为丰富的创业经验。2001年盛趣游戏推出2D网络游戏《热血传奇》，引爆国内网游市场。当时国内企业集中于开发2D网游，3D网络游戏则由韩国占领主要市场。蜗牛数字以追求卓越的视觉效果为目

---

① 《华为40亿咨询费师从IBM：来龙去脉及价值几何》，网易网，2022年2月17日，https://www.163.com/dy/article/H0CLDUUP0519CUGP.html。

标历时三年研发出了首个 3D 网络游戏——《航海世纪》。《航海世纪》是中国首款完全自主研发的 3D 网络游戏。蜗牛数字将大量的时间和资源投入 3D 虚拟数字技术和对画面美观的极致追求。产品凭借超高的视觉质量短时间内获得了大量玩家的关注。然而，投资巨大的《航海世纪》并未给蜗牛数字带来预期的收益。产品设计研发集中于对玩家视觉效果的精益求精，在关卡设置和游戏内容上的设计则不尽如人意。许多玩家抱怨游戏节奏较慢，不具有刺激性，游戏体验单调，点卡收费而非道具收费。蜗牛数字开发初期就明确了研发方向，即极致的视觉效果，反而忽视了当时玩家最为在意的游戏内容和关卡设置。最终巨额研发投入并未带来预期的收益。

真宽通信成立于 2004 年，创业团队来自清华、北大等名牌大学。企业致力于为商业用户提供无源光纤接入设备的制造及技术服务。在全国网络尚未普及的年代，真宽通信致力于用光纤宽带替代传统的数字专线，大量投资于 EPON 技术的大规模商用。真宽通信以广电、运营商为目标。然而，产品开发上市后的整整一年时间，真宽通信并未接到一个订单，企业陷入巨大危机之中。运营商和广电已经形成了成熟的供应网络，真宽通信作为初出茅庐的创业企业难以嵌入已有的供应网络之中，对企业的生存提出了严峻的挑战。

创新策略影响了中国高新技术企业的新产品开发绩效。埃里克·莱斯在《精益创业：新创企业的成长思维》一书中提出，企业新产品开发失败的主要原因在于，尚未准确把握客户真实需求就大量投资于既定计划。新产品开发是复杂且不确定的过程，传统的搜索、计划、开发的线性开发模式使越来越多中国企业的新产品开发以失败告终。中国市场具有较大的不确定性，结构复杂，企业难以在产品开发之前详尽地了解顾客对产品的全部要求，国内企业新产品开发绩效的主要决定因素在于能否及时基于产品问题对产品进行迭代。互联网行业已经有越来越多的企业放弃传统瀑布流式创新策略，采用迭代创新策略。

2.虽然迭代创新策略成为众多企业追寻的新方向,但原型策略成为新的疑惑

虽然我国许多高新技术行业发展较为落后,但互联网行业诞生了许多世界领先的高新技术企业。阿里巴巴、腾讯、小米、百度等都是世界级的互联网企业。与国内其他高新技术行业企业相比,互联网企业更多地采用了迭代创新策略。其中,原型功能组合策略的选择已经成为企业迭代创新实践中最为关键的问题。

部分企业原型设计简单,功能维度较为单一,经过快速迭代获取了市场。目前中国最普及的即时通信App——微信,就是通过简单原型快速迭代获得成功的典型案例。2010年11月18日,腾讯广州研发中心正式开始开发微信。当时,腾讯的核心业务部门是腾讯无线业务系统,而非腾讯广州研发中心。经过两个月的紧密研发,腾讯广州研发中心推出了第一个仅仅适用于IOS系统的微信版本。第一个版本的微信功能极其简单,产品设计比较简陋,其核心功能就是图片的免费发送。当时,国内即时通信市场的主流App是米聊、WhatsApp等。由于功能单一,第一个版本的微信推出并没有获得较好的市场反应。次年5月10日,优化版本的微信迅速上线。第二个版本增加了语音功能,根据用户使用习惯进行了一系列优化,吸引了大量用户。随后的一年,微信一共进行了45次迭代更新,不断地增加诸如"摇一摇"、"查看附近的人"、二维码、"朋友圈"和"扫一扫"等功能。不断迭代完善帮助微信快速占领市场,在2013年初用户就达到了3亿人。目前微信已经成为全国最大的即时通信App,成为腾讯未来发展的战略性项目。微信就是依靠简单到甚至简陋的原型产品的快速迭代获取了成功。

然而,简单的原型带来的较差的客户体验也使许多互联网企业走向衰败。ofo是我国首个无桩单车运营平台。最初的小黄车极为简单,就是普通自行车与机械锁的组合产品。用户通过登录ofo平台获取小黄车密码,转动机械锁即可打开车锁。小黄车最主要的竞争对手——摩拜单车考虑较

为周全，单车设计共申请了 200 余项专利，包括车身、车轮、车锁等各方面。车身采用了飞机的铝材质，传动系统采用轴传动，车轮则是实心胎，车锁是电子锁并备有 GPS 定位装置。共享单车市场争夺伊始，小黄车凭借数量和价格优势迅速占领了市场。然而，随着共享单车的大量使用，许多在投入市场之前所未曾意料到的技术、市场和社会问题慢慢显现。首先，小黄车的机械锁容易被破解，许多市民通过简单的方式破译密码免费使用小黄车。其次，由于小黄车采用的就是普通自行车材料，频繁使用使得大量小黄车出现损坏。用户不断解锁破损车辆带来极差的用户体验。最后，无桩单车随停随用也为城市管理带来了困难，许多校园和社区禁止共享单车进入，降低了共享单车的使用频率。由于小黄车最初设计简陋，车身并未设置定位系统，导致破损车辆的寻找效率较低，维修成本巨大。然而，摩拜单车车身车轮坚固，破损率较低，并且车身自带的定位系统也为车辆的管理维修提供了极大便利。面对社区和校园的管制，摩拜单车基于车身定位系统数据迅速设置了指定停车点，将单车停放于指定地点外将自行扣费。摩拜单车完善的设计帮助其迅速低成本地应对正式运营过程中的棘手问题，保证了客户使用的稳定性。小黄车由于早期版本不完善，使用过程出现了较多问题，且问题解决成本高昂。小黄车无法快速解决使用过程中出现的次生问题，不满的小黄车用户纷纷申请退款。最终，ofo 资金链断裂，小黄车彻底输掉了共享单车市场。

制造企业迭代创新以原型为主要载体，中国企业困惑于原型功能组合策略对创新绩效的影响机制。微信通过简单到甚至简陋的原型的快速迭代成功占领了即时通信市场。ofo 同样将原型功能简化，然而产品的不完善使其在激烈的竞争中丧失市场。中国企业迭代创新实践困惑于如何设计原型功能组合提高创新绩效。

经过数十年的工业发展和技术进步，中国制造企业对系统集成产品的开发已经达到了世界领先水平。然而，系统集成产品开发是产业链中利润率最低、劳动最为密集的环节。关键零部件的对外依赖增加了中国企业生存和发展的风险。美国对中兴通迅和华为的制裁使得中国企业意识到关键产品国产化缺失让外国企业掐住了中国企业的命门。关键产品开发往往技术壁垒高、科技含量高、开发难度大。中国专门建立了高新技术企业认定制度，对开发产业关键产品的企业提供扶持。高新技术扶持政策是中国创新政策一贯的重点。近些年，大力建设的高新技术产业开发区和对高新技术企业全方位的扶持意味着关键产品开发策略的研究是符合国家发展战略的，是具有政策意义。

我国许多关键产品的开发依旧处于瓶颈期，失败率高。较低的研发管理水平限制了新产品开发绩效的提升。关键产品开发过程具有很高的复杂性和不确定性。合适的创新策略和创新流程能够帮助企业平衡风险提高成功率。由于关键产品开发的复杂性，以往目标明确、过程清晰的瀑布流式创新策略直接导致了创新失败。互联网行业是我国发展较好的高新技术行业。互联网企业产品开发策略的相关研究发现，迭代创新能够较好地帮助企业应对高度不确定的创新环境。然而，企业依旧对迭代创新的作用机制和原型功能组合策略的选择存在困惑。

1.2 理论背景

1.2.1 迭代创新的相关研究

新产品开发对经济增长具有重要作用已经是经济和管理学界的共识。众多研究探讨了如何通过有效的组织和流程设计最大化新产品开发效率。通过对成功的新产品开发案例进行综合分析，相关研究发现了成功开发新产品所必需的几个步骤和流程，并总结形成了瀑布流式创新策略。瀑布流式创新策略是将新产品开发划分为需求探索、产品设计和规划、产品开发、产品测试和修正等几个阶段（Cooper and Edgett, 2005; Guertler, et al., 2019）。为进一步提高新产品开发效率，Cooper（1990）针对瀑布流式创新策略提出了阶段门管理方法。阶段门管理指对瀑布流式创新每一个阶段都设置阶段门，每道门都有评估小组对新产品项目质量和进度进行评价，决定新产品开发是否继续（Cooper，1990；Coorevits et al.，2018）。阶段门管理通过设置阶段门，最大限度地保证了不良项目的及时叫停和对项目开发的监督管理效率（Cooper and Edgett，2005）。阶段门管理被企业广泛采用，成为企业创新实践中新产品开发管理的主要模式。然而，许多研究认为阶段门管理并不适用于突破式产品开发项目和多变的创新环境（McDermott and O'Connor，2002；Sethi and Iqbal，2008；Ganco，2017）。对于高新技术创新项目，由于项目本身存在较大的不确定性，阶段门管理难以适用。高新技术产品开发的技术路径和市场需求并不明确。阶段门管理适用于具有明确的目标和确定的开发流程的新产品开发项目。当项目不确定性较大时，阶段门的评价标准就难以确定。创新策略研究提出，迭代创新更加适合于不确定性较大的产品创新项目。

迭代法是数值计算的基本方法，指利用粗糙的初始计算结果不断优化逼近真实值的推算方法。迭代创新研究基于迭代法的核心逻辑提出了迭代创新策略。迭代创新并不将创新过程划分成子阶段，而是基于已有信息和资源快速完成从想法到产品制造的完整过程，通过市场对产品的反馈不断修正产品设计实现创新绩效。上一迭代周期获取的反馈信息为下一迭代周期明确迭代方向，逐步逼近真实的市场需求（黄艳、陶秋燕，2015）。迭代创新采用了逐步逼近的试错学习方式，并不期望一次将产品开发到位，而是通过现有信息和资源低成本快速开发原型，将原型投放市场进行试错迭代。随后的迭代周期根据反馈不断对原型进行修正和完善（孙黎、杨晓明，2014）。迭代创新具有交互性、超前性、持续性和加速性（张腾、王迎军，2016；惠怀海等，2008）。面对高度不确定性，迭代创新能够以较低的成本快速探知真实的市场需求并明确技术改进方向和路径（Ries，2011）。

现有研究大多肯定了迭代创新对创新绩效的促进作用。迭代创新能够应对逐渐加大的环境不确定，提升新产品开发的成功率（孙黎、杨晓明，2014）。迭代创新提高了产品创新过程的柔性，使其能够更加快速地响应环境变化，并且迭代创新的开放性能够帮助企业获取多样化的能力和资源，促进企业成长。Ries（2011）提出，迭代创新策略能帮助企业发现并理解顾客的真实需求，降低资源投入的风险，提高新产品开发绩效。

1.2.2　原型策略的相关研究

制造企业迭代创新的关键是原型或样品的迭代优化。原型是迭代创新的阶段性成果，是每一个迭代周期的产物，也是迭代过程的载体。Thomke（1998）提出，原型是企业新产品正式量产前产品概念的物化结果。原型具有阶段性、实验性和不完全性（Kagan et al., 2018；Jussila et al., 2020）。与最终市场化的新产品相比，原型相对简陋并且不完善。原型开发旨在对本迭代周期创新工作阶段性成果进行检测，发现问题并为下一周期迭代方向提供思路。原型的测试集中于技术稳定性和市场满意程度两个方面。原型迭代是试错学习的过程（Von Hippel，2005；Lin et al., 2017）。

原型策略对创新绩效影响的研究存在相冲突的研究结论。原型策略对创新绩效的作用机制体现在沟通交流、测试、知识管理和协调等方面。大部分研究肯定了原型策略对创新绩效的促进作用。Schmickl 和 Kieser（2008）提出，原型策略能够促进产品开发团队的内部沟通交流。产品开发团队内部人员具有不同的知识背景，原型策略能够实现不同知识背景人员之间的沟通，降低沟通成本。原型策略也能够帮助企业实现对新产品开发方向和路径的观点统一，降低新产品开发过程中的协调成本（Seidel and O'Mahony，2014；Geissdoerfer et al., 2016）。一部分研究认为原型策略能够促进企业内部、企业和顾客、企业和供应商之间的交流，从而提升新产品开发绩效（Schmickl and Kieser，2008；Seidel and O'Mahony，2014；Bogers and Horst，2014）。另一部分研究则提出，原型策略限制了企业对技术原理的深入分析，限制了企业创新能力的提高；并且原型迭代具有较高的柔性，降低了对新产品开发的控制，从而降低了新产品开发绩效（Hilal and Soltan，1992；Leonardi，2011）。目前，相关研究缺乏对原型策略的细致分类和对不同原型策略对创新绩效的作用机制的分析。本书以原型功能完备性为标准将原型策略分为归核原型策略和全面原型策略，并分别讨论了两种原型策略对新产品开发绩效的作用机制。

1.2.3 组织学习的相关研究

资源基础观认为，企业的创新绩效取决于企业所拥有的资源和能力；吸收能力理论认为，吸收能力直接影响企业的创新绩效；而组织学习则强调学习和知识对企业创新绩效的决定作用。组织学习理论已经成为创新领域的核心理论之一。组织学习研究从不同维度探讨了学习对创新绩效的作用机制。开放创新理论强调了外部异质性知识和资源对于创新的重要作用；双元学习理论则研究了如何通过有效的双元学习确保企业获取可持续的创新活力；知识创造理论探讨了知识显性化对创新绩效的重要作用。

组织学习的概念界定多样。一部分研究基于学习的结果对组织学习进行定义。Slater 和 Narver（1995）提出组织学习体现为对行为具有潜在影响的组织知识的改变。Mills 和 Friesen（1992）认为组织学习是组织提高管理运营流程的质量和效率的改进活动。Levitt 和 March（1988）认为组织学习是组织基于历史经验完善和修正组织已有流程的活动。Huber（1991）提出组织学习是信息活动，以组织潜在行为的变化为结果。Garvin（1993）提出组织学习是组织创造、获取和转化知识从而改变组织行为的活动。另一部分研究则从组织学习过程的视角对组织学习进行定义。Day（1994）提出组织学习是开发知识、合理推断和存储知识的过程。Cavaleri 和 Fearon（1996）认为组织学习是将组织内部人员共同经历嵌入组织流程与认知的过程。

尽管现有研究对组织学习概念的界定存在差异，但定义的共同核心在于组织经验对组织行为和认知的改变（Easterby-Smith and Crossan，2000；Kumar et al.，2019）。组织学习是组织经验转化为组织知识的过程，这种知识既可以体现在组织的行为上也可以体现在组织的认知上，既可能是显性的也可能是隐性的。组织知识存储在个体、流程和交互式记忆系统之中。现有研究对组织知识的界定非常多样。部分研究基于组织成员的认知对组织知识进行测量（Huff and Jenkins，2002；McGrath，2001；Andriopoulos et al.，2018）。部分研究关注嵌入组织行为和流程中的知识，认为组织学习过程就是组织行为和流程的改变（Gherardi，2006；Miner and Haunschild，1995；Salonen et al.，2018）。由于知识获取并不必然带来行为的变化，Huber（1991）提出组织学习是组织潜在行为的改变。

组织学习以经验为起点。经验随着组织执行相关任务的次数增加而增加，具有多个维度的特点。Levitt 和 March（1988）提出，经验可以通过外部搜索和试错学习两种方式获得。当学习方向和路径明确时，企业可以通过有方向的外部搜索获取间接经验。当问题不清晰，无法确定搜索目标和方向时，企业可以基于已有信息快速试错，获取问题解决的直接经验。直接经验的获取最为典型的例子就是生产经验曲线。随着生产经验的积累，生产工人越发熟悉生产流程。信息的逐渐充分降低了生产过程的不确定程度，提高了生产效率并降低了边际生产成本。

部分研究探讨了企业如何从稀少事件中进行经验学习。March 等（2003）指出，增加对稀有事件进行观察和解读的主体、仿真模拟不同选择及推断其他选择的可能结果能够帮助企业更多地从稀有事件中获取经验。Beck 和 Plowman（2009）强调了企业中层在稀有事件学习中的重要作用。中层领导能够同时接触企业战略层面和实际运营层面的相关信息，具有最为全面的信息。因此，中层领导为主要参与主体的经验学习模式能够提高企业从稀有事件中学习经验的效率。

组织学习理论是企业创新领域研究的支柱理论之一。基于组织学习的基本观点形成了诸如开放创新、双元创新等重要研究主题（Chaochotechuang et al., 2020）。组织学习的核心是从经验中学习。对于高新技术创新，企业对创新的市场和技术目标并不具备清晰的认识。模糊的方向和目标使企业无法通过外部搜索获取间接经验。组织学习理论肯定了试错学习在高度不确定和模糊的创新项目中的重要作用。然而，组织学习研究却并未考虑企业如何通过试错获取直接经验及试错策略对创新绩效的作用机制。

1.2.4 主导逻辑的相关研究

主导逻辑概念由企业多元化研究提出（Prahalad and Bettis, 1986）。主导逻辑是企业解读环境、了解行业的认知框架和做出反应的行为模式（Prahalad and Bettis, 1986; Grant, 1988; Anker et al., 2015）。主导逻辑的概念界定有两个主流观点：认知观和流程观。认知观认为主导逻辑本质上是一种认知框架，决定了企业解读环境信息的方式和对自身行业的定位（Bettis and Prahalad, 1995; Makkonen et al., 2019）。认知观将主导逻辑比喻为"信息漏斗"，帮助企业筛选外部信息并迅速做出决策（Bettis and Prahalad, 1995; Skjolsvik, 2018）。Krogh 等（2000）进一步提出了主导逻辑的"棱镜观"，认为主导逻辑不仅决定了企业对现有环境中信息的选择性吸收，同样影响企业对未来环境的预测从而影响决策。流程观质疑认知观过于抽象，不能描述企业多元化中不同业务流程层面的差别。流程观认为，主导逻辑是企业长年经营下形成的流程和认知的惯性模式（Grant, 1988）。本书结合认知观和流程观，认为主导逻辑不仅是企业的认知框架，也决定了企业的流程设计和资源分配方式。

对于主导逻辑的作用机制，相关研究基于企业并购和动态环境两个研究情景分别进行讨论。主导逻辑嵌入企业的认知框架和流程中，稳定环境下企业主导逻辑不会产生大的变化，难以研究其作用机制。当企业进行并购或处于动态环境时，主导逻辑会产生波动从而对企业产生影响。并购情景中主导逻辑作用机制的研究存在相冲突的结论。一部分研究认为主导逻辑能够解决并购企业对被并购企业的控制与柔性之间的悖论（Lampel and Shamsie，2000）。另一部分研究则认为主导逻辑阻碍了并购企业对被并购企业技术和经验的吸收和学习（Verbeke，2010）。动态情境下主导逻辑作用机制的研究也存在相冲突的观点。一系列研究认为主导逻辑的信息筛选机制能够帮助企业迅速对环境作出响应从而促进企业绩效提升（苏敬勤、单国栋，2016）。复杂环境中战略决策的速度和效果直接决定了企业能否应对多变环境带来的挑战。主导逻辑帮助企业在过载的环境中迅速发现重要信息，提高接收理解信息的速度从而提升不确定环境中企业决策的质量（项保华、罗青军，2002）。一部分研究提出具有外向性和前瞻性的主导逻辑能够帮助企业更好地应对环境变化（Krogh et al.，2000；Obloj et al.，2010；Redondo and Camarero，2017）。另一部分研究则认为主导逻辑降低了多变环境中企业的决策质量。不确定环境既对企业提出了挑战也为企业创造了机会。主导逻辑是企业认知和流程上的惯性。认知惯性阻碍了企业在变化环境中对新机会的识别，流程惯性降低了企业面对不确定环境时的反应速度。因此，主导逻辑降低企业在动态环境下的反馈速度和质量（Prahalad，2004）。

主导逻辑影响因素的相关研究从内部和外部的影响因素分别进行了分析。对于内部影响因素，集中讨论了管理者和高管团队认知特征的影响。Prahalad 和 Bettis（1986）分析了主导逻辑认知框架的形成过程，提出主导逻辑认知框架由操作性条件反射（operant conditioning）、范式（paradigm）、认知过程（pattern-recognition process）、认知偏差（cognitive bias）共同构成。Kor 和 Mesko（2013）强调了管理者社会资本、人力资本和社会网络关系对企业主导逻辑形成的影响。部分研究强调了外部环境对于企业主导逻辑形成的作用。现有研究识别了技术环境、市场环境、制度环境和行业环境对主导逻辑的影响（张璐等，2019；Ferro et al.,

2019），提出外部环境变化的剧烈程度和频率影响着企业内部主导逻辑的变迁和演化。此外，部分研究提出外部技术、市场和行业环境的动态性和多样性会对企业主导逻辑的形成产生影响（苏敬勤、单国栋，2016）。

1.2.5 顾客共创的相关研究

信息技术的发展改变了以往以企业为中心的创新过程，提升了创新过程的开放性。随着市场竞争的日益激烈，准确高质量地满足顾客需求成为企业竞争优势的必备因素。将顾客引入企业新产品开发过程成为企业提升产品功能与顾客需求匹配程度的重要途径。顾客共创包括顾客对新产品构思、概念设计、工艺开发和上市等开发全周期的参与（Simonson，2005；Dahl and Moreau，2007；Hazee et al.，2017）。传统新产品开发过程中，企业进行需求信息搜索，通过搜集到的信息进行产品概念的设计和开发。顾客共创模式中，顾客不再仅仅是产品的被动接受者而成为产品的创造主体之一（Prahalad and Ramaswamy，2004；Oertzen et al.，2018）。

顾客共创模式中的顾客行为包括顾客在新产品开发活动各个阶段的资源和信息投入（Gemser and Perks，2015）。新产品开发是以顾客需求为最终目标的活动，产品设计与顾客需求的契合程度直接决定了新产品开发绩效。顾客通过购买产品解决自身问题，与自身需求契合的产品提升了顾客的获得感，因此顾客具有参与新产品开发过程的意愿。顾客共创模式中顾客对产品概念的设计和开发会产生影响，参与共创是顾客将自身需求嵌入产品功能的途径。信息共享是顾客共创模式的重要活动。顾客共创中的顾客行为可以分为顾客参与行为和顾客公民行为（Yi and Gong，2013）。顾客参与行为是企业对参与共创的顾客所分配的开发任务；顾客公民行为是顾客在参与共创过程中自发做出的对新产品开发具有影响的行为。无论顾客参与行为还是顾客公民行为，信息沟通都是顾客参与创新的主要途径。在新产品开发早期，顾客能够为企业提供需求和产品使用情境的相关信息，帮助企业建立产品概念（Kellogg et al.，1997）。在新产品开发过程中，顾客起到产品测试的作用，提供真实的测试环境（Jefferies et al., 2019）。

顾客共创作用机制的研究分别探讨了顾客共创对顾客价值和企业价值的不同影响。对顾客价值影响的研究讨论了顾客共创对顾客功能性收益和情感性收益的影响。企业依据收集到的需求信息设计新产品功能组合。顾客共创中顾客是新产品的共同创造者，对产品概念设计和开发过程都有影响（Franke et al., 2010；Fuchs and Schreier, 2011）。顾客共创提升了顾客功能性收益。企业难以通过传统市场调研手段获取顾客隐性需求，将顾客引入新产品开发过程能够帮助企业加深对顾客需求的认知，设计更加契合顾客使用情境的产品。顾客共创模式促进了顾客情感性收益的增加。一方面，顾客对新产品直接产生影响提升了顾客自我效能感（Franke et al., 2010）；另一方面，顾客通过融入产品开发团队和帮助其他顾客使用产品提升了幸福感（Hsieh et al., 2018）。

1.3 当前研究不足

1.3.1 对如何采用原型策略试错缺乏深入研究

组织学习理论认为经验是组织学习的起点，知识是经验与情境共同作用的产物（Argote and Miron-Spektor, 2011；Kumar et al., 2019）。组织经验获取有外部搜索和试错学习两种途径（Argote and Ingram, 2000）。企业通过阅读、观察和模仿等外部搜索行为获取间接经验，对外部已有经验进行学习吸收。试错学习是企业直接执行类似任务，获取直接经验的过程（Von Hippel and Tyre, 1995；Kagan et al., 2018）。高新技术相关知识被外国企业严格封锁，中国企业难以通过有效的外部搜索获取所需要的知识。而且，由于高新技术产品开发在技术、市场和管理等方面的高度不确定性和模糊性，企业难以确定外部搜索方向和路径，外部搜索效率较低（Jussila et al., 2020；沈灏等，2017）。高新技术产品开发需要通过直接经验积累完成。

直接经验获取研究集中探讨了企业已有经验对生产效率和创新绩效的影响。研究集中探讨如何塑造有利于将已有经验转换为创新知识的企业内部环境。研究多从静态的视角探讨已经积累的经验对创新绩效的作用机制。企业直接经验的获取是动态的过程，获取经验的具体策略直接影响企业创新知识的创造。Levitt 和 March（1988）在对组织学习概念的界定中强调了试错学习是直接经验获取的重要方式。然而，现有直接经验获取研究并未就试错学习策略进行进一步的识别和分类。

制造企业迭代创新是以原型为载体的试错学习过程，原型功能组合设计是制造企业试错学习的关键策略（Thomke，1998）。原型策略对新产品开发绩效作用的研究存在相冲突的研究结论，缺乏对原型策略的进一步识别和有效分类。现有研究将原型视为新产品开发过程中的沟通交流工具、测试工具、知识管理工具和协调工具（Franke and Shah，2003；Schmickl and Kieser，2008）。部分研究对原型的沟通功能、测试功能和协调功能对新产品开发绩效的作用进行分析，提出原型帮助企业内部具有不同知识基础和经验背景的开发组成员达成一致目标，降低开发过程的沟通交流成本和协调成本从而提升新产品开发质量（Schmickl and Kieser，2008；Seidel and O'Mahony，2014；Bogers and Horst，2014）。一部分研究探讨了原型作为一种信号对企业外部资源获取的作用，提出原型能够影响行业技术主导设计，帮助企业获取外部资源（Bakker et al.，2012；Franke and Shah，2003；Audretsch et al.，2012）。另一部分研究基于原型的知识管理功能得出相冲突的研究结论，认为原型策略阻碍了企业新产品开发绩效的提升，提出过早的原型设计抑制了企业头脑风暴的展开，使企业损失了发现更优解决路径的机会（Leonardi，2011）。Hilal 和 Soltan（1992）指出原型策略不能帮助企业深入认识技术原理，降低了企业长期创新能力的提高。原型策略对创新绩效作用机制研究的冲突结论，源于缺乏对原型深入有效的分类。因此需要就影响原型信息功能的特征属性进行分类，分别探讨不同类型原型对创新项目的影响。

1.3.2 迭代创新策略研究局限于概念探讨，对迭代创新的作用机制缺乏分析

许多研究发现，传统瀑布流式创新已经不适用于技术和市场不确定性过高的环境（McDermott and O'Connor，2002；Jussila et al.，2020）。迭代创新成为理论和实践所关注的创新策略，然而迭代创新作用机制的相关研究较少。现有迭代创新研究集中于对迭代创新概念和特征的探讨。少量针对迭代创新作用机制的研究均肯定了迭代创新对创新绩效的促进作用。Ries（2011）提出，迭代创新能够帮助企业以最小的成本识别真实顾客需求，降低创新产品失败的风险。孙黎和杨晓明（2014）认为，迭代创新能够帮助企业应对互联网环境中的不确定性，提升互联网企业产品创新绩效。更多研究通过案例分析发现，迭代创新对创新绩效的促进作用需要条件支撑。高锡荣等（2018）认为，迭代创新成功的关键在于筛选出正确的迭代改进点进行迭代开发。赵付春（2012）认为，迭代创新的开展需要以企业相应的知识管理能力为基础。

现有研究强调了迭代创新对创新绩效的促进作用，却并未分析迭代创新作用机制及不同迭代创新策略的影响路径。迭代创新通过试错学习积累直接经验，通过经验向知识的转化完成创新目标。然而，现有迭代创新的研究未能分析迭代创新的作用机制，并未对迭代创新策略进行有效区分，未来研究需要通过对不同迭代创新作用机制和限制条件的探索，打开迭代创新策略对创新绩效的作用黑箱。

1.3.3 缺乏不同迭代策略对新产品开发绩效作用机制的外部限制条件的研究

迭代创新作用机制研究未能识别不同迭代创新策略作用机制的外部限制条件。罗仲伟等（2014）提出，迭代创新能够帮助企业应对技术不确定所带来的挑战和风险。Ries（2011）提出，迭代创新策略能够帮助企业

应对市场环境不确定的影响。不同迭代创新策略对新产品开发绩效的作用机制不同,研究未能对不同迭代创新策略使用情景和边界给出合理解释。迭代创新是开放式创新过程,基于市场对原型的不断测试和反馈推进迭代过程。迭代目标就是不断提升原型功能组合与市场需求之间的匹配程度。市场环境特征是迭代创新过程重要的外部限制条件。

现有研究并未就市场结构特征对不同迭代创新策略作用过程的影响进行深入讨论。市场结构特征直接影响企业迭代创新过程中需求信息的获取,从而影响迭代方向的选择,进而对迭代创新过程产生影响。随着互联网技术的发展,电子商务和物流的加速发展拓展了中国企业目标市场的地理范围。中国不同地区在经济、政治和文化等方面均存在较大差异(Zhou et al., 2014)。需求异质性成为中国企业面临的最为典型的市场环境特征。需求异质性直接影响迭代创新过程的信息获取和产品改进。然而,现有迭代创新相关研究缺乏对需求异质性对不同迭代创新策略作用机制影响的探讨。本书通过分析需求异质性对归核原型策略和全面原型策略与新产品开发绩效之间关系的影响,拓展以往迭代创新权变因素的研究。

1.4 研究主要内容与思路

1.4.1 研究目标与内容

关键产品国产化的缺失掐住了众多中国企业的"命门"。尽管高新技术创新已经上升为国家战略,中国企业关键产品开发依旧面临困难。由于关键产品开发的高度复杂性和不确定性,迭代创新比传统瀑布流式创新更为适合高新技术产品开发项目。然而,中国企业迭代创新的主要问题在于,对迭代创新过程的认识不够深入,对迭代创新策略的选择缺乏理论指导,对原型功能组合设计策略的选择存在困惑。

现有理论并没有对这些问题进行解释。理论研究普遍认可了迭代创新对创新绩效的促进作用。组织学习理论指出组织学习的核心是经验学习。

试错学习是目标不明确的复杂创新项目获取经验进行创新的主要途径。然而，组织学习理论并未考虑试错学习策略对创新绩效的影响。比如，体验过早期粗糙原型的顾客是否有继续迭代的意愿？产品设计的不断改变是否影响企业内部主导逻辑的稳健性？不同试错学习策略对新产品开发绩效的作用机制有哪些区别？

针对以上研究问题，本书探讨了不同迭代创新策略对新产品开发绩效的作用机制及其环境条件。

第一，现有原型策略对新产品开发绩效作用机制的研究存在相冲突的研究结论。原型功能组合设计直接影响迭代过程中的信息获取从而影响迭代过程和绩效。本书依据原型功能组合完备程度将原型策略区分为归核原型策略与全面原型策略，并对比分析了两种原型策略对新产品开发绩效的作用，发现全面原型策略对新产品开发绩效的作用强于归核原型策略。本书通过对比归核原型策略和全面原型策略对新产品开发绩效的影响，解决了研究结论相冲突的问题。

第二，本书探讨了主导逻辑冲突和顾客共创在两种迭代创新策略对新产品开发绩效影响过程中的不同作用。以往迭代创新研究集中分析了迭代创新给企业创新项目带来的收益，肯定了迭代创新的有效性。然而，并非所有企业均能通过迭代创新实现新产品开发绩效的增长。迭代创新具有开放性特征，迭代创新过程需要顾客与企业的协调配合才能完成。迭代创新策略影响顾客参与迭代的方式和成本，从而直接影响顾客参与迭代的意愿和迭代创新绩效。本书探讨了顾客共创在归核原型策略和全面原型策略对新产品开发绩效影响中的作用。迭代创新需要企业不断改变新产品的概念和设计，影响企业内部关于产品价值和企业运营观点的统一。迭代创新策略影响主导逻辑冲突从而影响新产品开发绩效。本书探讨了主导逻辑冲突和顾客共创在迭代创新过程中的中介作用。

第三，本书探讨了需求异质性对归核原型策略和全面原型策略对新产品开发绩效作用机制的不同调节作用。以往迭代创新研究强调了环境动态性对迭代创新过程的影响。随着电子商务的发展，中国企业面临的典型市场特征是需求异质性的大幅度提升，需求异质性成为中国企业创新面临的主要市场环境特征。需求异质性影响顾客对参与归核原型迭代创新和全面原型迭代创新预期成本收益的判断，从而影响两种原型策略对顾客共创的作用。同时，需求异质性影响归核原型策略和全面原型策略迭代过程中异质性信息获取的频率和强度，从而影响两种迭代策略对主导逻辑冲突的作用。本书分别探讨了需求异质性对归核原型策略和全面原型策略与顾客共创和主导逻辑冲突之间关系的调节作用。

1.4.2 主体结构

本书一共包括7个章节，章节结构如图1-1所示。

第1章，高新技术制造企业原型设计策略研究背景与不足。本部分主要介绍了现实背景和理论背景，突出了研究问题的理论和实践价值，说明了关键产品开发的重要实践和政策意义，发现了现实中企业迭代创新的主要问题和困难，简单就组织学习理论、迭代创新、原型策略、主导逻辑和顾客共创的相关文献进行评述。

第2章，高新技术制造企业原型设计策略研究理论综述。本部分分析了新产品开发、组织学习、主导逻辑、顾客共创和需求异质性的相关理论和研究，系统梳理了各个研究主题的研究脉络，对研究内容进行了系统回顾，奠定了本书研究的理论基础。

第3章，高新技术制造企业原型设计策略研究理论框架及假设。本部分首先就研究框架中的核心变量特征与内涵进行介绍；随后进一步说明模型构建思路，介绍模型框架建立的逻辑。最后分别就模型中的17条假设逻辑进行理论推导。

第4章，高新技术制造企业原型设计策略研究方法。本章就研究实证方法进行简要阐述，介绍了研究问卷设计的过程和数据的收集方法，对样

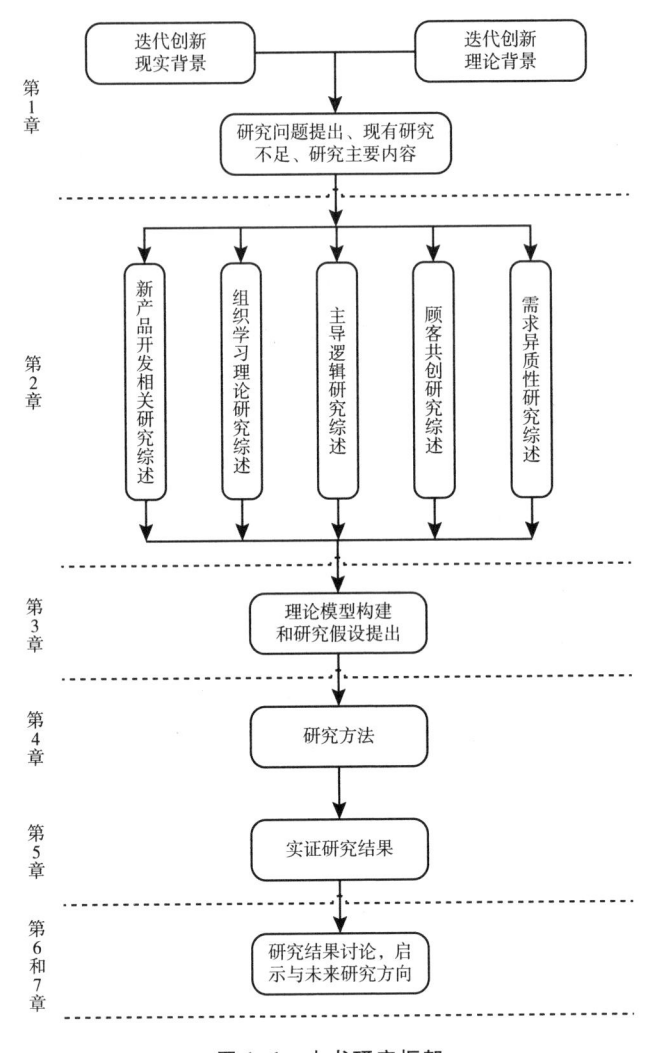

图 1-1　本书研究框架

本特征进行了描述性统计，就样本代表性进行分析。

第 5 章，高新技术制造企业原型设计策略实证研究结果。本部分就变量测量信度和效度检测结果、共同方法偏差、变量之间相关性分析和回归结果分别进行汇报，最后总结了实证研究结果对所有假设的支持情况。

第 6 章，高新技术制造企业原型设计策略研究结果讨论。本章对研究结论进行详细讨论，对未得到实证支持的假设进行分析，随后论证了研究的实践意义。

第 7 章，高新技术制造企业原型设计策略研究结论与展望。本章就研究主要结论进行系统论述，随后探讨了本书研究的创新点，最后提出了未来研究方向。

第2章
高新技术制造企业原型设计策略研究理论综述

经济增长驱动因素的研究是管理学与经济学最为重要的议题。以哈罗德-多马模型、罗森斯坦-罗丹"大推进"模型、纳尔逊的"低水平均衡陷阱"为代表的资本决定论认为，物质资本的积累聚集决定了经济的增长。以舒尔茨为代表的人力资本论将资本的内涵进一步扩充，提出了人力资本的概念。内生增长理论、收益递增增长模型和专业化人力资本积累增长模型等均强调了人力资本对于社会经济增长的重要作用。1912年，熊彼特在《经济发展理论》一书中提出创新的概念，并进一步提出创新是社会经济发展的根本性驱动因素。新产品开发已经成为创新管理研究和实践最为关注的话题之一。

2.1 新产品开发绩效

新产品开发是制造企业的主要经营活动之一。制造企业新产品开发绩效直接决定了企业竞争优势。大量研究集中探讨如何通过战略和组织管理帮助企业提高新产品开发绩效（Molina-Castillo and Munuera-Alemán, 2009; Juliaorossi et al., 2020）。正确定义新产品开发绩效是研究新产品开发策略的基础和前提（Page，1993）。目前研究对于新产品开发绩效的定义存在不同理解。现有定量研究对新产品开发绩效的概念和测量维度存在多种定义方式。

Palmberg（2006）提出，新产品开发绩效概念具有多维度和跨层次的特点。首先，新产品开发绩效在不同研究层面具有差异化的研究意义（Hird et al.，2016）。现有研究分别从项目和企业两个层面对新产品开发绩效进行定义。企业层面的新产品开发绩效定义能够解释不同企业之间新产品开发绩效的差别，测量的是企业之间新产品开发绩效的差异。企业层面新产品开发绩效大多采用新产品利润率或销售增长率进行测量（Hooley et al.，2005；Hult et al.，2004；Morgan and Anokhin，2020）。项目层面新产品开发绩效的研究测量不同项目之间新产品开发的绩效，解释了同一企业内部不同新产品开发项目之间的绩效差异。项目层面新产品开发绩效的研究主要从市场绩效和经济绩效两个维度对新产品开发绩效进行定义（Hultink and Robben，1999；Langerak et al.，2004；Forti et al.，2020）。本书关注企业层面的新产品开发绩效。表 2-1 是企业和项目两个层面研究对新产品开发绩效概念维度和测量指标的总结。

表 2-1 新产品开发绩效概念维度与测量指标

来源文献	新产品开发绩效概念维度（测量指标）
企业层面	
Calantone 等（2002）	经济绩效（资产收益率、投资回报率、销售利润率）
Hooley 等（2005）	• 经济绩效（总体利润、边际利润、投资回报率） • 市场绩效（销售量和市场占有率） • 顾客绩效（顾客满意度、顾客忠诚度、与竞争品相对顾客忠诚度）
Hult 等（2004）	经济绩效（利润、销售额、市场占有率）
Sandvik I. L. 和 Sandvik K.（2003）	• 经济绩效（资产收益率、边际利润） • 市场绩效（销售增长率）
Wu 等（2003）	• 效率（生产成本、管理成本、供应商管理成本、营销成本、市场扩展成本） • 市场绩效（市场占有率、销售额、新顾客数量、现有顾客数量） • 关系建立（商业伙伴关系、供应商关系）

续表

来源文献	新产品开发绩效概念维度(测量指标)
项目层面	
Atuahene-Gima 等(2006)	市场绩效(市场增长率、销售增长率)
Carbonell 等(2004)	• 市场(市场增长率、市场占有率) • 顾客接受程度(顾客满意度、产品质量、市场认可度) • 经济绩效(保证金率、内部收益率、销售量)
Cooper 和 Kleinschmidt(1987)	• 市场绩效(利润率、国内市场占有率、国外市场占有率、销售额) • 经济绩效(利润率、投资回收期) • 机会窗口(新市场窗口、新产业窗口)
Cooper 和 Kleinschmidt(1995)	• 经济绩效(利润率、技术成功率、当前国内市场份额、该产品对企业销售和利润的影响) • 时间绩效(时间效率等级、准时率)
Griffin(1993)	• 顾客接受程度(顾客接受度、顾客满意度、收益增长、市场占有率、销售额) • 经济绩效(收支平衡时间、利润率目标、投资收益率) • 产品(开发成本、质量技术指标、上市速度)
Hart(1993)	• 经济绩效(销售增长率、平均利润、产品营业额) • 非经济绩效(研发项目数量、上市新产品数、新产品成功率、成功新产品特征)
Huang 等(2004)	• 客户接受程度客观指标(收益目标、收益增长目标、目标市场占有率) • 客户接受程度主观指标(客户接受度、客户满意度) • 经济绩效(收支平衡时间、利润目标、投资收益率) • 技术指标(开发成本、上市时间)
Talke(2007)	• 市场绩效(市场占有率、上市时间、竞争优势、预期收益) • 经济绩效(净现值、投资收益率、收支平衡时间) • 技术(技术绩效、战略能力、专利保护、生产成本)

新产品开发绩效具有多个维度。企业利益相关者多样，不同利益相关者对新产品开发绩效有不同的评价角度和标准。已有研究识别出多种新产品开发绩效的评价维度。Cooper 和 Kleinschmidt(1987)指出新产品开发绩效具有经济绩效、市场绩效和机会窗口三个评价维度。经济绩效指新产品销售为企业带来的资产变化；市场绩效指企业新产品与竞争对手的产品

相比所具有的价值和能够为顾客提供的收益；机会窗口指新产品为企业创造的新商业机会。Griffin 和 Page（1996）则认为新产品开发绩效应当从经济绩效、顾客绩效和技术绩效三个维度进行衡量。顾客绩效指顾客对新产品的接受程度；技术绩效指新产品技术性能与顾客需求之间的匹配程度。通过对新产品开发绩效测量维度文献的综合归类与梳理，García 等（2008）提出新产品开发绩效可以划分为内部和外部两个主要维度。市场营销方面的研究从外部的角度利用新产品市场表现测量新产品开发绩效；运作领域研究则从企业内部的角度从运营管理视角对新产品开发活动的效率进行评价，比如开发时间和成本。García 等（2008）进一步将新产品开发绩效内部维度区分为新产品开发速度、新产品开发成本和新产品开发质量。新产品开发成本关注新产品开发活动费用是否超出项目的成本预算。Tatikonda 和 Montoya-Weiss（2001）提出过高的新产品开发成本会带来新产品开发的失败。过高的成本带来产品价格的上升，降低了顾客对新产品的接受程度从而降低了新产品开发的市场和经济绩效。新产品开发速度指企业是否如期完成了新产品开发项目。Calantone 和 Di Benedetto（2000）通过实证研究肯定了新产品的快速开发能够提高新产品的市场绩效和经济绩效等外部绩效。新产品开发质量评价了新产品技术性能的稳定性，针对技术性能是否能够满足产品使用情境的要求进行测量。新产品的性能优势直接决定了顾客的接受程度与购买意愿（Pattikawa et al., 2006；Langerak et al., 2004）。新产品开发速度、成本和质量共同构成了企业新产品开发绩效的概念内涵。以下分别就新产品开发速度、成本和质量的概念进行具体阐述。

2.1.1 新产品开发速度

管理者将时间视为持续流失的稀缺资源，学者进一步就如何优化时间利用方式、提高效率进行研究（Parkinson, 1957；Taylor, 1911）。新产品开发相关研究提出，更好满足顾客需求是制造企业竞争优势的主要来源

(Lee and O'Connor，2003)。技术的进步和物质的不断丰富加快了市场需求的变化速度。快速响应顾客需求的变化成为新的竞争优势来源（Page，1993)。对于新产品开发活动，决定企业能否应对顾客需求变化的因素是新产品开发所需要的时间，相关研究将其定义为新产品开发速度。新产品开发速度是新产品开发绩效的重要组成维度。

Brown 和 Eisenhardt（1995）指出，在行业和企业两个研究层次，新产品开发速度具有不同的内涵。行业层次对新产品开发速度的定义集中探讨了创新在企业之间的扩散速度；企业层次的研究关注产品从想法到商业化之间一系列开发活动的效率。本书采纳企业层面对新产品开发速度的概念界定。新产品开发速度用新产品概念产生伊始到最终产品上市之间的时间来衡量（Mansfield，1988；Vesey，1991）。新产品开发速度的提高可以通过提高从创新想法产生到产品最终形成过程中的所有活动的效率来达成。Cooper 和 Kleinschmidt（1994）则认为，新产品开发速度用于反映企业实际开发过程是否满足新产品开发的时间规划要求，按照预期时间完成新产品开发工作。现有研究对新产品开发速度的测量有以下几种方式：第一，产品概念产生伊始到产品上市之间的时间差；第二，产品开发预计所需时间；第三，与竞争对手相比的时间（Kessler and Chakrabarti，1996）。

激烈的国际竞争、指数级的技术进步和快速变化的市场需求大幅度缩短了产品生命周期，对新产品开发速度提出了更高要求。第一，竞争激烈的行业环境促使企业将快速开发作为基本竞争优势（Porter，1990）。当竞争较为缓和时，企业已经建立的竞争优势更加稳定，对快速开发新产品的需求较低。随着竞争激烈程度的上升，新产品的先入优势逐渐显现。快速开发新产品能够尽快占领市场，获取利润；而随后进入市场的产品面对更加激烈的竞争和更小的利润空间。第二，技术的变化为提升产品开发速度提供了路径。快速进步的技术为企业提供了更多解决内部问题的潜在方案，为产品创新提供了更加包容的环境（Wheelwright and Clark，1992）；并且不确定的技术环境降低了原有主导设计和技术标准的稳健程度，为新的技术路径的兴起提供了可能，加快了新产品的开发速度（Henderson and Clark，1990）。第三，快速变化的市场需求提高了市场对新产品快速开发的要求。Zirger和Maidique（1990）提出，企业能否满足客户的需求决定了企业最终的绩效。当顾客需求变化较快时，企业需要快速推出能够满足客户新需求的产品。因此，新产品开发速度成为新产品开发绩效的重要维度之一。

2.1.2 新产品开发成本

新产品开发是一种资源消耗型活动（Stead，1976）。新产品开发成本决定了新产品的定价从而直接影响新产品市场绩效和经济绩效（Porter，1990）。制造企业通过生产活动将投入的资源转化为更有价值的输出产品，并从中赚取差价。新产品开发活动的最终绩效由产品销售总收入与产品开发总成本的差值决定。成本是所有企业活动都必须关注的重要评价指标。

新产品开发成本指从概念产生到产品上市所有阶段直接用于或者间接支持产品开发活动的资源投入总和（Stead，1976；王娟、田昆儒，2010）。由于新产品开发活动的复杂性和对活动过程定义的差别，新产品开发成本也存在多种测量方法。部分研究将研发成本（R&D cost）与新产品开发成本混为一谈。目前新产品开发成本的测度方法主要有罗列法和内容分类法。罗列法指按照新产品开发不同阶段所产生的费用进行罗列加总计算产品开发成本。谢科范和李晓群（1996）基于高新技术产业的新产品开发过程将新产品开发成本分为研发成本、规模化实验成本、制造成本和营销成本四个部分，进一步提出不同产业的开发成本分布具有较大差别。Mansfield和Rapoport（1975）将新产品开发过程分为应用研究、产品设计、原型开发、规模化准备、制造和市场营销六个环节，并将新产品开发成本按照六个环节进行罗列。内容分类法则按照资源投入的活动进行区分。杨东德和何忠龙（1994）将新产品开发成本分为R&D成本、技术获取成本、创新应用成本、生产能力建设成本和销售成本。Mansfield（1988）按照研发、准备和开发三个维度进行分类。

企业运营过程是由不同活动组成的（Bromiley and Rau，2014），活动的本质是对资源和信息的转化和传递（Sirmon et al.，2007）。收益成本分析是所有活动评判的必须要素。成本的相对高低直接决定了新产品对客户的吸引力（Porter，1990）。新产品开发绩效必须考虑新产品开发的成本。第一，新产品开发是资源消耗较大的活动（Stead，1976）。新产品开发过程烦琐，活动众多。整个开发过程需要企业投入人力、物力和财力，同时也包括将资源投入产品研发的机会成本。由于新产品开发成本巨大，能否有效地对开发成本进行计算和规划直接决定了新产品开发成功的概率。第二，企业资源都是有限的，成本分析的准确度直接影响企业决策的质量。新产品开发成本的准确估计能够有效提升决策质量（Mansfield，1988）。第三，成本是企业的基本竞争维度。传统竞争战略把低成本视为一种基本的竞争优势来源（Porter，1990）。新产品开发成本也是新产品竞争能力的重要组成部分。

2.1.3 新产品开发质量

新产品开发是新产品研发、生产并商业化的过程。新产品开发绩效的评价除了需要考虑开发速度和成本外，还需要考虑开发质量。现有文献将质量定义为活动结果与事先预期之间的贴合程度。新产品开发质量指最终开发出的新产品功能与利益相关者预期的贴合程度（Brucks et al.，2000）。企业新产品开发涉及较多利益相关者，不同的利益相关者具有不同的评价标准，对同一新产品开发项目质量的评价存在差异。Zeithaml（1988）将新产品开发质量分为客观质量（objective quality）和感知质量（perceived quality）。客观质量指产品是否达成了之前规定的可测量可验证的性能指标（Hjorth-Anderson，1984）。Monroe 和 Krishnan（1985）指出客观质量描述的是产品实际技术指标的优越程度。Garvin（1993）认为产品客观质量包含产品的各项具体技术特征水平。而部分研究指出不存在客观质量,所有质量的定义和测量都是感知质量。感知质量指质量是主观存在的,取决于评价者的价值主张。感知质量是顾客感知到的对产品与替代产品相对性能优势的评价(Zeithaml,1988)。感知质量受到产品价格、企业品牌声誉及产品类别的影响。中国高新技术企业目前遇到的主要问题是产品技术的突破,因此本书采用客观标准定义新产品开发质量。

新产品开发是有目标的资源转化过程,新产品开发质量描述了该项活动的目标达成情况(Molina-Castillo et al.,2011)。新产品开发质量是新产品开发绩效必须有的评价维度。首先,新产品开发是资源转化过程,新产品开发质量描述了资源转化的结果(Sirmon et al.,2007)。收益成本分析强调决策制定的质量由收益与成本的相对值决定。新产品开发质量描述了新产品开发活动的最终产出水平。新产品开发是资源转化的活动(Sirmon et al.,2007),转化结果取决于开发出的新产品是否达到了预先设定的新产品性能指标。其次,激烈的国际竞争下,产品质量直接决定了企业相对竞争优势(Witell,2019)。随着生产力的大幅度提高,供需市场逐渐呈现供大于求的状态,产品的替代品和竞争品都较多,顾客有很多选择。产品质量直接决定了新产品对替代产品的相对优势。

2.2 新产品开发管理

创新对于企业生存和发展的重要作用无须赘述。创新可以由个体完成,组织领域强调个体创造力对于企业创新绩效的直接作用(Dul and Ceylan,2014;Guertler et al.,2019)。然而,需求的不断增加导致产品创新的复杂程度日益升高,越来越多的创新需要多维度、跨学科、多方面的专业知识和技能。有限理性使得个体难以单独承担高度复杂的产品开发项目,越来越多的创新需要团队协同完成。高效的创新流程和组织方式成为创新领域的研究重点。对于新产品开发流程目前主要有瀑布流式创新及迭代创新。瀑布流式创新指新产品开发严格按照需求、规划、开发、测试、修正的流程展开，一次性将产品开发完成。迭代创新指快速将产品开发完成，投入市场进行测试，根据市场反馈逐步优化修正的开发过程。阶段门管理是基于瀑布流式创新所产生的创新流程管理方法。

2.2.1 瀑布流式创新与阶段门管理

传统产品开发采用的是瀑布流式创新过程。瀑布流式创新指通过详细的规划与设计，制订细致的计划，按照需求、规划、开发、测试、修正的流程一次性将产品开发完成的创新过程。针对瀑布流式创新，Cooper提出阶段门管理（Stage-Gate process）。阶段门管理给予企业新产品开发团队从概念构建到产品上市整个过程的流程规划蓝图（Gronlund et al., 2010; Guertler et al., 2019）。阶段门管理是对成功产品开发项目核心步骤的总结，以提高产品开发效率为主要目标（Cooper and Edgett, 2005; Coorevits et al., 2018）。阶段门管理包括若干个阶段（Stage）和门（Gate）。产品开发过程被分解成若干个阶段，每个阶段都包括必需的创新活动、明确的目标、具体的步骤和详细的活动规划（Cooper, 1990; Ganco, 2017）。所有阶段组成了产品开发的全部过程。总开发成本随着阶段递增，阶段门管理通过分阶段考核及时停止不良新产品开发项目从而保证效率（Cooper, 2006）。前期阶段主要为机会识别与概念设计，后期阶段为产品开发、测试与商业化（Jenner, 2007）。每一阶段都由不同职能部门共同执行完成，不仅包括研发部门，还需要市场、财务与生产部门的协作。门的设置目标是对前一阶段的开发工作质量进行评估，按照评估标准决定创新项目是否进入下一阶段（Cooper, 1990）。门的构成要素包括阶段交付成果、评价标准和结果。评估由跨部门领导小组完成（Cooper, 2008）。交付成果是项目组交予评估组的阶段产出；评价标准是决定项目是否通过和项目优先顺序的标尺；结果是评估的最终结果，包括项目是否进入下一阶段、下一步的执行计划及下次的评估要求。阶段的构成要素还包括创新活动信息收集、整理分析和汇总等一系列信息过程。正是每一阶段中的信息过程帮助开发项目组制定本阶段的开发目标和任务，并帮助评估小组做出项目是否继续的决策（见图 2-1）。

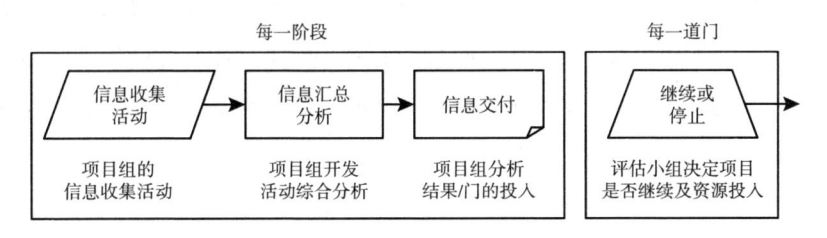

图 2-1 单位阶段门中的信息过程

资料来源：根据 Cooper（2008）的研究绘制。

Cooper（1990）提出五阶段五门创新流程（见图 2-2）。新产品开发过程始于最初新产品灵感的产生。新产品灵感进入阶段门中的第一门进行初次筛选。初次筛选决定了是否对此新产品灵感投入资源。只有通过第一道门，项目才正式成立。第一道门主要考察项目是否与企业战略一致、项目的可行性、机会的大小、与现有业务和资源的互补性及市场吸引力。阶段一对项目进行可行性分析，从市场和技术两个维度对项目进行最初的审核。其中，市场可行性分析是对目标市场规模、市场潜力和成功进入市场的可能性进行初步预估；技术可行性分析是对新产品开发和量产的可行性、预期成本和开发时间的估计。第一阶段不应花费过多资源。第二道门利用阶段一所收集到的信息进行进一步评估，考核项目是否达到标准，决定是否进一步投入资源。阶段二对产品进行清晰的定义。市场方面包括定义顾客问题、需求和偏好，设计贴合市场的产品概念，并进行竞争分析，确定顾客接受的可能性。阶段二还需要确定产品技术方案的经济性、量产的可行性、成本和投资需求。第三道门对阶段二的所有活动进行定量评估和经济分析以决定是否大量投资于此项目。第三道门需要就目标市场、产品概念、产品定位和产品核心性能达成共识。第三阶段是产品的开发阶段。第四道门是对产品研发结果的后评估，检查产品开发质量，进一步利用开发过程的信息进行更加精确的经济分析。第四阶段进一步验证和确认项目的有效性，进行内部产品测试、现场测试、放大实验、市场预测试和经济分析。第五道门决定产品是否进入商业化阶段，是叫停项目的最后一道门。第五道门需要验证阶段四的评估质量，测评商业计划和步骤。第五阶段是新产品上市的阶段。

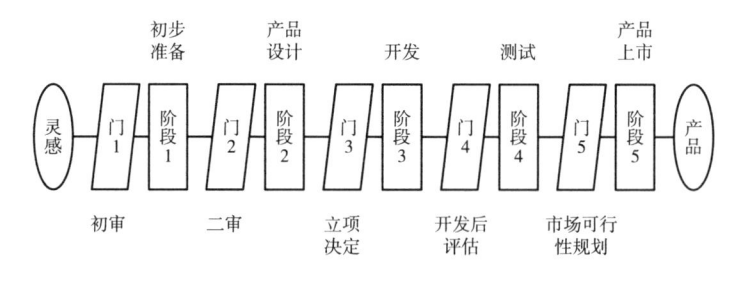

图 2-2　五阶段五门创新流程

资料来源：根据 Cooper（1990）的研究绘制。

1. 阶段门管理与创新绩效

阶段门管理一经提出得到了众多企业的广泛应用。研究和实践均证实了阶段门管理对创新效率与效果的提升作用（Cooper et al., 2002a, 2005）。Cooper（1994）提出阶段门管理在杜邦、宝洁、3M、康宁、惠普等著名创新型企业的新产品开发中均发挥了重要作用。阶段门管理促进了创新中的跨部门合作，减少了新产品开发过程的返工次数，及时叫停了无效产品开发项目，提高了产品市场成功率，缩短了开发时间，提高了新产品开发效率并提升了新产品开发绩效。阶段门管理通过提前审核、及时停止不良项目等措施提高了新产品开发效率，为新产品开发提供了较为清晰的路径，缩短了开发时间。

然而，越来越多的研究质疑阶段门管理的有效性。部分实证研究发现，阶段门管理并不是对所有类型的新产品开发项目都适用。McDermott 和 O'Connor，（2002）指出，阶段门管理不适用于突破式产品创新。此外，也有学者提出阶段门管理不适用于传统的新产品开发项目（Leifer et al.，2000；Ganco，2017）。Sethi 和 Iqbal（2008）通过对 120 个美国新产品开发项目的调研发现，阶段门管理提高了项目的刚性，影响了项目学习从而降低了新产品开发绩效。研究发现，在多变的市场和技术环境下组织刚性的负面作用增强，阶段门管理更加不适用。Gronlund 等（2010）认为，阶段门管理过多的过程节点增加了项目组负担，项目组疲于应对过程评估，造成时间与资源的浪费。Cooper（1994）发现，阶段门管理加速了组织官僚化，内部公关等行为使得阶段门管理没有起到停止不良项目的作用，从而无法发挥提高新产品开发效率的作用。

2. 阶段门管理演化路径与适用边界

面对众多对阶段门管理的质疑，Cooper（1994）进一步对阶段门管理传统的五阶段五门创新流程进行了改善和优化，提出了以流动性（fluidity）、模糊性（fuzzy）、集中性（focused）和柔性（flexible）为特征的第三代阶段门管理方法。流动性指项目不同阶段可以并行开展以提高新产品开发速度；模糊性指各阶段门结果不仅仅包括继续和停止，还包括条件性通过，以防止错误停止新颖性项目；集中性强调项目管理，以全局性眼光对不同项目分配资源以提高整体效率；柔性指阶段门项目开发阶段和阶段门设置是柔性和可自行设计的。Cooper 等（2002a）在传统五阶段五门创新流程前端增加了机会识别阶段，通过对 500 家企业的调查，发现增加机会识别阶段能够促进突破式产品创新的实现，提高基础研发效率。Cooper（2008）进一步提出了螺旋式阶段门管理过程（见图 2-3）。螺旋存在于阶段门管理所有过程。螺旋 1 出现在阶段 2，项目组成员将产品介绍给顾客，听取顾客意见；螺旋 2 出现在产品开发阶段，指企业做出产品原型展示给顾客，并根据反馈意见不断完善改进产品原型。

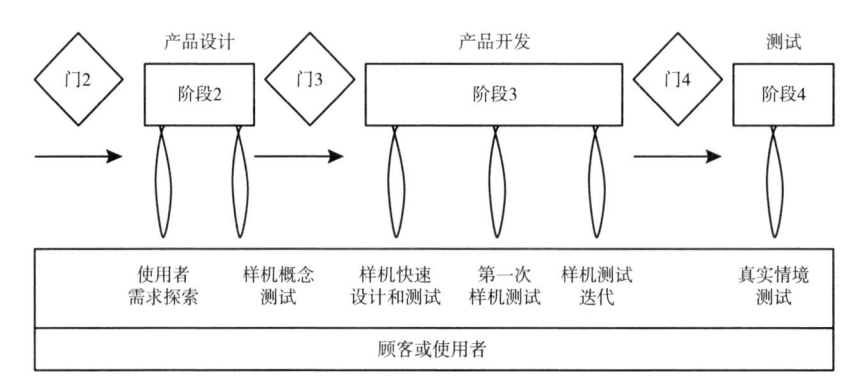

图 2-3 螺旋式阶段门管理过程

资料来源：根据 Cooper（2008）的研究绘制。

尽管学者不断修正完善阶段门管理过程以应对官僚化、刚性和低效率的缺陷，阶段门管理依旧无法帮助企业应对高度不确定环境带来的挑战。阶段门管理存在适用边界。阶段门管理详细介绍了新产品从概念到商业化过程的阶段顺序（Cooper，1990，1994），类似于游戏中的取胜步骤，分步骤指导企业完成新产品开发。阶段门管理标准过程模型是新产品开发项目成功经验的总结，为成功实现新产品商业化提供了路径（Cooper et al.，2005；Ganco，2017；Cocchi et al.，2024）。阶段门管理使用的前提是项目组能够清晰定义产品开发目标并对开发路径非常熟悉。对于市场和技术不确定性较高的高新技术产品开发项目，项目组无法明确新产品开发的必要流程。由于高新技术产品开发目标模糊，阶段门管理难以应用。面对高度不确定的环境，越来越多的制造企业采用迭代创新。

2.2.2 迭代创新与原型策略

1.迭代创新

迭代法是数值计算中的一种常用方法，指基于粗糙的初始估计值进行逐步的递推、校正从而逼近真实值的推算方法。迭代法的基本思路是迭代计算，逐步逼近，直至达到要求精度范围。通过对腾讯、小米、Facebook

等产品开发案例的探讨,新产品开发研究发现迭代思想已经被企业创新实践应用。迭代创新方法正在挑战传统阶段门管理。

(1) 迭代创新概念与特征

目前学界尚未对迭代创新形成一致性定义。Ries(2011)提出迭代创新是企业不断试错迭代,取得经证实的认知,确定产品改进方向,最终实现成功的新产品开发过程,认为迭代创新是开发—测量—认知的循环过程(见图2-4)。该循环过程包括将产品概念快速物化推向市场,由市场对产品进行评判,根据经证实的认知制定下一轮循环的改进方向。Blank(2003)提出客户发展方法,指出新产品开发需要通过产品的不断迭代改进逐渐培养客户、吸引客户,完善产品,从而最终获取市场实现新产品开发绩效。黄艳和陶秋燕(2015)从以下四个方面定义迭代创新。第一,迭代创新是将冗长的新产品开发过程分解为多个短循环并累积叠加的开发过程。分解指企业分阶段解决产品开发问题,迅速将原型投入市场进行检验,依据反馈信息定义接下来要解决的主要问题从而进入下一循环。第二,迭代创新是从局部延伸至整体的创新过程,依据每一周期的反馈信息修正产品设计和流程规划。第三,迭代创新以最小化创新成本与风险为目标。第四,迭代创新过程需要多主体参与,包括企业自身和顾客等外部相关者。惠怀海等(2008)提出迭代创新就是对创新因子进行迭代,通过多次迭代识别加速因子和退化因子从而提升新产品开发速度。Fur 和 Ahlstrom(2011)指出迭代创新是通过试错逐步将市场机会与技术机会结合实现新产品开发的过程。张腾和王迎军(2016)提出迭代创新是以试错学习为核心思想,利用已有信息针对部分问题快速开发不完全产品,并将其投入市场进行检验,从而进行试错学习的创新过程。

部分研究对迭代创新的特征和性质进行了总结。黄艳和陶秋燕(2015)通过对比传统产品开发模式,总结发现迭代创新具有多主体参与、快速创新、持续改进和及时反馈等特征。孙黎和杨晓明(2014)提

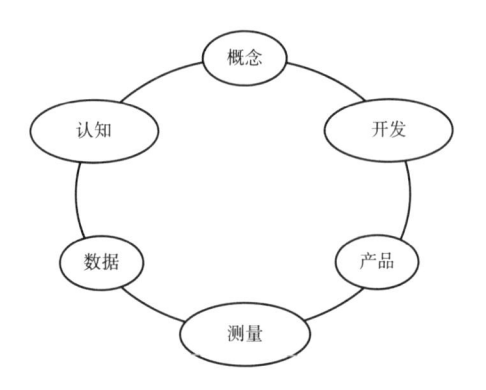

图 2-4　开发—测量—认知循环

资料来源：Ries（2011）。

出迭代创新有以下四个主要特征：第一，在开发早期定义问题并给出解决方案；第二，低成本快速试错；第三，每次迭代都以微创新为主要特征；第四，顾客参与产品开发。惠怀海等（2008）认为，迭代创新以开放性、持续性、加速性和双重性为主要特征。开放性指迭代创新过程由企业内外主体共同完成；持续性指迭代创新过程是持续反馈调整的试错过程；加速性指迭代创新是逐渐加速的创新过程；双重性指迭代创新需要模型和流程的共同迭代。张腾和王迎军（2016）提出，交互性和超前性是迭代创新的重要特征。交互性强调了顾客在产品开发中的重要作用，超前性指出迭代创新是对现有产品市场需求和技术轨道的适当超越。朱晓红等（2019b）提出，迭代创新具有反馈、学习和持续等特征。

（2）迭代创新作用机制与影响因素

迭代创新的研究文献相对较少，并普遍认为迭代创新能够有效促进企业创新绩效的获取。孙黎和杨晓明（2014）提出，迭代创新是典型的互联网思维的新产品开发方式，能够帮助企业应对互联网环境所带来的高度不确定性，获得与传统新产品开发方式相比更高的成功率。迭代创新通过逐步迭代应对资源集中带来的风险，从而降低了新产品开发的整体风险和成本，提高了新产品开发绩效（Ries，2011；Blank，2013；Guertler et al., 2019）。更多的研究通过对互联网行业的案例分析发现，迭代创新对新产品开发有促进作用。董洁林（2014）发现，小米通过与顾客密切沟通，针对顾客反馈快速迭代产品，从而实现了小米手机的"自增长"和病毒式营销。王玉荣等（2016）提出，交通工具应用软件上线后需要不断进行技术与商业模式的迭代创新，以进一步满足用户、占据市场。朱晓红等（2019a）通过双案例研究发现，迭代创新通过提升平台企业管理者的决策质量保障平台企业的生存与发展。

研究进一步发现迭代创新的积极影响是有条件的。Cooper（2008）提出，对于新颖程度和不确定程度较高的产品开发项目，迭代创新相比瀑布流式创新更加适用。罗仲伟等（2014）通过对腾讯微信产品的开发过程分析发现，在技术范式变化的时间窗口，动态能力支撑企业通过迭代创新应对技术不确定的挑战和风险。技术范式为企业创新提供机会与时间窗口，而动态能力支撑企业进行开放式学习和跨界资源搜索，从而使企业快速有效地实现迭代产品开发。高锡荣等（2018）提出，迭代创新成功的关键在于对迭代改进点进行合理的筛选和排序。赵付春（2012）提出，迭代创新的顺利开展需要相应的知识管理手段。大中企业需要关注员工参与的重要作用，将迭代创新纳入企业研发的有机组织；小微企业需要关注知识保护和核心能力的培养。

（3）迭代创新与瀑布流式创新的对比

迭代创新在互联网行业已经得到了广泛应用并取得了较好的创新绩效。然而，对于迭代创新的概念和定义、作用过程与组织方式还没有全面的研究和成熟的结论。瀑布流式创新希望一次性将产品开发完全，尽可能多地提前获取信息，制定计划按部就班地开发出符合既定目标的产品。这种策略只有在顾客需求明确和产品目标清晰的情况下才能够应用。然而，高新技术创新具有市场、技术和组织的高度不确定性，瀑布流式创新不再适用。互联网行业面临最为迅速的需求变化，开发复杂性很高。许多案例研究显示软件开发多采用迭代的模式。迭代创新将整个产品开发周期进行分割,每个周期都按照目前所获取的信息快速开发产品原型并将其快速投入市场进行检验,根据检验结果逐步优化。迭代创新能够更好地应对不确定的市场和技术环境。迭代创新与瀑布流式创新对产品开发目标、开发起点、方法论和组织方式的定义有显著的差异(见表2-2)。

表2-2 瀑布流式创新与迭代创新对比分析

	瀑布流式创新	迭代创新
开发目标	产品开发成功	产品市场成功
开发起点	顾客需求	顾客问题
方法论	因果逻辑	效果逻辑
组织方式	需求、规划、开发、测试、修正线性流程	迭代循环、螺旋式过程

2. 原型策略

基于问题的视角,新产品开发是一系列问题解决的过程(Afuah and Tucci, 2012; Baer et al., 2013; Felin and Zenger, 2014)。部分研究提出试验法是重要的问题解决方法(Jussila et al., 2020; Iansiti, 1997)。迭代创新流程强调试错(trial and errow)是试验法解决问题的核心逻辑(Khanna et al., 2016; Lin et al., 2017; Verma et al., 2024)。目前,新产品开发中的试验主要有两种类型:仿真试验和原型试验。仿真试验是指利用互联网对产品及环境进行数学建模与物理建模,利用虚拟网络测试新产品性能(D'Adderio, 2001; Fixson and Marion, 2012)。原型试验则是建造简单的产品原型进行物理试验(Wessel et al., 2022; De Paula et al., 2022)。原型试验是迭代创新过程中的重要元素。因此,原型策略是新产品开发的重要创新策略。

(1)原型的概念和内涵

原型开发是新产品开发的中间过程,原型是在正式量产之前对产品概念和设计的物化结果(Thomke, 1998; Althuizen and Chen, 2022)。企业根据产品概念进行设计,利用现有资源和技术知识制造小批量产品原型并进行测试。原型具有阶段性、试验性和不完全性(Kagan et al.,2018;Hargadon and Douglas,2001;Yoo et al.,2021)。阶段性指原型开发是产品构想到产品商业化之间的一个中间过程。在原型试验阶段不断地完善产品设计、细化技术路径、精细化产品架构。一个产品的开发过程可能包含多个原型测试阶段,因此原型具有阶段性。试验性指原型是企业对产品技术结构稳定性和产品设计合理性的测试手段(Bogers and Horst,2014)。不完全性是指原型与最终产品之间还存在一定差别,企业会根据原型试验结果对产品概念或技术结构进行进一步的修正和完善,原型与最终产品相比不够完善。

原型迭代是试错学习的过程(Von Hippel,2005;Shepherd and Gruber,2020;Sanasi et al.,2022),主要目的是通过对原型的试验测试技术路径是否稳定,发现产品设计缺陷并完善产品。Thomke(1998)将原型迭代过程分为设计(design)、开发(build)、测试(run)、分析(analyze)四个阶段(见图2-5)。设计指利用前一周期的学习来构思和设计方案;开发指将技术结构进行物化,利用现有资源小批量地制造具有物理结构的原型;测试指模拟实际的产品使用过程并收集相应数据与信息;分析指根据试验结果和试验过程中的数据信息进行综合分析,查看是否稳定实现预期功能及正确解决顾客问题(Von Hippel,2005;Thomke,1998)。原型试验是新产品开发过程中的必要阶段(Schrage,2000;Blank,2003;Lin et al.,2017;Chouki et al.,2023;Leatherbee and Katila,2020)。原型策略已经被广泛应用于企业新产品开发的实践过程中。越来越多的研究开始探讨原型策略对于新产品开发绩效的影响及其中间机制和边界条件。

(2)原型策略的作用机制

原型策略的相关文献集中讨论了原型策略与新产品开发绩效之间的关系,相关研究结论存在冲突。一部分研究认为原型策略能够帮助企业降低创新成本及风险,提高企业创新绩效(Franke and Shah,2003;Sommer

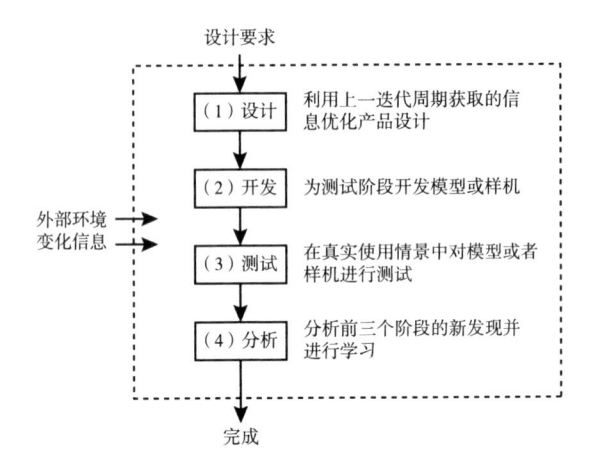

```
                设计要求
                   ↓
          ┌─────────────────┐
          │ (1) 设计 │─→ 利用上一迭代周期获取的信
          │         │   息优化产品设计
          │    ↓    │
          │ (2) 开发 │─→ 为测试阶段开发模型或样机
外部环境 →│    ↓    │
变化信息 →│ (3) 测试 │─→ 在真实使用情境中对模型或者
          │         │   样机进行测试
          │    ↓    │
          │ (4) 分析 │─→ 分析前三个阶段的新发现并
          │         │   进行学习
          └─────────────────┘
                   ↓
                  完成
```

图 2-5 原型迭代的四阶段学习模型

资料来源：Thomke（1998）。

and Loch，2004；Packard et al.，2017；Schmickl and Kieser，2008；Lin et al.，2017）；另一部分研究则认为原型策略抑制了企业的创新能力，阻碍了新产品开发绩效的提高（Hilal and Soltan，1992；Leonardi，2011）。相关研究将原型视为沟通交流工具、测试工具、知识积累工具和组织管理工具，从不同维度对原型与创新绩效之间的关系进行了讨论。

大部分研究认为原型策略促进了企业创新绩效的提升。部分研究基于原型的沟通属性进行论述，分别探讨了原型对企业内部交流沟通及企业与外部交流沟通的促进作用。原型为企业内部知识交流与沟通创造了更好的条件。Schmickl 和 Kieser（2008）提出，交互记忆系统、模块化和原型的共同使用降低了实现协同创新所需要的跨界学习成本。不同领域专家需要通过跨界学习实现协同创新，然而这种跨界学习所消耗的成本巨大。协同创新可以通过结构性组织降低不同领域专家之间跨界学习的成本。原型、模块化和交互记忆系统共同构成了这个结构性的替代组织。Seidel 和 O'Mahony（2014）指出，原型能够帮助新产品创新团队对产品目标达成共识，从而降低创新过程中的协调和沟通成本。Bogers 和

Horst（2014）研究发现，原型为不同专业、不同层级和不同部门的新产品开发人员提供了共同解决问题的沟通平台从而提升了协同创新效率。原型能够促进企业进行开放式创新。Franke 和 Shah（2003）以运动消费品为研究对象，发现顾客创造的新产品能够通过建立原型获取专业技术支持，从而提升新产品开发的成功概率。部分研究将原型视为企业向外部利益相关者发送的信号。Bakker 等（2012）以氢能源汽车为研究对象，发现原型能够帮助处于缺乏市场行业标准环境的企业加强与同行及供应商的沟通，从而实现自身技术路径的行业扩散。Audretsch 等（2012）发现，原型是新创企业向外部投资者发送的信号，能够帮助企业获取外部融资。Simeone 等（2017）通过对 MIT 可感知城市实验室的案例研究发现，原型能够促进科技成果转化过程中不同利益主体之间的沟通，加快科技成果商业化过程。

相关研究还从原型的测试属性和知识积累属性的角度论述了其与创新绩效之间的关系。Kagan 等（2018）指出，在产品开发早期进行原型试验能够及时发现产品设计问题从而降低新产品开发项目的失败风险。Mascitelli（2000）认为，连续建立原型能够帮助企业实现隐性知识的显性化，从而促进突破式创新。粗略模型、精炼模型、标准原型、精细原型的不断迭代能够帮助企业实现隐性知识的显性化。

尽管大量研究认可原型策略对企业新产品开发绩效的提升作用，但部分研究也提出原型策略会抑制企业创新绩效提升。Hilal 和 Soltan（1992）对比了利用原型与不利用原型两种开发路径的创新绩效，发现原型策略具有以下问题。第一，原型测试主要针对功能进行测试，反馈结果不能帮助企业深入理解技术原理，无法加深企业对技术路径的认识。第二，快速的原型迭代往往降低了文档材料对创新路径记录的详细程度，使得企业不能实现技术经验的积累。第三，原型迭代过程更依赖于开发项目组本身，开发过程柔性过大。第四，原型策略需要在项目早期就确定开发工具和材料，而早期的选择判断偏差较大容易造成创新项目的失败。Leonardi

(2011)指出,过早开发原型导致开发组过度集中于原型的组成结构和功能,而对顾客问题解决的阻碍因素缺少充足的认知。过早开发原型使得项目组成员为达成统一目标而放弃了很多有效的头脑风暴,损失了对更好的问题解决路径的探索。

2.3 组织学习理论

组织学习理论是新产品开发研究中的重要基础理论之一。经过50余年的发展,组织学习已经成为跨学科领域的重要研究主题。目前,组织学习的概念对组织行为、认知和社会心理学、社会学、经济学、信息管理、战略管理和工程管理等多个研究领域的发展均起到了重要的推动作用。对于创新领域的研究,组织学习框架下衍生出开放式学习、双元学习、自下而上的学习、试错学习等多个重要概念,推进了创新领域的研究。组织学习理论已经成为企业创新研究的主流理论。

学习是一种活动,根据执行载体的不同可分为个体学习和组织学习(Nonaka and Takeuchi, 1995; Andriopoulos et al., 2018)。对学习的研究覆盖个体、团队和战略多个研究层面。个体层面的研究关注个体创造力的影响因素(Anderson et al., 2014)。个体层面的知识嵌入个体认知之中(Li et al., 2020),个体创造力能够有效提升组织的创新绩效(Baer, 2012)。然而,更多的研究发现个体创造力与组织创新绩效之间并不存在稳定的促进关系。个体的创造力具有较高的不确定性,影响因素较多。存在于个体认知中的知识并不是企业的知识。个体知识会随着人员的流动流出企业,如果不能在企业内部形成积累就无法带给企业稳定的创新绩效。彼得·圣吉在《第五项修炼:学习型组织的艺术与实践》一书中提出,面对快速变化的环境,形成有体系的组织学习才能够为企业带来稳定的创新绩效。组织学习并非个体学习的加总。个体知识会随人员流动和结构变化流出组织,而组织的知识嵌入在组织的流程、制度和文化之中,稳定地存在于企业内部（McGrath，2001）。由于个体的有限理性和创新复杂程度的不断上升，有组织的学习已经成为创新的主题。

现有研究根据不同研究情景与研究问题从不同的角度对组织学习进行定义（见表2-3）。本部分对组织学习理论的研究进行系统梳理，分别就组织学习结果、组织学习过程、组织学习内容和组织学习策略进行综述。

表2-3 组织学习概念

来源文献	定义
Cavaleri 和 Fearon(1996)	组织学习是将组织内部人员的共同经历嵌入组织认知或文化的过程
Crossan 等(1995)	组织学习是认知和行为的改变过程，组织学习并不一定直接影响组织绩效
Daft 和 Weick(1984)	组织学习是多阶段过程，核心在于将环境信息转化为行动导向的知识
Day(1994)	组织学习是开发探究、合理推断和组织记忆等一系列活动的组成
Fiol 和 Lyles(1985)	组织学习是指组织通过理解和吸收更好的知识改善行为的组织行为过程
Garvin(1993)	组织学习指企业创造、获取和转化知识，并将新的知识嵌入企业行为
Huber(1991)	组织学习是信息过程，最终带来企业潜在行为的变化
Kim(1993)	组织学习是提高组织能力继而提高效率的过程
Lee 等(1992)	组织学习是环境与组织行为之间不断反馈的循环过程
Levinthal 和 March(1993)	组织学习是组织面对动态环境时，平衡探索新知识和应用已有知识之间的冲突的过程
Levitt 和 March(1988)	组织学习是组织推导分析历史经验并改善现有流程的过程
Meyer-Dohm(1992)	组织学习是不断对经验进行测试，并将其转化为组织共享的知识从而帮助组织实现核心目标的过程
Miller(1996)	组织学习与决策不同。组织学习需要积累知识，组织学习可以发生在决策前、决策后或决策过程中
Mills 和 Friesen(1992)	学习型组织促进以提高质量、促进与顾客供应商合作、更高效地执行商业战略、提升盈利能力为目标的内部创新
Nadler 等(1992)	学习需要组织全体对实验结果进行探究、检验和传播
Slater 和 Narver(1995)	组织学习指组织开发对行为具有潜在影响的知识的过程

2.3.1 组织学习的结果

学习是指对新知识的创造、搜索和吸收应用（Slater and Narver，1995；Kumar et al.，2019）。Slater 和 Narver（1995）提出组织学习的目标是获取新的知识。Argote 等（2003）将组织学习的结果定义为知识的创造（creation）、存储（retention）和转化（transfer）。知识包括对现有事物特征和属性的认识（know-what）及对事物之间作用关系的认识（know-how）。Nonaka（1994）根据知识是否可以编码将知识划分为显性知识（explicit knowledge）和隐性知识（tacit knowledge）。显性知识指可以被编码为语言进行交流的知识。隐性知识具有较强的个体性，难以通过语言进行交流，嵌入行为与流程之中，具有很强的情景性和典型的认知属性（Nonaka，1994）。

组织的知识储存在企业的认知和流程中（Easterby-Smith and Crossan，2000）。组织学习最终表现为企业流程和认知的改变和优化（Salonen et al.，2018）。认知是企业日积月累形成的价值观（Walsh，1995；Salonen et al.，2018）。流程是企业活动的载体（Annosi et al.，2020）。认知和流程都是企业依据历史经验不断积累沉淀形成的，具有较强的惯性。认知和流程的改变需要持续反馈及积累经验才能够达成。经验学习是组织学习实现的基础。经验的积累能够改变企业的认知和流程。组织学习能够发现和修正组织所存在的问题，提高组织效率和能力从而促进企业绩效提升。部分研究指出组织学习最终体现在组织行为和潜在行为的改变上。Daft 和 Weick（1984）提出，组织学习根据环境对过往行为的反馈逐渐改变组织行为从而塑造更加能够适应外部环境的组织行为系统。Fiol 和 Lyles（1985）提出，组织通过吸收外部知识逐渐优化和完善组织行为系统，实现组织学习目标。Miller（1996）提出，组织学习以提高组织决策质量和效率为目标，从而促进组织目标的达成。也有研究提出组织学习的效果并不一定体现在组织行为的改变上。Slater 和 Narver（1995）指出，组织学习是以信息为主要载体,组织学习并不一定带来组织行为的直接改变,但是组织学习能够影响企业的潜在行为。

组织学习对组织创新绩效影响研究的结论存在冲突。部分研究提出组织学习能够有效地提高企业创新绩效。Levitt 和 March(1988)从学习曲线的角度强调了经验的积累效应。经验的积累促进了企业对任务属性和影响因素的了解,帮助企业获取更加全面的信息,提高企业应对方案的质量,从而提高企业创新绩效。与生产经验曲线类似,经验的积累能够提高企业从事相似任务的效率,降低成本。Shane(2000)提出,经验影响组织的信息获取、识别、理解和应用,从而影响企业的机会识别。部分研究提出经验积累降低了企业创新绩效。Argote 和 Miron-Spektor(2011)通过对硬盘驱动行业专利数据进行分析发现,经验积累促使企业将资源投入应用式创新而降低对探索式创新的投入。过多的成功经验促使企业进入能力陷阱(Benner and Tushman, 2003;Lovallo et al.,2020)。组织经验的积累固化了组织的流程和认知,增强了组织惯性(Leonard-Barton,1992),而组织惯性限制了企业对新机会的识别。针对以上相冲突的研究结论,相关研究进行了进一步的阐述,提出经验与创新绩效之间是非线性相关关系。Hirst 等(2009)指出,经验对创新的促进作用在经验较少时较为强烈,当经验积累至一定程度时,其对创新的促进作用变小。较少的经验能够促使企业加深对问题的认识,并且不会带来组织惯性;而当经验较多时,继续增加的经验并不会带来大幅度的认知深度的提升,反而会增强组织惯性。

2.3.2 组织学习的过程

组织学习是一系列组织行为构成的过程。部分研究细化了组织学习过程,详细描述了组织学习的主要活动组成和序列分布。Levitt 和 March(1988)提出,组织学习是企业对过去经验进行总结编码,并将其嵌入现有流程的活动。组织学习具有流程依赖(routine-based)、历史决定

(history-dependent)和目标导向(target-oriented)三个特征。流程依赖是指组织学习活动是通过流程实现的。Annosi等(2020)基于行为理论认为，组织活动的开展是以流程为载体和平台的。组织学习是组织的行为，需要通过流程进行推动实施。历史决定是指组织经验决定了组织流程的设计从而影响组织学习的开展。流程的设计基于组织对过去经验的总结与解读(Steinbruner，1974)。环境对企业的持续反馈形成组织经验并逐渐嵌入企业流程中。目标导向是指组织学习由观察到的现状与期望状态之间的差距决定，较大的差距能够激发组织学习。

Crossan等(1999)提出组织学习的4I过程框架，认为组织学习是跨层次的多阶段过程。组织学习包括直觉(Intuiting)、解释(Interpreting)、集成(Integrating)和制度化(Institutionalizing)四个子过程。四个子过程发生在个体、团队和组织三个层级，其中直觉和解释是由个体进行的，解释和集成发生在团队层次，制度化则是在组织层级发生的。直觉是企业内部个体的潜意识行为，个体依据过往经验对问题进行模式识别，甚至是无意识地依据经验进行反馈。只有具备丰富经验的专家才能快速识别模式，潜意识的反馈模式需要个体不断地对相似情景进行体验才能够形成。解释是个体对潜意识进行提炼、语义化的过程。个体往往通过类比提取可供交流的语言。集成指通过沟通和协调活动建立团队内部的共同理解。制度化是将个体和团队的学习结果固化在组织流程之中的过程。组织学习是动态过程，学习引发了前向反馈(feed forward)和后向反馈(feed back)的张力。前向反馈是指从个体经验到组织知识的发现和探索过程；后向反馈是指组织对个体学习的反馈过程，是对已有知识的加深和强化。图2-6系统描述了4I过程框架。

Argote和Miron-Spektor(2011)提出组织学习从经验开始，并进一步构建了经验学习过程框架(见图2-7)。知识是由经验与情景组合创造形成的。经验学习具有三个子过程：知识创造(creating)、知识保留(retaining)和知识转移(transferring)。知识创造是指企业将自身直接经

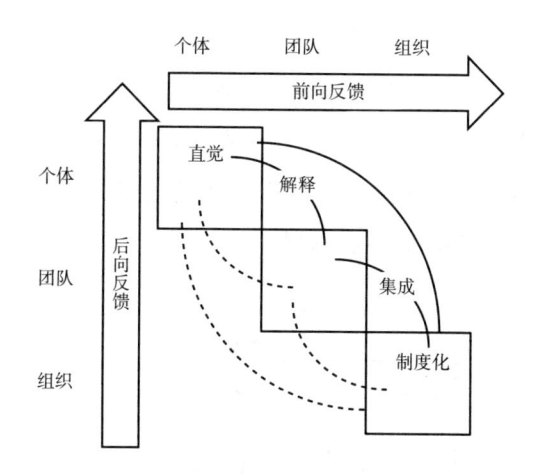

图 2-6　组织学习 4I 过程框架

资料来源：Crossan 等（1999）。

验转化为知识的过程；知识转移是指通过搜索将其他组织经验转化成自身知识的过程；知识保留则是指知识编码融入企业流程系统的过程。经验学习过程框架描述了企业经验转化为知识的过程。经验学习过程要素包含个体、工具和任务。个体是组织经验学习的媒介载体。工具能够辅助组织进行经验学习，比如数据分析辅助工具能够加快个体的模式识别速度。任务是经验学习所要解决的问题。个体、工具和任务都可以存储组织知识，是组织学习的直接要素。个体和工具的选择及其相互作用直接决定了组织学习效果。知识由经验与环境共同作用形成。环境影响经验学习的效率和效果。环境包括组织外部的行业、市场、制度环境和组织内部环境，如组织结构、文化、技术路径、身份、记忆、目标和战略。不同企业所处环境在波动程度、互联性和包容性等维度有差异。认知无法摆脱情境的影响，经验的转化、理解和存储都受到环境的影响。经验学习文献对组织结构（Fang et al.，2010；Do and Mai，2020）、社会网络（Reagans and McEvily，2003）、组织身份认同（Kane et al.，2005）、组织单元地理距离（Cummings，2004）等环境特征进行了研究。Argote 和 Miron-Spektor

（2011）将经验学习环境分为潜在环境和活动环境。经验学习活动在活动环境中开展，潜在环境影响活动环境。活动环境包括个体、工具、任务和要素之间的交互作用。潜在环境影响企业经验学习中任务的设定和组织对参与学习个体和工具的选择范围。活动环境直接对经验学习过程产生影响，而潜在环境对经验活动的影响较为间接。

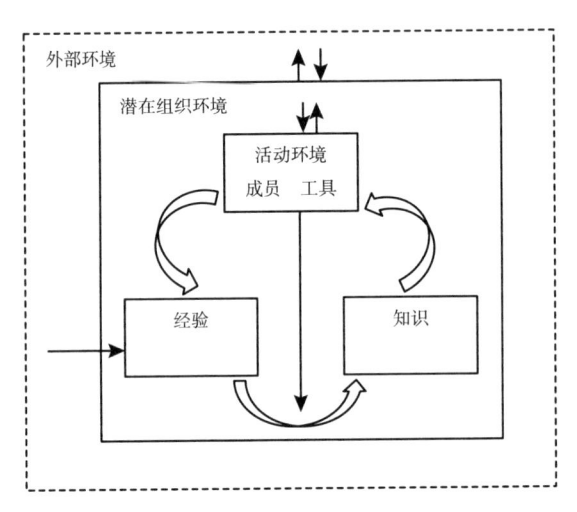

图 2-7　经验学习过程框架

资料来源：Argote 和 Miron-Spektor（2011）。

2.3.3　组织学习的内容

组织学习理论提出经验是组织学习过程的载体。Argote 和 Miron-Spektor（2011）认为，经验是组织过去执行相关任务的行为总体。经验可以通过组织执行任务的累计次数进行测量。生产经验可以通过企业生产产品的累计数量进行测量；医生的经验可以通过相关手术次数进行估计。经验存在于个人、团队、企业及行业等不同层次（Edmondson et al.，2007；Salonen et al.，2018）。个体层次的经验存储于个体认知之中，组织和团队的经验存储于组织认知和流程之中（Lapre et al.，2000）。组织经验并不随人员流动而变化。

经验的分类标准多样。Argote 和 Todorova（2007）指出，经验的特征维度包括组织、内容、时间和空间。组织维度按照经验是直接获取还是间接获取分类（Levitt and March，1988；Kumar et al.，2019）。直接获取与知识创造相关，而间接获取指知识的搜索（Argote and Ingram，2000）。经验在内容维度的分类较为多样。Taylor 和 Greve（2006）以经验是针对任务还是针对组织成员为标准进行划分。Kim 等（2009）按照任务是否成功对经验进行区分。Katila 和 Ahuja（2002）则根据任务的新颖程度对所产生的经验进行区分。Repenning 和 Sterman（2002）则根据经验能否通过语言进行沟通分享将经验划分为模糊的和易于沟通的。时间维度的分类以事件发生的频率为标准。Carrillo 和 Gaimon（2000）将经验按照获取时间分为任务执行之前经验、之中经验或之后经验。执行之后的经验是根据任务完成效果的反馈得到的经验，是对本次执行方式的反思结果。反事实推理是事后经验的重要获取方式，通过重新回忆过去的实践行为并对替代方案进行过程和结果分析完成。空间维度的区分以经验的地理集中度和分散度为标准（Gibson and Gibbs，2006）。部分研究针对罕见事件的经验积累进行了探讨。罕见事件发生频率极低，难以全面理解却影响重大。相关研究对联盟、并购合同签订等特定罕见事件展开研究（Lejarraga and Mullertrede，2017；Zollo and Reuer，2010；Vanneste and Puranam，2010）。对经验的进一步分类丰富了组织学习相关研究。

2.3.4　组织学习的策略

詹姆斯·G. 马奇在《决策是如何产生的》一书中提出，学习是以问题解决为目标的决策过程。决策受到决策者理性程度的影响（Cabantous and Gond，2011）。当企业绝对理性时，企业具有明确的目标并且要获取不同目标达成路径的全面信息。此时，企业只需要搜集信息，对比各种路径的各项指标进行理性选择，就能达成创新目标。对于市场目标明确并且技术路径成熟稳定的创新项目，企业可以通过目标明确的外部搜索获取创新所需要的知识。然而，高新技术创新具有高度的技术不确定性、市场不确定性和组织不确定性（沈灏等，2017）。高新技术创新不具有明确的市场方向，顾客甚至无法清楚表述自身需求；并且高新技术行业尚未形成主导技术路径，企业难以全面了解技术的路径信息。由于高新技术创新本身的高度不确定性，企业无法确定创新方向和创新路径。模糊的创新方向降低了搜索的效率和效果，企业无法通过外部搜索解决创新问题。试错试验能够帮助企业明确创新问题，是应对高度不确定环境最有效的创新方式。Levitt 和 March（1988）指出，组织学习有试错学习和外部搜索两种方式。试错学习是指企业通过自身参与类似活动直接获取相关经验；外部搜索是指企业搜索学习其他企业相关经验。

1. 知识搜索

知识搜索（search）描述企业通过外部搜索寻求问题答案的过程。知识搜索分为行业内搜索和行业外搜索。行业内搜索包括对顾客、供应商、分销商和竞争者的知识搜集。行业外搜索包含对大学、政府、研究机构、其他行业顾客及媒体等的信息搜索（Geletkanycz and Hambrick，1997；Lampert and Semadeni，2010）。吸收能力理论描述了企业吸收应用新知识的前提条件（Todorova and Durisin，2007）。吸收能力理论指出，企业吸收能力不同导致同样的知识对企业的作用有所不同（Zahra and George，2002；Salonen et al.，2018）。相关学习经验能够提升企业的吸收能力。

现有知识搜索和开放创新相关文献均肯定了外部知识搜索对企业创新绩效的提升作用。开放式学习和知识搜索相关研究就如何高效获取外部相关知识进行了探讨（Masucci et al.，2020；Fleming，2001）。研究普遍认可了异质性信息对于企业创新的促进作用（Chiang and Hung，2010；Lovallo et al.，2020）。Katila 和 Ahuja（2002）提出，根据知识搜索方向的不同可以将知识搜索分为深度搜索和宽度搜索。深度搜索指集中搜索方向，深度挖掘；宽度搜索则是分散搜索方向，范围广泛。一部分研究提出较大的知识搜索宽度促进了企业创新绩效的提升（Kneeland et al.，2020）。较大的知识搜索宽度帮助企业识别更多的异质性知识，突破固有知识系统的限制，实现创新绩效的提升（Xie et al.，2016）。另一部分研究则强调了知识搜索深度才是企业形成创新能力和提升创新绩效的关键因素（Roper et al.，2017）。集中的知识搜索能够帮助企业建立知识系统，逐渐接近知识内涵本质，形成创新能力（Kaplan and Vakili，2014）。

2. 试错学习

试错学习相关研究集中于学习曲线，探讨了生产制造经验对企业效率和成本的影响。Thorndike（1898）通过个体心理试验发现，个体完成任务的时间消耗与相关经验成反比。Wright（1936）拓展以上研究结果至组织情景并提出学习曲线（learning curves）的概念，通过对飞机制造工业的样本观察，提出单个机身的制造成本随产量的增加而降低。Argote 和 Miron-Spektor（2011）提出，这种边际制造成本的降低源于生产工人经验的积累、产品和过程设计的改良、技术的优化。Thompson（2007）通过对航天、汽车和军用舰船制造等产业实证数据的分析，进一步验证了组织学习曲线的普适性。绝大多数研究以累计生产量作为经验的测量指标，累计投资和累计时间也被部分研究作为经验的衡量指标（Figueiredo et al.，2020）。

经典的学习曲线模型为 $y_t = a Q_{t-1}^b$；为方便数学计算通常以对数形式给出：$\ln y_t = c + b \ln Q_{t-1}$。其中 y 是 t 时的边际成本或边际工时，a 指第一个产品的制造成本或所需工时，c 是值为 $\ln a$ 的常数，Q 是 t 时的累计生产量，b 指学习率（Argote，2013）。Lapre 等（2000）提出除了边际成本，单位缺陷率和单位生产耗费率也能够利用学习曲线模型模拟。因此，y 能够代表不同的随着经验积累提升的绩效参数。

学习曲线相关研究强调了试错学习对企业生产效率的提升作用，并进一步探讨了影响经验对生产效率提升作用的内外部环境限制。Giri 和 Glock（2017）发现不同行业，产品生产的学习曲线并不一致。众多研究就学习率的影响因素展开分析。部分研究发现组织内部结构直接影响了企业经验积累对生产力的作用机制。Egelman等（2017）提出企业对多种产品的生产安排方式影响企业学习曲线的学习率。企业主要产品的不同代次同时生产能够促进知识的交流转化从而提高生产效率；产品过度个性化会影响经验的积累和生产效率的提高。也有研究从外部环境的角度，探讨了试错学习所需要的外部条件。Fudenberg和Tirole（1983）强调了市场结构和价格的影响；Zhu等（2012）则发现贸易政策对学习曲线形状有影响；Mookherjee和Ray（1991）提出垄断市场结构直接影响了企业试错学习的效率。

除了对生产效率的影响，相关研究开始关注试错学习对创新的影响机制。Von Hippel和Tyre（1995）提出创新是问题解决的过程，试错学习提高了创新过程中的问题识别效率从而促进创新绩效的提升。创新问题在真正实践之前往往无法直接识别，原因有两点：其一，问题的相关信息复杂程度往往超过了人的认知边界；其二，部分创新问题是创新成果物化引起的。试错学习帮助企业建立问题识别模式从而促进创新。Macher和Mowery（2003）利用半导体制造行业的实证数据研究发现，管理行为直接影响试错学习的效率，内部信息能力和自动化程度影响企业从单次行为中获取的经验值。企业需要创造适合试错学习的内部环境，以实现试错学习所积累的直接经验向创新知识的转化。Tsang（2002）从跨国联盟中知识转移的角度对比了直接经验获取和间接经验获取对创新绩效的作用，研究发现具有在当地从事商业活动经验的企业更加适合通过监督的方式从外国合作方获取间接知识，而并不具备相应经验的企业更加适合通过委派公司人员直接参与海外活动获取直接经验。Jain（2013）通过对生物科技企业创新项目的研究发现，组织经验存在于个体、团队和企业三个层面。不同层面的经验互补构成了企业的创新能力。Figueiredo等（2020）提出试错学习所获取的直接经验具有较强的情境限制。由于实验研发和大规模制造环境的不同，过程建设专用设备、开发和制造活动的地理距离缩短和双配套设备均能有效提升新过程引入的效率。

2.4 主导逻辑

2.4.1 主导逻辑定义与内涵

Prahalad 和 Bettis 于 1986 年在 *Strategic Management Journal* 首次提出主导逻辑是企业多元化战略与绩效的中间机制。主导逻辑是企业解读环境、定义业务、配置资源的基本认知模式（Prahalad and Bettis, 1986; Srinivasan et al., 2006; Makkonen et al., 2019）。主导逻辑是企业生存与成长的关键要素，嵌入企业的研发、生产、营销和运营等各个维度。因此，概念一经提出就得到了组织与战略领域学者的广泛关注。目前对于主导逻辑的研究主要集中于对主导逻辑概念和内涵的界定、作用机制的分析、影响因素的探索。现有研究从不同维度给出了主导逻辑的定义（见表 2-4）。关于主导逻辑的界定有两个基本观点：基于认知的观点和基于流程的观点。

表 2-4 主导逻辑的定义

文献来源	主导逻辑定义
Prahalad 和 Bettis(1986)	主导逻辑是企业界定自身业务与行业的认知模式或心理图式，是实现目标、制定决策的管理工具
Grant(1988)	主导逻辑体现在企业运营流程中，包括资源分配、业务协调和考核控制机制
Bettis 和 Prahalad (1995)	主导逻辑是组织过滤信息的漏斗(information filter)，是组织智商的组成要素，帮助组织适应复杂环境
Prahalad (2004)	主导逻辑是组织成长的基因，决定了企业搜寻的方向和范围，是企业创造价值的基本思路
Lampel 和 Shamsie (2000)	主导逻辑是企业内部通用的管理逻辑，通过统一的决策思路和一致的价值理念实施控制的工具
Kor 和 Mesko (2013)	主导逻辑是 CEO 和高层管理者基本的战略信仰，体现了企业关键的管理能力

续表

文献来源	主导逻辑定义
Obloj 等（2010）	主导逻辑是企业决策、运营和发展的主要逻辑的集合，是企业的典型特征之一
项保华和罗青军（2002）	主导逻辑是管理者理解和解读环境的认知方式与工具的集合
苏敬勤和单国栋（2016）	主导逻辑是从企业发展历程中沉淀形成的认知模式和决策逻辑

1. 基于认知的观点

基于认知的观点认为主导逻辑是企业战略层面的认知范式（Bettis and Prahalad, 1995; Skjolsvik, 2018）。主导逻辑解释了企业变革为何难以进行以及为何很多企业即使意识到内外部环境的变化依旧很难做出改变（苏敬勤、林菁菁，2016；Maijanen，2015）。以往文献对于这两个问题的探讨集中于组织战略、结构或者系统等表面结构的影响，忽略了这些结构背后深层次的影响因素，比如主导逻辑。Bettis 和 Prahalad（1995）认为主导逻辑决定了企业的信息选择，从而影响战略决策的制定。如图 2-8 所示，两位学者进一步将主导逻辑描述为信息漏斗。企业注意力集中于与主导逻辑相关的信息和数据而疏于关注与主导逻辑不相关的信息。经筛选后的数据和信息嵌入企业的战略、系统、价值导向之中，并产生自我强化的效果。

Krogh 等（2000）在 Bettis 和 Prahalad（1995）的研究基础上进一步提出主导逻辑影响企业的战略制定与策略选择。主导逻辑不仅对数据和信息起到了筛选的"漏斗作用"，还影响企业对过滤后的数据和信息的分类和理解（Weick and Bougon, 1986; Barr et al., 1992）。主导逻辑不仅仅是信息"漏斗"，更是企业利用现有信息感知未来做出战略决策的"棱镜"（见图 2-9）。漏斗观描述了企业对于过去数据和信息的过滤。棱镜观认为主导逻辑影响企业对未来的预测从而影响企业战略决策的制定。主导逻辑本质是知识结构，决定了企业应对环境不确定性的自适应能力

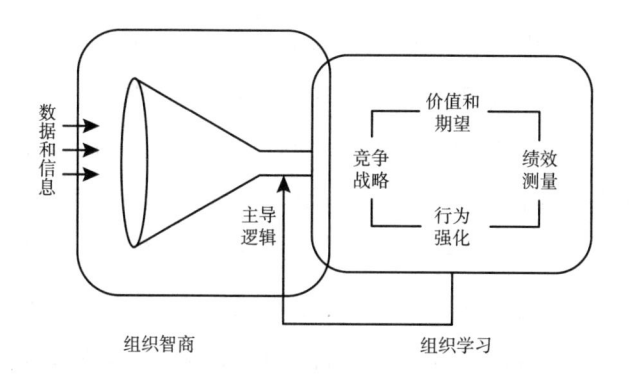

图 2-8　主导逻辑信息漏斗观

资料来源：Bettis 和 Prahalad（1995）。

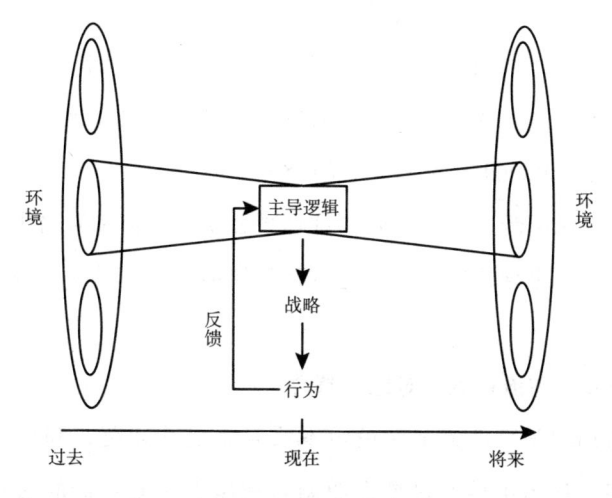

图 2-9　主导逻辑棱镜观

资料来源：Krogh 等（2000）。

（Bettis and Prahalad，1995）。基于认知的观点认为主导逻辑是企业的认知范式和思维模式，决定了企业的学习方式和问题解决的方式。

2.基于流程的观点

Prahalad 和 Bettis（1986）发现，企业多元化业务之间战略的相似性决定了多元化战略与绩效的关系。战略相似的业务可以在相同的主导逻辑体系下管理（Verbeke，2010；Makkonen et al.，2019）。Porter（1987）将相似性定义为不同业务之间价值链的兼容程度，描述了业务之间技巧和方法的可转化程度。Bergh 和 Lim（2008）从研发、生产和营销三个功能维度描述业务的相似性。然而，基于认知的观点无法描述业务之间运作层面的相似性。Grant（1988）认为，主导逻辑是一系列运作层面功能的集合，包括业务之间的资源分配、各业务单元战略的制定与协调及各业务单元战略目标的制定和监督机制。在此观点下，主导逻辑的实质是流程。相关学者继续从学习的角度开展基于流程的主导逻辑的研究。Zander 和 Kogut（1995）发现，学习促进了流程的形成和更迭。此观点认为，流程和学习是主导逻辑的基本构成单元。

Grant（1988）指出，将主导逻辑单纯地视为世界观和认知范式缩小了概念在实证研究中的适用范围，限制了主导逻辑在多元化战略的制定和实施中的应用。Prahaled 和 Bettis（1986）也提到了主导逻辑概念上的抽象性和应用中的困难。主导逻辑同样体现在实现目标和做出决策的管理风格和手段上。将主导逻辑概念细化到运营层面能够使其成为战略分析的有力工具。

3.认知观点与流程观点对比与整合

基于认知的观点认为主导逻辑本质是企业认知范式和思维图示；基于流程的观点认为主导逻辑是企业制定战略、实现目标的活动路径。两种观点分别从企业战略层面和运营层面对主导逻辑进行了定义。基于认知的观点强调主导逻辑嵌入企业知识结构中，通过影响信息过程影响企业战略决策的制定；基于流程的观点认为主导逻辑体现在企业各项业务实现的流程设计与路径规划中，决定了企业的运营模式。两种观点在对主导逻辑的属性、来源、研究层面及作用机制的定义上有显著的差异（见表2-5）。

表 2-5　主导逻辑认知观与流程观对比

	基于认知的观点	基于流程的观点
属性	认知范式与思维图示	运营流程、活动路径
来源	高层管理团队知识结构与经验组成	企业经营历史、核心业务特征
研究层面	战略层面	运营层面
作用机制	信息过程、信息漏斗或棱镜	资源分配机制、战略制定与监督控制方式

苏敬勤和单国栋（2016）指出，相关研究对主导逻辑的定义不够直观深刻，抽象而难以理解，制约了主导逻辑理论的发展和应用。基于认知的观点与基于流程的观点从不同层面和维度对主导逻辑进行了定义。Obloj 和 Pratt（2005）提出，整合两种观点才能够全面地描述主导逻辑的本质属性及内涵。重复行动促进了认知范式的形成，组织流程由一系列行动组成（Pratt，2003）。组织认知与流程是共同衍生与进化的组织特征，无法分割研究。单从认知或流程视角不能全面地刻画主导逻辑的内涵要素。Obloj 等（2010）结合认知视角与流程视角提出整合模型，认为主导逻辑由意义构建（perception/sensemaking）、选择模式（choice/action）、学习（learning）和编码（codification）四个要素构成。意义构建与选择模式是主导逻辑的认知特征，学习和编码则是主导逻辑的流程特征。主导逻辑是企业的特征，是企业绩效的重要影响因素。主导逻辑不仅体现在信息过程中，同样体现在企业运营模式与管理风格上。综合考虑认知与流程特征才能够全面准确并且深刻地对主导逻辑进行定义。也有研究同时关注到了主导逻辑在认知和流程两个维度的特征，并进行了综合分析（张璐等，2019；苏敬勤、单国栋，2016；Easterby-Smith and Crossan，2000）。

2.4.2　主导逻辑相关研究框架

随着主导逻辑概念的逐渐清晰，相关研究越来越关注主导逻辑的作用机制及影响因素。相关研究主要关注以下问题：①主导逻辑通过怎样的路径对企业绩效产生了怎样的影响？②主导逻辑在企业是如何形成演化的，触发主导逻辑变化的影响要素有哪些？

1. 主导逻辑的作用机制

主导逻辑嵌入企业认知和业务流程中，当企业面临环境变化和内部业务整合时，能更加体现出其对企业的控制与调整作用。目前研究集中探讨了主导逻辑在并购及面对环境变化时的作用机制，对主导逻辑与绩效之间的关系尚未达成共识。

相关研究对环境变化时主导逻辑对企业绩效的影响存在冲突的观点。部分研究认为主导逻辑帮助企业快速筛选相关信息并做出战略决策，从环境监测、信息筛选与利用等维度进行分析。项保华和罗青军（2002）提出，复杂和多变的环境对于管理者的战略决策提出了更加严峻的挑战。变化的环境要求企业在短时间内获取有用信息并制定与环境相适应的战略决策。主导逻辑的信息漏斗功能帮助企业监控相关环境，获取重要数据信息，降低信息搜集的复杂程度和企业试错成本。主导逻辑帮助企业降低在变化的环境下制定决策的时间和资源成本从而提高企业绩效。苏敬勤和单国栋（2016）指出，主导逻辑的认知集中性和柔性能够帮助生产复杂产品的企业获得长久竞争优势。主导逻辑的认知集中性帮助企业聚焦核心业务，发现战略与资源配置重点，形成企业技术绝对优势；此外，主导逻辑的认知柔性赋予了企业自适应能力，帮助企业尽早意识到核心业务的技术和市场环境变化趋势，从而使企业得以在激烈的行业竞争中发展。Krogh等（2000）发现，在动态环境下企业需要拓展主导逻辑带宽（bandwidth）以发现更多的可行战略从而在动态环境中生存。Obloj等（2010）指出，转型经济下创业企业的有形资源更为匮乏，主导逻辑作为一种重要的无形资产对于转型经济下创业企业的成功更为关键。具有外部导向（external orientation）、前摄性（proactiveness）和流程柔性（simplicity）等特点的主导逻辑能够促进机会识别、试验和柔性组织设计从而促使创业企业成功。苏敬勤和单国栋（2016）基于中国某民营工程机械企业的案例分析发现，主导逻辑具有先验性特征。主导逻辑是去情境化的战略，决定了战略行为的差异从而影响企业绩效。

然而，也有研究提出主导逻辑限制企业发现新的价值创造模式从而限制企业发现新的盈利点。主导逻辑嵌入企业现有的战略决策、组织设计、流程规划、资源组合及管理控制方式等方面，与现有价值创造方式密切相关。商业逻辑已经从研发生产销售的价值创造方式转变为以顾客体验为中心的价值创造模式。然而，原有的主导逻辑信息漏斗的作用限制了企业对非相关的价值创造维度信息的搜寻与获取。此外，主导逻辑嵌入企业流程中，往往难以支持新的主导逻辑建立。因此，主导逻辑限制了企业绩效的增长。Obloj等（2010）同样提出，过度嵌入在流程中的主导逻辑限制了企业机会识别从而限制了绩效的提升与企业的长期发展。

对于主导逻辑的作用机制，一部分学者基于多元化战略的研究脉络继续探讨了主导逻辑在企业并购中的作用。主导逻辑被认为在企业并购业务选择、并购企业选择、并购后控制及并购后知识整合等方面起到关键作用。Lampel和Shamsie（2000）提出，主导逻辑能够较好地解决并购企业对被并购企业的控制悖论。被并购企业需要相应的自由以实现业务的自主发展，然而并购企业需要控制被并购企业，使其目标与自身目标一致，控制与柔性之间存在悖论。并购企业能够通过一致化与被并购企业管理者的主导逻辑实现控制与柔性之间的平衡。主导逻辑输出是并购企业对被并购企业进行控制的有效方式。Verbeke（2010）则认为并购企业对被并购企业的主导逻辑输出阻碍了知识交换和创新能力的发展。被并购企业的技术知识往往嵌入流程及人员中，直接的主导逻辑输入阻碍了隐性知识的显性化过程。于超和朱瑾（2018）通过对东阿阿胶集团发展历程中产品、营销、人资、服务与战略逻辑的剖析发现，主导逻辑对企业创新生态圈的演化与跃迁起决定作用。

2. 主导逻辑的影响因素

现有研究分别基于企业内部环境与企业外部环境探讨了主导逻辑形成

过程的影响因素。基于企业内部环境的研究主要探讨了企业高层管理者及高管团队对于主导逻辑形成的影响。Prahalad 和 Bettis（1986）认为，主导逻辑建立是认知框架形成的过程，指出操作性条件反射（operant conditioning）、认知范式（cognitive paradigm）、认知过程（cognitive process）和认知偏差（cognitive bias）共同决定企业主导逻辑的形成（见图 2-10）。操作性条件反射指决定企业核心业务成功的关键活动会被环境加强，从而形成主导逻辑。认知范式指企业认知的基本方法论和传统哲学。认知过程指企业以往知识结构中的基本元素与成功哲学。认知偏差决定了企业对信息的系统筛选，从而促进了主导逻辑的形成。Kor 和 Mesko（2013）指出，管理者动态管理能力的组成要素，比如管理认知、人力资本和社会资本是塑造管理者主导逻辑的关键因素。管理者通过高管团队建立与编排形成企业主导逻辑。Bettis 和 Prahalad（1995）指出，企业主导逻辑限制了企业学习范围，只有强度较大的环境波动才能使企业摆脱已有主导逻辑惯性形成新的主导逻辑。

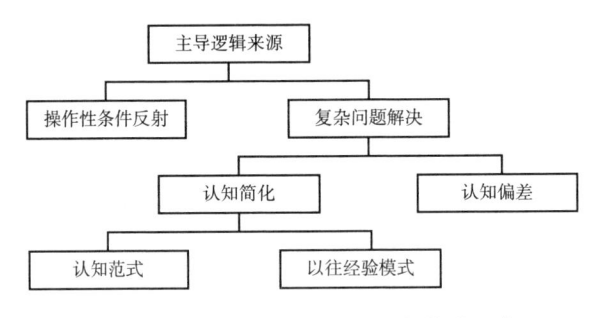

图 2-10 认知观点下的主导逻辑构成要素

资料来源：Prahalad 和 Bettis（1986）。

主导逻辑外部环境影响因素的研究探讨了外部环境动态性对主导逻辑形成的影响。张璐等（2019）分析了组织外部情景因素对主导逻辑形成的作用机制，提出外部技术、市场与制度环境影响企业机会识别从而影响主导逻辑的形成与演化。苏敬勤和单国栋（2016）研究发现，行业技术环境的剧烈变化改变了企业主要竞争维度从而影响企业的价值定位与资源规划进而带来主导逻辑的变迁和演化。他们对中车大连机车车辆有限公司发展历程中的主导逻辑演化路径进行深入分析，发现业主需求与政策导向决定了企业对核心竞争业务的定义继而影响主导逻辑的演化。

3. 主导逻辑研究总结

主导逻辑最早用于研究多元化战略与企业绩效之间的作用机制。相关研究从认知角度和流程角度对主导逻辑的概念与内涵进行了界定。由于主导逻辑对决策制定与企业学习具有重要影响，研究主要探讨了主导逻辑在企业并购与不确定环境下的作用机制。主导逻辑影响因素的研究分别讨论了企业内外部环境对主导逻辑形成与演化的影响。图 2-11 是主导逻辑相关研究的整体框架。

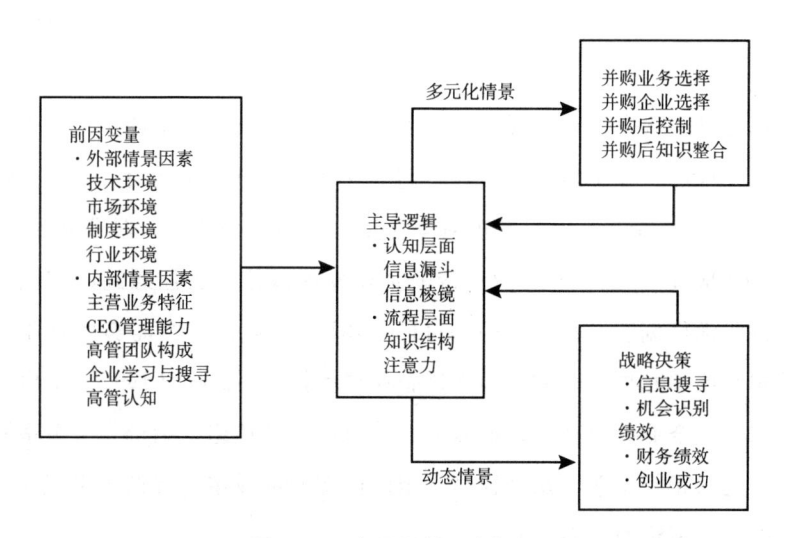

图 2-11 主导逻辑研究框架

2.4.3 主导逻辑冲突

1. 冲突的相关研究

冲突是普遍的社会现象，战略和组织领域的管理学家广泛探讨了冲突的定义、特征及分类。Wall 和 Callister（1995）认为，冲突是一方感知到自身利益与另一方利益具有对立关系或者担心被另一方侵蚀利益的状态。Korsgaard 等（2008）提出，冲突是多方之间目标与利益不兼容或者对立的状态。Magnotta 和 Johnson（2020）认为冲突是动态演化的，演化阶段有：潜在冲突（latent conflict）、认知冲突（perceived conflict）、行动意向（felt conflict）、冲突行为（manifest conflict）和冲突结果（conflict aftermath）。不是每一个冲突的演化过程都会包括提到的所有阶段，并且不同阶段的冲突都可以被相应的管理手段所消除或激化。按照冲突出现的层面可将冲突分为五种：个人层面的冲突、人与人之间的冲突、团队之间的冲突、组织之间的冲突和国家之间的冲突（Contu，2019）。更多的研究针对冲突产生的原因将其分为任务冲突与情感冲突（邱益中，1998）。任务冲突指多方对于任务目标与活动过程规划的不同观点；情感冲突则为人际关系上的负面感受。

相关研究从个人、人际关系和组织等层面分别分析了冲突的作用机制（Jehn，1995）。冲突与企业绩效之间的作用关系研究存在不一致的结论。Contu（2019）指出，冲突能够刺激探索的动力和兴趣从而促进绩效提升。Baron（1988）提出，冲突能够帮助企业发现以往未曾注意到的问题，为企业自我优化创造了机会。Tjosvold（1985）发现，冲突能够使企业内部人员相互谅解和更加开放从而促进企业绩效提升。Jehn（1995）指出，情感冲突会对企业绩效产生负面效应。情感冲突会使组织内部人员关系紧张和员工之间相互憎恶，从而提高了组织内部交易成本，降低了组织绩效。

2. 主导逻辑的冲突

主导逻辑是企业看待环境与行业的世界观，是企业自身竞争优势来源的基本方法论。在稳定的环境中，主导逻辑稳定存在于组织对信息的筛选机制、解读方式与实践路径中，变化较小，其对企业绩效的作用很难显现。当环境变化时，现有的信息处理机制与实践方法往往无法较好地适应新的环境需求，企业主导逻辑出现变化，作用机制逐渐显现。因此，现有研究集中于探讨动态环境下主导逻辑的形成和演化机制（Krogh et al.，2000；苏敬勤、单国栋，2016；黄旭等，2004；张璐等，2019）。主导逻辑潜在、抽象地印刻在企业认知框架与行为逻辑的背后。在稳定的环境下，主导逻辑是提升效率带来优势的深层次原因，难以被观察与研究。在动态环境中，主导逻辑对信息的筛选和对反馈方式建立的作用更加突出。

动态的过程意味着主导逻辑开始演化，新旧主导逻辑进入交替阶段。主导逻辑演化过程是新的主导逻辑逐渐形成而旧的主导逻辑逐步衰退的过程。这个交替阶段最主要的特征就是新旧主导逻辑之间的关系。较好地处理新旧主导逻辑共存期间企业的管理与运营问题是企业成功应对动态环境挑战的关键。主导逻辑演化意味着企业认识环境的角度变化，对竞争优势与核心业务的定义改变。主导逻辑决定了企业信息过程、流程设计、资源配置与组织设计。主导逻辑演化过程中的核心特征就是新旧主导逻辑之间的冲突程度。本书提出了主导逻辑冲突的概念，弥补了主导逻辑演化研究中对演化阶段不同主导逻辑共存的界面状况描述的不足。主导逻辑交替阶段对企业具有决定性作用，是主导逻辑演化过程的瓶颈状态，需要对这一状态进行截取，细致研究。主导逻辑冲突就是描述主导逻辑演化过程截面的特征变量。

主导逻辑冲突指企业内部主导逻辑之间不兼容、对立的程度。主导逻辑冲突对企业战略决策的制定、流程设计、资源配置与组织都有显著的影响。组织内部主导逻辑的冲突体现为经营理念、战略路线、运营逻辑、竞争逻辑及未来主要发展方向的看法与意见的不一致。冲突是环境变化的产物，主导逻辑冲突是主导逻辑演化过程的典型特征。组织学习与环境变化均会带来企业主导逻辑的演化，从而引发企业内部主导逻辑冲突。

2.5 顾客共创

传统新产品开发是以企业为中心的线性开发过程（Cooper，1990；

Hazee et al., 2017)。首先，企业通过问卷调研、实地访谈和其他市场调研方式对顾客需求及使用环境进行信息搜集；随后，企业基于对需求信息的分析和加工结果，设计产品概念并进行研发生产，最终将产品销售给顾客（Cooper et al., 2002b）。以企业为中心的开发方式容易形成规模效益，有利于规划和控制，能够降低企业新产品开发成本。然而，随着市场竞争激烈程度的上升，顾客已经不再满足于标准化产品。随着供需平衡被打破，准确契合顾客需求成为企业竞争优势的重要来源（Ranjan and Read, 2016）。大规模定制成为制造业发展的主流方向（孟庆良等，2015）。定制化的实现需要对顾客需求和使用情境进行深入了解。以企业为主体的信息搜索方式不能满足产品定制化所需要的信息强度和密度（Hsieh et al., 2018；Jin et al., 2022）。现有研究逐渐关注顾客与企业共同开发新产品的创新方式。

2.5.1 顾客共创定义与内涵

服务主导逻辑提出顾客参与服务提供和交付过程能够有效提升顾客对服务的满意度（Chan et al., 2010；Witell et al., 2011；Oertzen et al., 2018）。大量针对服务创新与服务市场化的研究均关注到顾客不仅仅是服务的接受方，同时也可以成为服务创新的组成部分（Prahalad and Ramaswamy, 2004；Burton et al., 2020）。Von Hippel（2001）提出顾客有参与到新产品和新服务开发过程中的意愿，而顾客缺乏产品专业知识、开发经验和专业资源，导致顾客难以进入新产品开发过程。企业可以通过为顾客提供辅助工具和服务帮助顾客参与新产品开发过程，促进新产品开发绩效提升。顾客是产品的使用者，拥有产品使用和功能要求方面更加情景化的细节信息（Poetz and Schreier, 2012）。顾客的需求信息对于企业产品改进和新产品开发具有关键的作用（Griffin and Hauser, 1993）。设计贴合顾客需求点和痛点的产品是企业获取竞争优势和创新绩效的关键（Kim and Renée, 1998）。然而，顾客具有较多的黏滞信息。黏滞信息的传递成本较高（Von Hippel，2001），企业难以通过传统的市场调研方式获取顾客需求的黏滞信息。黏滞信息的传递需要信息传递方和接收方进行频繁深入的沟通交流（Von Hippel，1994），需要双方共同定义问题并制订解决方案。顾客参与新产品开发过程是传递需求黏滞信息的有效方式。

　　创新管理研究和实践均强调了顾客参与对新产品开发的重要作用（Prahalad and Ramaswamy，2004；Witell et al.，2011）。然而，在信息技术普及之前顾客参与的成本巨大，顾客共创并不能带来较高的预期收益（Sawhney et al.，2005）。随着信息技术的发展和普及，企业与客户的交流成本大幅度降低（Poetz and Schreier，2012），顾客参与企业新产品开发逐渐成为可能。宝洁通过将顾客引入新产品开发过程获得了巨大的成功。2007年宝洁在网络上设立了"Connect+Develop"创新集市，将产品研发中遇到的问题公布到该网站，挖掘顾客创意。大量顾客提议被采用成就了宝洁公司一个又一个成功的新产品，并大幅度降低了宝洁公司的新产品开发成本。宜家同样采纳了顾客参与创新的策略。与其他家具商不同，宜家的商场内部并没有数量庞大的导购与工作人员，而是在商场入口为顾客提供笔、尺子、纸等工具帮助顾客自助对商品进行挑选。而且，宜家的家具并不是安装到位的，大多数的宜家家具需要顾客根据自身需要进行自主安装。宜家同样通过将顾客引入新产品开发过程获得了成功。

　　在顾客共创模式的新产品开发过程中，顾客不再仅仅是被动的产品接纳方，而是主动参与到新产品开发流程，成为开发主体之一（Mahr et al.，2014）。顾客共创行为包含顾客在新产品开发各个阶段对新产品设计和开发过程产生影响的所有行为活动（Dahl and Moreau，2007）。在新产品开发早期，顾客对新产品的概念设计产生影响；在新产品开发过程中，顾客可以为具体的研发问题提出解决方案；在研发后期，顾客对新产品进行试用检测；在新产品推广阶段，顾客通过网络社区及熟人网络帮助企业进行产品营销和销售。顾客可以参与新产品开发过程的所有阶段。

　　顾客参与共创新产品的行为包括资源的投入和信息的共享（Gemser

and Perks，2015）。参与新产品共创需要花费顾客的时间和精力，甚至需要顾客投入资源。顾客共创的关键活动是顾客与企业之间的信息交流。Yi 和 Gong（2013）将顾客共创行为分为顾客参与行为和顾客公民行为。这种分类方式沿袭职责内员工行为和职责外员工行为的分类标准。顾客参与行为是指企业对参与共创顾客分配的任务，是与产品创新直接相关的行为；顾客公民行为则是指顾客对新产品开发过程产生影响的自发行为（Yi and Gong，2013）。顾客参与行为包括信息搜寻、信息共享、开发义务和人际沟通。信息搜寻指参与共创的顾客需要对产品开发目标、过程及企业要求进行信息搜索，以降低共创过程中的不确定性，提高共创效率（Kellogg et al.，1997）。信息共享指顾客参与共创时需要将有关信息和对产品的使用反馈准确详细地传递给企业（Jefferies et al.，2019）。开发义务指顾客参与共创需要完成企业所分配的任务，促进新产品开发（Elias et al.，2018）。人际沟通指参与共创的过程中顾客需要与企业内部人员进行密切的交流和沟通（Lengnick-Hall et al.，2000）。顾客公民行为包括反馈、拥护、帮助和包容。反馈指顾客为企业提供企业要求和并非企业要求的信息（Groth et al.，2004）；拥护指顾客主动承担产品市场宣传工作（Groth，2005）；帮助指参与共创的顾客根据自身使用经验对其他顾客在使用过程中遇到的困难提供志愿服务（Rosenbaum and Massiah，2007）；包容指参与共创的顾客对产品缺陷的包容和对改进的支持（Lengnick-Hall et al.，2000）。

顾客共创的早期研究并未对顾客进行区分。Kristensson 等（2004）和 Von Hippel（2001）对顾客共创的定义集中于个体顾客参与新产品开发过程的活动。Hienerth 和 Lettl（2011）及 Jeppesen（2005）将顾客共创中的顾客定义为需求领先的、走在市场前端的用户群体。Franke 等（2008）及 Fuller 等（2008）着重研究了市场上大量的跟随客户参与共同创造的模式。随后的研究进一步拓展顾客共创中顾客的定义，提出共创的参与成员并不一定是单一的、相似的顾客群体，还可能是复杂的网络和生态系统

（Hienerth et al.，2014）。Perks 等（2012）提出，顾客共创指终端消费者、供应商和分销商等相关成员组成的生态系统共同开发新产品的过程。

2.5.2 顾客共创的作用机制

顾客共创作用机制的分析从顾客和企业两个角度进行。顾客共创的参与主体包括企业和顾客，然而研究集中于探讨企业采用顾客共创的开放创新模式对企业新产品开发绩效的影响。

1. 顾客共创对顾客价值的作用机制

顾客共创模式对顾客价值获取具有促进作用。研究分别从顾客共创对顾客功能性收益和情感收益两方面的作用展开讨论。Franke 等（2006）提出顾客共创能够对新产品功能设计和概念定位产生更大的影响。顾客通过参与共创能够获取更加贴合自身需求的产品从而能更好地解决自身问题，提升产品使用所带来的价值。Nambisan 和 Baron（2009）指出通过参与共创，顾客能够进行更多的社会交往，从而能够获取从属感和社会交换所带来的心理价值。顾客通过参与共创能够获得学习价值、社会价值、个体价值和愉悦感。学习价值指顾客参与共创能够增加自身知识，加强对自身需求和环境的理解，带来心理价值的提升；社会价值指顾客通过参与共创建立或加强与外界相关组织和个人的联系；个体价值指顾客通过参与共创展示了自身知识与能力，有利于提升自身声誉和威望；愉悦感指顾客参与共创所带来的自我效能的提升。Franke 等（2010）提出，顾客共创是顾客将自身需求嵌入产品设计的过程。这个嵌入的过程带给顾客较强的成就感和愉悦感从而提升顾客价值。Hsieh 等（2018）将顾客共创分为顾客参与行为和顾客公民行为，并认为两种顾客参与行为均提升了顾客幸福感。顾客参与行为提升了顾客自我效能从而提升了顾客幸福感；顾客公民行为提高了顾客对他人福利的贡献值从而提升了顾客幸福感。

2. 顾客共创模式对企业创新绩效的作用机制

顾客共创与企业创新绩效之间关系的研究存在相冲突的结论。部分研究肯定了顾客共创对新产品开发的促进作用。顾客共创能够帮助企业更加准确地把握顾客需求，设计出与顾客需求更加贴合的新产品，从而能够促进新产品的市场推广，使企业获取较好的市场绩效（Von Hippel，2001；Poetz and Schreier，2012）。Etgar（2008）认为，顾客共创是企业应对快速变化的市场需求的有效方式，能够加快企业的市场反应速度，提升新产品开发绩效。Witell 等（2011）提出，顾客共创加强了成功的服务交付对顾客满意程度的提升作用。Kaplan 和 Haenlein（2006）认为，创新过程中与顾客的频繁交互能帮助企业获取顾客需求的具体信息，这些信息能够提升产品设计质量，更好地满足客户，提高新产品开发绩效。Von Hippel（2001）认为，顾客共创能够帮助企业降低获取顾客需求黏滞信息的成本，提高新产品开发效率。Franke 和 Piller（2004）通过实验研究发现，顾客对自身参与设计开发的产品具有更高的价格接受力，拓展了企业新产品的利润空间。Fuchs 和 Schreier（2011）提出，企业通过顾客共创进行新产品概念设计和选择能够提升企业的市场声誉，从而提升企业新产品开发绩效。

部分研究关注了企业进行顾客共创的成本，提出顾客共创不利于企业创新绩效的增长。Magnusson（2009）提出，由于顾客并不具备对尚不存在的产品的想象能力和技术信息，顾客参与新产品开发会阻碍新产品开发过程。Luthje 和 Herstatt（2004）指出，并非所有顾客参与共创均能提升新产品开发绩效，企业必须识别出合适的共创者。这种识别的过程提高了新产品开发成本，从而降低了新产品的开发绩效。Mahr 等（2014）认为，企业在顾客参与过程中需要对与顾客的交互进行管理，而这种管理会降低顾客对新产品的接受程度从而降低新产品开发绩效。Heidenreich 等（2015）依据期望破灭理论提出，当服务并未达到顾客期望时，通过顾客共创交付的服务会使顾客更加不满。Franke 和 Piller（2004）提出，尽管通过建立信息交流平台能够降低企业与顾客交流的成本，然而这种信息平台的安装、维护和调试成本巨大，降低了新产品开发绩效。

3. 顾客共创作用机制的限制条件

顾客共创对创新绩效的提升作用存在边界条件。一部分研究强调共创者的选择决定了顾客共创模式对创新绩效的作用，分别讨论了领先用户与大多数的普通用户参与共创的不同作用。领先用户与普通用户的区别在于，领先用户具有产品开发设计等方面的专业基础知识，并且了解市场前沿的需求。研究就领先用户共创与普通用户共创两种共创模式对新产品开发的作用进行了对比分析，目前存在相冲突的结论。Magnusson（2009）指出，由于普通顾客并不具备产品开发的相关技术知识，他们的想法不受原有知识限制。与具备相关技术知识基础的领先用户和企业相比，普通顾客能够提出更加新颖的想法。而 Knudsen（2007）则提出，对于技术性产品的开发项目，普通顾客无法与企业进行有效的沟通。对产品技术模式相关知识的欠缺导致普通顾客难以提出有价值的意见，普通顾客参与共创不利于技术性产品开发项目。

另一部分研究则提出企业需要为参与共创的顾客提供相应的支持和帮助，这样才能够从共创中获取创新绩效。共创过程中企业对顾客的支持包括帮助顾客产生新想法和获取顾客已经产生的新想法。Hienerth 等（2014）指出尽管顾客参与共创能够降低企业获取黏滞需求信息的成本，然而这种成本会出现在对顾客共创的支持工作中。建立顾客与顾客之间的相互支持机制能够避免成本复现，有效降低企业的共创成本从而提升创新绩效。Fuchs and Schreier（2011）提出，创造和选择是企业从顾客共创中获取收益的主要渠道。创造是指通过为顾客提供必要的工具帮助顾客产生新产品开发想法；选择是指授权顾客对已有新产品方案进行选择和评价。Mahr 等（2014）提出，企业与顾客之间的沟通方式影响顾客共创对创新绩效的影响。沟通方式（面对面沟通、网络沟通和语音沟通）与共创者特征（是否领先用户、与企业关系强度）等共同影响顾客共创对创新绩效的作用机制。

2.6 需求异质性

市场需求特征是新产品开发过程的重要影响因素。市场需求是新产品开发活动的起始点和落脚点（Prandelli et al., 2016；Ramoglou and Tsang, 2016），是新产品开发的前提条件（Prandelli et al., 2016）。Rosenberg（2006）提出新产品开发以技术拉动和市场推动为主要动力。新产品开发活动首先需要对目标市场需求进行调研分析（Ramoglou and Tsang, 2016）。企业预测的市场需求状况决定了新产品概念的设计和开发流程的设计。市场需求特征决定了企业新产品开发项目的立项（Cooper et al., 2002b, 2005）。此外，市场需求是检测新产品开发活动质量的最终标准。布莱恩·阿瑟在《技术的本质：技术是什么，它是如何进化的》一书中提到，技术是以解决问题为目标的活动。新产品开发是以更好地为顾客解决问题、创造更多的客户价值为目标的创新活动（Kim and Renée, 1998）。企业新产品开发绩效最为关键的影响因素就是所开发的产品是否很好地满足了顾客需求。由于市场需求决定了新产品开发的前提条件和最终目标，市场需求特征影响着新产品开发项目的流程设计。许多新产品开发研究考虑了市场需求特征的影响（Danneels and Sethi, 2011；March-Chordà et al., 2002）。

市场需求特征同样影响企业迭代创新过程的效率和效果（惠怀海等，2008）。迭代创新过程是快速开发原型并投入市场进行验证，获取反馈后迭代修正的创新循环过程（黄艳、陶秋燕，2015）。高锡荣等（2018）提出，迭代创新质量取决于参与迭代测试的顾客选择与产品目标市场的贴合程度。由于市场需求在迭代创新过程中具有重要作用，迭代创新作用机制的研究需要考虑市场需求环境的影响。

通信技术和物流的快速发展促进了电子商务的兴起（Cozzolino et al., 2018）。中国电子商务及其配套金融和物流服务的快速响应让互联网成为中国企业营销与销售的主要渠道。电子商务帮助企业摆脱地理距离对销售活动的影响，为企业提供了更大的市场空间。中国不同地区在政治、经济和文化等方面具有较大差别（Zhou et al.，2014）。不同地区顾客的需求不同，产品使用情景千差万别。电子商务拓宽了企业目标市场的地理范围，而国内不同区域顾客需求的巨大差异使得需求异质性成为中国企业面临的典型市场特征。

需求异质性指企业目标市场中的顾客对产品性能、价格水平和功能组合的不同要求（谷盟、魏泽龙，2015）。需求异质性体现在需求多样性和差异程度两个方面。首先，需求异质性描述了目标市场顾客需求的多样性（Wei et al.，2017）。顾客需求是顾客针对自身问题和使用情境，对产品功能组合和性能的差异化要求（Liechty et al.，2001）。需求异质性较大的市场环境意味着顾客对期望产品的功能和性能组合要求较多，市场需要的产品类型较为多样（DeBellis et al.，2019）。女性服装行业是典型的需求异质性非常高的行业。市场中不同客户对衣服款式、颜色、面料、薄厚等具有不同的要求。每一个完整的客户需求都是众多的性能维度要求的组合，同一维度又具有多样化的性能指标。由于产品功能维度较多，不同维度的性能指标多样，女性服装行业的市场需求异质性非常高。其次，需求异质性同样描述了不同细分市场对产品要求的差异程度（Lampel and Mintzberg，1996）。需求异质性较高的市场环境中，不同客户对产品功能组合和性能组合的要求具有较大的差别。部分顾客最为关注的功能维度可能是其他顾客认为价值最低的功能维度；不同顾客对某一功能的性能指标要求具有巨大的差别。需求异质性描述了企业目标市场中不同顾客需求的数量多少和差异程度，是重要的市场环境特征变量。

第3章
高新技术制造企业原型设计策略研究理论框架及假设

本章将分别就模型核心概念进行界定,分析模型构建思路,并对每条假设逻辑进行理论推导。核心概念界定部分将就模型中的主要变量的概念和内涵进行概括;模型构建部分针对研究问题提出整体解决思路,说明模型框架建构的具体逻辑;假设提出部分则就研究框架中的17条假设分别进行理论推导。

3.1 概念界定

本部分结合文献综述对所提出的变量内涵进行界定,对核心概念基本特征进行系统描述。其中,归核原型策略、全面原型策略、主导逻辑冲突均为研究根据问题及理论梳理自主定义的新变量。

3.1.1 归核原型策略与全面原型策略

迭代创新过程中原型是上一迭代周期的产出,市场对原型的反馈引导着下一周期的产品改进方向(Von Hippel,2005)。原型试验包括对原型技术功能稳定性和市场空间的检验,顾客通过试用原型提出反馈意见帮助企业进一步完善产品设计（Thomke，1998）。现有原型策略对新产品开发绩效作用机制的研究存在相冲突的结论。部分研究提出原型能够帮助企业了解客户真实需求（Seidel and O'Mahony，2014），为产品开发团队内部不同职能、不同领域的专家提供交流沟通的平台，帮助团队实现协同创新（Bogers and Horst，2014）。然而，也有部分研究质疑原型策略对新产品开发绩效的提升作用。研究指出原型开发过高的柔性削弱了企业对创新过程的控制（Hilal and Soltan，1992），并且原型试验让企业关注于环境与技术功能的相关性而限制了企业对技术原理的深入探索（Leonardi，2011）。本书认为缺少对原型进一步的有效分类导致了以上研究结论的冲突。原型策略是实践性概念，鲜有研究对原型内涵及特征进行深入剖析。

通过与20个高新技术企业研发管理者深度访谈，本书发现原型迭代创新实践中企业最为困惑的问题在于，原型功能应当设计得全面周到还是集中单一。顾客购买产品是为了解决自身问题。产品通过功能或者多个功能解决顾客问题从而为顾客创造价值。产品设计的要点就在于产品涵盖的功能种类和数目，即产品功能组合的设计。产品设计是围绕功能的组合展开的。原型策略是基于顾客问题设计产品概念和功能组合，依据产品功能组合选择技术路径实现产品功能，并结合产品使用情境和限制条件改进产品设计的过程（Bogers and Horst，2014）。比如，空调制造企业为顾客解决的问题就是环境温度的不适。空调通过一系列模块组合成为技术系统实现制冷、制热、除湿、静音等功能。而功能组合就是所设计的空调应当实现多少种功能，具体完成哪些功能。制造企业进行迭代创新的首要问题就是原型的功能组合设计。顾客偏好完备的产品设计和全面的产品功能以保证产品使用过程的稳定性。然而，高新技术产品开发过高的不确定性提高了产品创新失败的风险。面对复杂动荡的市场环境，企业已经无法准确预测市场需求。完备的原型功能设计提高了原型开发成本和失败成本，致使企业没有足够的资源支撑后期的迭代优化过程，从而带来产品开发项目的失败。现有研究并未对企业原型设计中的困惑做出合理回答，缺乏对原型策略的有效分类和对不同类型原型策略作用机制的深入讨论。

部分企业通过简单原型的逐渐迭代获取了市场成功和企业成长。2007年，Airbnb的创始人Joe Gebbia和Brian Chesky因为无法承担旧金山高昂的租金，决定将他们的公寓变成一个提供空气床垫的临时住宿空间。他们最初的想法非常简单，但这个简单的原型设计验证了市场上对共享住宿的需求。2008年，Airbnb发展成为一个简单的个人房东和背包旅客的信息撮合和交易平台，它为房东解决了空置率高、入住率低的问题，同时满足了用户多样化的住宿需求。随着技术的发展，2020年Airbnb通过重大调整，在产品、营销业务上进行了改革，实现了逆周期增长。它新增了"分租住宿"和"旅行支援"功能，提供更灵活的预订选择以适应不同需求。最终Airbnb发展成为全球最大的民宿预订平台。但部分企业完备的原型设计未能帮助企业实现新产品开发的成功。谷歌Allo是谷歌在2016年9月推出的一款即时通信应用，旨在取代Facebook Messenger、WhatsApp或苹果的iMessage。Allo提供了智能回复、信息加密和集成Google Assistant的功能。尽管谷歌为Allo提供了完备的原型设计和强大的技术背景，但在推出不到两年，谷歌就宣布暂停这款应用程序的开发，以支持一款名为"Chat"的应用。这实际上意味着Allo已经失败。谷歌的通信产品主管安尼尔·萨巴瓦尔承认，Allo甚至没有接近谷歌的期望。

然而，简单的原型并不一定带来产品开发的成功，全面的原型设计也不需要为产品开发的失败负全责。巴诺公司作为美国最大的图书零售企业，其推出的电子阅读器NOOK在设计上主要是一块电子墨水屏幕加一块液晶触摸屏的配置，并且在外观设计、屏幕大小和总体布局上力求模仿纸质书，用户可以通过小屏幕上的触摸操作来浏览图书目录或更改设置，再通过上方大屏看书。反观NOOK的主要竞争对手Kindle，其在功能设计和个性化体验上则更胜一筹。亚马逊在 Kindle 的设计中融入了一系列用户友好功能，支持个性化设置且包含多元开放的生态系统。在电子阅读器推出之初，NOOK 凭借其漂亮的外观设计、清晰的显示效果及独有的耳机接口设置，收获了大众的喜爱。然而，NOOK 的早期版本硬件技术相对落后，电源键不灵光、翻页速度慢，且支持的文件格式较少，部分格式还需要导入相应字体，不然容易形成乱码，严重影响用户阅读体验；此外，NOOK 的定制选项相对有限，调整字体大小、行间距、页面方向和背景颜色的功能不足，这限制了用户的个性化阅读。NOOK 早期高昂的定价（259 美元）也是阻碍其市场推广的主要原因。而 Kindle 灵活的触摸屏设计使得用户轻触屏幕即可实现实时翻页，并且允许用户根据自身需要调整字体、行距、背景等，甚至内置了字典和翻译工具，极大地提升了阅读的便利性，满足了用户的个性化阅读需求。更重要的是，Kindle 的生态系统开放性更强，虽然最初仅限于亚马逊的书库，但后来逐步支持更多格式和来源，增加了阅读的选择。此外，Kindle 账户可以轻松实现与亚马逊的数字账户同步，让用户体验更为一体化。虽然后期 NOOK 在硬件技术上不断升级，推出了更轻、更薄、价格更便宜的第二代 NOOK，但其硬件开发速度和质量仍跟不上 Kindle 的迭代速度和研发水平。最终 NOOK 的知名度和用户评价远远不如 Kindle。

以上案例显示，许多企业开始采用迭代创新进行新产品开发。然而，企业依旧困惑于迭代创新策略的选择。遗憾的是目前对于迭代创新策略及其作用机制的研究较少。通过系统全面的文献回顾，本书发现目前研究并未就原型策略进行细致分类，并未深入讨论原型策略的作用机制。针对以上问题，本书以原型功能完备性为标准，将原型策略分为归核原型策略和全面原型策略。

归核原型策略指原型设计以能够解决顾客问题为目标，并不追求极致的客户体验，原型功能单一、结构简单，以最低的成本快速迭代。归核原型策略具有以下几个典型特征。第一，归核原型策略关注市场核心需求。

归核原型策略并不追求满足客户方方面面的要求，而是针对目前顾客最为关心的、最需要的产品性能进行集中攻关。采用归核原型策略的企业较少考虑不同细分市场需求的差异，产品功能较为单一。第二，归核原型策略开发目标明确清晰。由于归核原型功能单一，原型的性能指标要求明确，技术路径方向清晰。第三，归核原型结构相对简单，开发成本较低。简单的产品结构需要的技术模块较少，开发过程的复杂程度较低。因此，归核原型开发成本相对较低。

全面原型策略以顾客满意为目标，原型功能涵盖不同细分市场要求和使用情境的限制。全面原型功能多样，结构复杂。全面原型策略在市场目标、技术目标和原型结构等方面具有以下特点。第一，全面原型策略以最大化顾客满意度为目标，尽可能满足各个细分市场对产品的要求。全面原型的设计考虑产品不同的使用情境，涵盖不同细分市场需求，全方位提升顾客满意度。第二，全面原型技术目标多样复杂。产品功能依靠技术模块实现，多样的产品功能意味着复杂的产品结构和技术模块。第三，全面原型结构复杂，开发成本相对较高。由于功能的多样性，全面原型开发需要多种专业技术人员的共同参与，开发时间较多、成本较高。

归核原型策略与全面原型策略在市场目标、技术目标和原型结构上具有一定的差异（见表3-1）。归核原型策略以核心需求为主要目标，全面原型策略则关注顾客需求的整体组合。在市场目标上，归核原型策略以能够解决顾客问题为目标，全面原型策略以最大限度地提高顾客满意度为目标。在技术目标上，归核原型技术性能指标单一且明确，全面原型技术性能指标多样且复杂。在产品结构上，归核原型结构简单，全面原型结构复杂。本书以原型功能完备性为标准将原型策略分为归核原型策略和全面原型策略，为探究原型策略对新产品开发绩效的作用机制奠定了基础。

表 3-1 归核原型策略和全面原型策略概念对比

	归核原型策略	全面原型策略
市场目标	能够解决顾客问题,满足核心需求	最大限度地满足目标市场不同功能要求,提高满意度
技术目标	单一、明确	多样、复杂
原型结构	结构简单,原型开发成本较低	结构复杂,原型开发成本较高

3.1.2 新产品开发绩效

新产品开发是制造企业对动态市场环境的反馈。新产品开发绩效指标是评价新产品开发活动完成度的标准和依据,为新产品开发过程和影响因素的研究奠定了基础。新产品开发活动涉及的主体复杂,不同利益相关者对新产品开发的评价角度和标准存在差别。研究将新产品开发绩效视为多维度的构成型变量(Griffin and Page, 1996; Cooper and Kleinschmidt, 1987; Morgan and Anokhin, 2020)。较多实证研究采用了 García 等 (2008) 的测量标准,从新产品开发速度、成本和质量三个角度测量新产品开发绩效。

新产品开发速度指从新产品最初想法出现到新产品商业化所花费的时间长短(Mansfield, 1988; Forti et al., 2020)。新产品开发活动以实现顾客价值为目标。随着技术、经济的快速发展,市场需求变化速度加快,对需求变化的反应速度直接决定了企业竞争优势。因此,新产品开发速度是衡量新产品开发绩效的重要指标之一。新产品开发成本是新产品最初想法出现至新产品上市过程中所有直接和间接用于新产品开发活动的资源消耗量(Stead, 1976)。新产品开发是资源消耗型活动,其成本直接决定了新产品价格和市场竞争力。因此,新产品开发成本是新产品开发绩效的重要评价维度。新产品开发质量描述了新产品开发最终成果与预期之间的差别(Brucks et al., 2000)。高质量的新产品能够较好地满足利益相关者的期望。质量描述的是活动的完成程度,是活动绩效的重要评价维度。

3.1.3 顾客共创

顾客共创是顾客与企业协调配合完成新产品开发活动的创新模式（Simonson，2005；Dahl and Moreau，2007）。顾客共创模式中，顾客参与新产品开发各个阶段，直接影响产品构思、设计与开发（Yi and Gong，2013；Snihur et al.，2017）。顾客不再是被动的产品接受方，而是主动参与到产品设计环节的创造主体之一（Franke et al.，2010；Fuchs and Schreier，2011）。顾客共创模式中，顾客扮演着需求信息提供方、产品测试主体，甚至产品开发主体的角色（Nambisan S. and Nambisan P.，2008）。顾客参与共创的行为主要有信息交流和测试。首先，顾客为企业提供需求信息、产品设计建议和产品使用情境的相关信息。顾客是新产品的使用方，正确把握顾客需求、合理设计产品功能能够提升产品的竞争力，从而直接影响新产品开发绩效（Chiu et al.，2012）。其次，顾客为新产品提供了最真实的测试环境（Nguyen et al.，2014）。产品质量取决于产品是否能够在不同的使用情境下实现稳定的功能输出。通过顾客共创，企业可以将原型置于最真实的工作环境之中进行测试，并获取顾客的体验和反馈。测试是顾客共创模式中顾客的主要行为。

3.1.4 主导逻辑冲突

主导逻辑作用机制研究集中探讨企业面对环境变化时主导逻辑对企业的影响。动态环境中主导逻辑对企业绩效作用的研究存在相冲突的结论。一部分研究提出主导逻辑的信息漏斗作用帮助企业快速实现信息筛选（项保华、罗青军，2002），提升信息处理效率（Obloj et al.，2010；Makkonen et al.，2019），从而提高企业应对动态环境的决策质量。另一部分研究则指出主导逻辑的信息漏斗作用不利于动态环境中的机会识别。主导逻辑过滤了异质性信息，限制了新的盈利点的发现，从而抑制企业绩效增长（Prahalad，2004；Skjolsvik，2018）。

现有研究认为环境动荡性影响主导逻辑对企业绩效的作用。当环境动荡程度较低时，主导逻辑对企业效率的提升作用显著；而环境动荡程度较高时，主导逻辑往往会限制企业转型速度（苏敬勤、单国栋，2016；Krogh et al.，2000）。本书认为动荡的环境能够激发企业内部新主导逻辑的建立。动荡的环境中企业内部具有不同的主导逻辑，已有主导逻辑和新兴主导逻辑之间的互补程度影响了企业的决策制定从而影响企业绩效。如何解决主导逻辑的冲突是动荡环境下企业面临的主要问题。然而，现有主导逻辑作用机制的研究并未考虑在动荡环境中企业内部主导逻辑的冲突对企业绩效的作用机制。

主导逻辑研究提出学习影响主导逻辑的演化过程（Prahalad and Bettis，1986；Krogh et al.，2000）。主导逻辑是企业解读环境的认知框架和企业实现目标的活动路径（Grant，1988；Skjolsvik，2018）。主导逻辑由组织认知和流程共同组成（Obloj et al.，2010）。不同的主导逻辑下企业对战略的规划、组织的设计和发展方向的选择有不同的观点，形成冲突。主导逻辑冲突是动荡环境中企业内部的重要特征变量。主导逻辑冲突包括企业对环境的解读、对行业的认识和企业定位等方面观点的冲突和企业决策活动、运营流程规划和组织设计等方面实践方式的冲突。

主导逻辑冲突表现在企业的认知和流程两个方面。首先，主导逻辑冲突体现为企业认知和价值观方面的冲突。主导逻辑起到了信息漏斗的作用，影响企业对外部信息的筛选方式，直接决定了企业所能获知的信息，并且主导逻辑也影响企业对信息的解读。其次，主导逻辑冲突体现在内部流程设计及资源分配上。主导逻辑不同会导致企业对未来盈利点和核心业务的定义产生分歧，使企业对内部流程设计和资源分配方案存在不同意见。

3.1.5 需求异质性

需求异质性是企业目标市场的结构特征。第 54 次《中国互联网络发展状况统计报告》数据显示，截至2024年6月，我国互联网用户接近11亿人，8.84亿人参与网络消费。网购成为人们购物的主要方式。电子商务和物流的发展拓展了企业市场的地理分布范围。空间距离对企业市场的限制被大幅度削弱。此外，我国地域辽阔，气候和环境的不同形成了不同的文化氛围；分阶段的经济发展规划带来不同地区经济发展的不均衡；不同地区地方政府政策也有所差别。文化、经济和政治的区域差异带来了不同地区之间顾客需求的差别。由于互联网在全国的普及和区域的显著差异，需求异质性已经成为中国企业面临的典型市场特征。

需求异质性描述了企业目标市场内部不同细分市场客户对产品性能、价格和功能组合要求的差别（谷盟、魏泽龙，2015）。一方面，需求异质性描述细分市场数量的多少。目标市场内细分市场的数量直接影响需求差异程度。女性服装市场需求异质性巨大，不同年龄、职业、性格、学历和经济条件的女性对服装布料、颜色、款式和风格会提出不同的要求。女性服装细分市场数量庞大，众多女性服装企业内部均针对不同细分市场设立子品牌。韩都衣舍旗下共有70个子品牌。比如HSTYLE以韩式快时尚为主要风格，服务20~35岁追求时尚的年轻女性；Soneed则主打优雅，追求质量和品质，以25~35岁的都市白领为目标客户。另一方面，需求异质性同样描述不同细分市场之间的差异程度。比如，工业机器人制造企业往往面对差异很大的顾客需求，不同顾客对产品材料、精度和功能组合有不同的要求。需求异质性较高的市场具有较多的细分市场，不同细分市场之间顾客要求的差别较大；需求异质性较低的市场，顾客需求较为同质化。

3.2 理论框架构建

核心产品国产化的缺失成为阻碍中国企业生存与发展的瓶颈要素。中国工业起步较晚，基础较为薄弱。为加入世界工业网络，中国企业多年奉行"以市场换技术"的发展战略，争取与国外先进科技企业合作。通过多年"引进、消化、吸收、再创新"的模仿创新模式，中国企业实现了规模的快速增长。然而，与国外企业的合作只换来了低附加值、低科技含量、低利润率、高资源消耗、劳动密集型的产业环节。中国企业多处于产业链末端，进行组合装配。随着国内人工成本的上升，国外企业逐渐将组装环节向越南等人工成本更加低廉的欠发达国家转移。多年的发展并未帮助中国企业建立核心竞争优势，中国企业的可替代性较强。市场并未为中国企业换来行业核心产品开发技术。而核心产品开发的缺失降低了中国企业的行业议价能力，增加了企业的生存风险。高新技术产品开发是我国创新政策关注的焦点。为帮助企业实现关键产品开发，降低对国外企业的依赖，促进产业核心模块生产国产化，我国政府颁布了多项高新技术企业扶持政策。高新技术产品开发具有很高的不确定性，传统基于详细计划、按部就班的瀑布流式创新无法适应高度复杂、高度不确定的高新技术产品开发。中国高新技术企业急需理论界给出能够克服高不确定性和高复杂性挑战的新产品开发策略。

3.2.1 组织学习与原型策略

创新研究认为产品创新是组织学习的过程（McKee，1992；Zuo et al.，2019）。组织学习理论强调经验是组织学习的重要元素。现有研究将经验分为直接经验和间接经验（Levitt and March，1988）。直接经验指主体通过实践与所解决问题类似的活动所获得的体验和知识；间接经验指主体通过搜索获取的外部信息和知识。组织学习研究根据经验获取方式的不同将组织学习分为以自身实践获取直接经验的迭代学习和通过外部知识搜索获取间接经验的获取式学习。获取式学习相关研究根据组织学习内容将其分为技术知识搜索和市场知识搜索（Zhou et al.，2005）；根据知识搜索方式将其分为宽度搜索和深度搜索（Kok et al.，2019）；根据搜索对象将其分为行业内知识搜索和行业外知识搜索（Ching and lim，2020；魏泽龙等，2017）。目前，迭代学习策略相关研究较少，并未就迭代学习实现有效分类。图3-1梳理了组织学习相关研究框架。

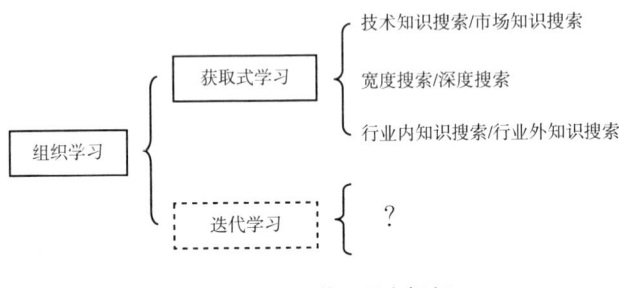

图3-1 组织学习研究框架

获取式学习的有效性取决于对创新问题和路径的清晰认识。高新技术产品开发具有典型的市场、技术和管理不确定性；高新技术产品的市场需求、技术实现路径和组织管理方式均具有很强的模糊性（沈灏等，2017）。在创新问题定义尚未清晰之前，企业无法确定知识搜索方向。由于高新技术产品开发目标和路径的模糊性，企业无法通过外部搜索获取相关经验解决创新问题。迭代学习是高新技术产品开发获取经验、实现创新的主要途径。

迭代学习相关研究提出学习曲线模型，发现企业生产运营效率随着生产经验的积累而逐渐提升。迭代学习理论强调迭代是组织实现创新的基础，进一步探讨了迭代经验对创新绩效的作用。已有研究认为经验能够促进创新绩效提升，并进一步探索影响经验转化效率的组织内部环境特征。研究发现组织信息化程度（Macher and Mowery，2003）、知识结构（Tsang，2002）和研发生产环境差异（Figueiredo et al.，2020）均会影响经验的转化效率。已有研究从静态的视角探讨了企业如何将已有经验转化为创新产出，却忽略了经验学习策略的影响。

原型是企业迭代学习的载体，原型策略是重要的迭代学习策略（Schrage，2000）。迭代学习相关研究指出迭代学习通过促进创新过程的问题识别影响创新绩效（Von Hippel and Tyre，1995）。新产品开发问题主要包括市场需求问题和技术路径问题。市场需求试验和技术路径的建立均以产品功能为基础。新产品开发项目中的迭代学习主要就产品功能进行市场和技术测验，获取试验数据和具体反馈，从而确定下一步迭代方向。原型功能的全面程度影响问题识别效率，继而影响企业迭代学习过程。本书认为对原型深入分析和细致分类能够弥补迭代学习策略研究的不足。因此，本书以原型功能的完备性为标准，将原型策略分为归核原型策略和全面原型策略；并进一步对比了归核原型策略和全面原型策略对新产品开发速度、成本和质量的不同作用。

3.2.2 原型策略作用机制

通过对比归核原型策略和全面原型策略对新产品开发绩效的作用解决了企业对迭代学习策略选择的困惑，然而尚未打开原型迭代学习作用机制的黑箱。迭代学习研究对迭代学习作用机制的探讨较为粗略，肯定了迭代学习对创新绩效的提升作用，而并未打开迭代学习策略与新产品开发绩效之间关系的黑箱（孙黎、杨晓明，2014；罗仲伟等，2014；高锡荣等，2018）。原型策略是重要的迭代学习策略。本书发现了顾客共创和主导逻辑冲突在原型策略和新产品开发绩效之间的中间作用，打开了迭代学习的作用机制黑箱。

高新技术制造企业通过原型迭代获取相应经验进行创新。迭代学习策略影响迭代学习过程和绩效。高新技术制造企业迭代学习过程是原型开发、顾客试用和反馈的反复周期性过程（Ries，2011）。迭代学习作用研究非常稀少，仅有的数篇针对迭代学习作用的文献均认可了迭代学习对创新绩效的提升作用。迭代学习研究强调迭代学习是企业适应高度不确定环境、降低创新风险的有效方式（Franke and Shah，2003；Lin et al.，2017）。迭代学习本身的高度柔性能够帮助企业应对互联网环境所带来的高度不确定性（孙黎、杨晓明，2014）。Ries（2011）认为迭代学习能够帮助企业识别顾客真实需求，降低创新失败风险。迭代学习策略的促进作用有边界，新颖程度和复杂程度较高的产品开发项目更加适合柔性高的迭代学习策略（Cooper，2008）。也有研究提出迭代学习对新产品开发绩效的提升作用有一定的条件限制，比如需要企业自身有较强的动态能力（罗仲伟等，2014）和知识管理能力（赵付春，2012）、迭代点的正确选择（高锡荣等，2018）。

迭代学习作用机制的研究非常稀少，已有的少量研究均提出迭代学习能够促进企业创新绩效提升。然而，研究并未考虑企业是否具有迭代机会。迭代学习的持续开展需要企业具备迭代机会。一方面，迭代学习过程需要顾客等外部相关者的持续配合。迭代学习策略影响顾客参与迭代的成本和意愿，从而影响新产品开发绩效。迭代学习是开放性过程，多主体协同是保证迭代学习过程持续推进的必须因素。黄艳和陶秋燕（2015）提出迭代学习过程具有多主体特征，认为顾客是迭代学习过程的构成主体。惠怀海等（2008）认为迭代学习过程是伴随着外部创新因子进入和内部创新因子淘汰的非封闭活动。顾客参与对迭代学习过程具有重要作用。对顾客而言，参与企业迭代学习活动不仅能够带来自我效能，同时也会占用自己的时间和精力，产品试用也会带来风险（Nambisan and Baron，2009；Hsieh et al.，2018）。迭代策略的选择会影响顾客参与迭代的预期收益和预期成本，从而影响顾客参与迭代学习过程的意愿。迭代学习研究强调了迭代创新过程中顾客参与的关键作用，却未能考虑顾客是否愿意持续参与产品迭代创新过程及迭代策略对其的影响。归核原型和全面原型的顾客迭代参与模式具有显著差异（见图3-2）。全面原型功能完备，单次迭代中顾客就多种功能进行集中测试，给出反馈；归核原型迭代过程是功能逐渐完善的过程，不断根据顾客反馈增加产品功能，需要顾客持续参与。本书通过探讨不同原型策略对顾客共创的影响，发现顾客共创是迭代创新过程重要的中间机制。

另一方面，迭代学习的开展需要企业就迭代方向达成一致意见。迭代学习策略同样会影响企业内部主导逻辑冲突。迭代学习过程需要企业不断

第3章　高新技术制造企业原型设计策略研究理论框架及假设

```
全面原型顾客     ┌─────────────────────────┐      ┌────┐
迭代参与模式     │功能A+功能B+功能C+功能D  │─────▶│顾客│
                └─────────────────────────┘      └────┘
                              ▲
                              │

归核原型顾客     ┌────┬──────┬──────┬──────┐      ┌────┐
迭代参与模式     │功能A│+功能B│+功能C│+功能D│─────▶│顾客│
                └────┴──────┴──────┴──────┘      └────┘
                  ▲     ▲      ▲      ▲
                  └─────┴──────┴──────┘
```

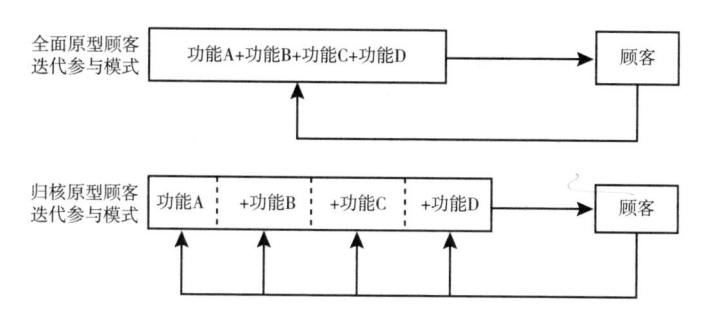

图 3-2　归核原型和全面原型顾客迭代参与模式对比

调整和修正产品概念和设计（Ries，2011）。迭代学习过程以验证和获取顾客真实需求为目的，使产品设计逐渐逼近顾客需求（黄艳、陶秋燕，2015）。反馈的信息往往会带来产品价值主张的变化。产品开发制造是制造企业的核心业务。企业资源配置、结构组成、流程设计和内部价值导向都是基于产品价值构成进行规划的（Payne et al.，2017）。不同价值主张的产品需要不同的资源和不同的开发制造流程。产品概念设计直接影响企业内部的价值倾向、流程设计、结构规划和经营管理方法（Bohnsack and Pinkse，2017）。产品设计的变化直接影响企业内部主导逻辑。主导逻辑是企业解读环境的认知范式和制定流程的思维模式（Bettis and Prahalad，1995；Grant，1988）。Bettis 和 Prahalad（1995）提出较大的环境波动影响现有主导逻辑的稳健程度，而学习影响主导逻辑的演进。迭代学习影响新的主导逻辑的发现与建立。动态环境中，主导逻辑冲突是企业内部重要的特征维度。迭代学习的本质是对产品的不断迭代改进，而并未讨论企业是否能够就产品迭代改进方向达成一致的意见。归核原型迭代过程是首先对关键功能达成一致意见，然后根据反馈信息继续讨论逐步增加原型功能并对其达成一致意见的过程；全面原型迭代中，团队内部不同群体关注的产品功能并不一致，较难形成一致意见（见图 3-3）。本书发现了主导逻辑冲突在迭代创新与新产品开发绩效之间的作用，并分别探讨了全面原型策略和归核原型策略对主导逻辑冲突的差异化作用。

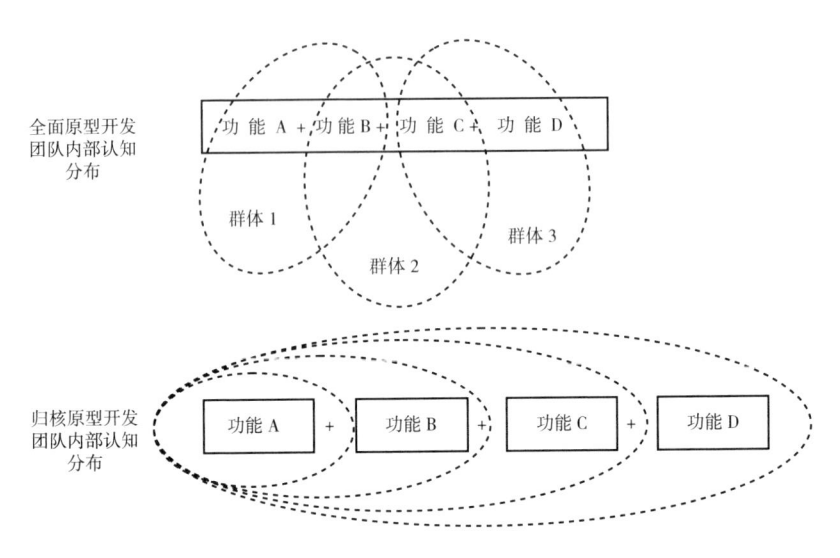

图 3-3 归核原型和全面原型开发团队内部认知分布

3.2.3 原型迭代过程的环境限制

迭代学习过程是原型不断在市场进行测试，发现迭代方向，完善产品设计的过程。原型迭代过程的信息来自顾客试用产品后的反馈。市场反馈影响迭代方向和迭代过程从而影响原型策略与新产品开发绩效之间的关系。互联网的发展普及带来了电子商务的蓬勃发展，中国已经成为电子商务发展最快的国家之一。物流和电子商务的发展突破了地理位置对企业发展的限制，企业产品的潜在市场范围扩大。由于我国地域辽阔，不同地区的文化、经济和政治情况存在差异。目前，我国市场环境的突出特征就是需求异质性大幅度上升。服务化、大规模定制就是在需求异质性环境下诞生的概念。需求异质性影响原型迭代过程信息的获取，从而直接影响原有主导逻辑的稳健程度，进而对内部主导逻辑冲突产生影响。此外，需求异质性影响归核原型策略与全面原型策略对顾客参与迭代的相对收益和成本的预测，从而影响顾客参与迭代过程的意愿。因此，需求异质性调节了原型策略对迭代创新过程的影响。

对中国企业创新现实背景进行梳理发现，传统的瀑布流式创新已经无法适应高新技术产品开发的高度不确定性和复杂性。部分企业摒弃了传统瀑布流式创新而采用迭代创新策略。然而，中国高新技术产品迭代创新实践依然对原型设计和迭代路径管理方式存在疑惑。本书发现迭代创新过程是组织学习理论中所提出的迭代学习过程。组织学习理论强调了经验获取是创新的基本要素。迭代学习过程通过原型与市场的迭代交互获取直接经验，完成创新目标。原型功能的完备性直接影响迭代学习过程中经验的获取，是迭代创新绩效的重要影响因素。因此，本书以功能完备性为标准将原型策略分为归核原型策略和全面原型策略，并分别探讨了不同原型策略对新产品开发速度、成本和质量的影响。基于迭代学习理论基础，本书发现顾客的持续参与和稳健的主导逻辑是迭代学习能够持续进行的重要前提；顾客共创和主导逻辑冲突是迭代创新过程的中间机制。基于组织学习理论、迭代创新、原型策略相关文献，本书构建了迭代创新作用机制框架，深入讨论了不同迭代策略的差异化迭代过程，提出归核原型策略和全面原型策略对新产品开发绩效作用机制的研究框架。

本书具体探讨以下问题：①归核原型策略和全面原型策略对新产品开发绩效的不同影响；②归核原型策略和全面原型策略对新产品开发绩效的作用机制；③归核原型策略和全面原型策略作用机制的限制条件。基于以上研究内容，构建理论框架（见图3-4）。

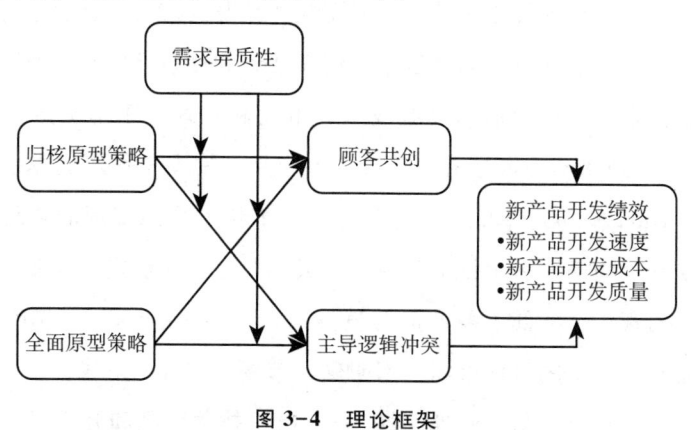

图3-4 理论框架

3.3 研究假设提出

3.3.1 原型策略与新产品开发绩效

新产品开发过程是企业学习的过程（Slater and Narver，1995）。在迭代创新过程中，原型起到了知识交流、存储和验证的作用（Bogers and Horst，2014）。新产品开发绩效取决于企业学习的效率和效果。原型迭代是企业试错学习的过程，原型功能组合策略直接影响了企业新产品开发过程中的知识学习效率（Von Hippel，2005）。因此，原型策略影响新产品开发绩效。本书对比了归核原型策略与全面原型策略对新产品开发绩效的作用。

1. 原型策略与新产品开发速度

不确定性降低了新产品开发速度，而全面的市场和技术信息能够有效降低创新活动的不确定性（Brown and Eisenhardt，1995；Kalcheva et al.，2018；Wu and Knott，2006；Lampert et al.，2020）。新产品开发速度的提升需要高质量的创新流程设计和创新管理方法作为支撑（Cooper，1994）。新产品开发速度的提升需要企业明确创新目标并细致规划企业创新活动，根据创新活动特点进行流程设计，缩短新产品开发时间。企业进行新产品开发流程优化的前提是对创新目标、创新活动和创新环境有全面了解。然而，高新技术产品开发活动具有技术、市场和管理三重不确定性（沈灏等，2017）。技术不确定是由于高新技术产品开发尚未形成成熟的主导技术路径（Hung et al.，2009）。整个行业对于技术功能实现的路径机制和环境要求并不明确。由于技术路径的不成熟，企业无法提前准备新产品开发所需要的资源，降低了新产品开发速度（Cozzens et al.，2010）。高新技术产品开发活动的目标市场尚不明确，市场定位并未形成，新产品开发时长目标不清晰（王敏、银路，2010）。由于技术路径和开发目标的不确定，企业无法针对新产品开发活动设计最为高效的产品开发流程。技术、市场和管理的三重不确定性导致高新技术产业的新产品开发活动会遇到很多阻碍。降低不确定性和快速应对技术的变化与市场的反馈能够提高新产品开发速度（Hung et al.，2009）。不确定性源于信息的不全面。全面掌握新产品开发活动技术和市场相关信息能够有效降低新产品开发过程的不确定程度。当企业在新产品开发早期获得较多的市场需求和技术路径相关信息时，企业能够根据相关信息进行流程规划，提前准备相关资源，提高企业新产品开发效率。

全面原型迭代创新过程中的不确定程度比归核原型迭代创新过程中的不确定程度低。迭代创新的最终目标是开发出满足客户要求的新产品（高锡荣等，2018）。全面原型以顾客为中心进行原型设计开发，尽可能全面地包括顾客需要的功能，基于顾客使用情境对产品进行精细化设计。归核原型以企业为中心，从企业资源能力入手决定原型设计。全面原型策略在产品开发早期着重于了解顾客需求和产品使用情境的限制。全面原型策略从原型设计之初就尽可能降低信息的不对称程度，充分考虑顾客需求和产品开发可能出现的障碍（Ries，2011）。归核原型策略则只关注核心功能，产品设计单一，对市场环境和顾客需求的信息搜索较简单。与全面原型策略相比，归核原型策略对顾客需求信息的了解程度低，信息不对称程度高。由于归核原型策略的信息不对称程度较高，归核原型迭代创新过程中的不确定性较高，企业并未提前准备应对不确定市场和技术障碍的资源。归核原型迭代开发过程更高的不确定性降低了新产品开发速度（Hung et al.，2009）。与归核原型迭代开发过程相比，全面原型迭代开发过程的不确定性较低，速度较快。全面原型策略的前期市场信息搜索和准备工作比归核原型策略更加细致。全面了解市场和技术信息能够降低新产品开发过程的不确定性。全面原型策略的市场和技术信息不对称程度低于归核原型策略；全面原型迭代开发过程的不确定程度低于归核原型。不确定性降低了新产品的开发速度，所以全面原型策略对新产品开发速度的提升作用强于归核原型策略。基于此,本书提出以下假设。

假设1:全面原型策略对新产品开发速度的提升作用强于归核原型策略对新产品开发速度的提升作用。

2.原型策略与新产品开发成本绩效

新产品开发过程中的不确定性提高了新产品开发成本(Hung et al.,2009)。高新技术行业的新产品开发项目具有很高的不确定性(沈灏等,2017),不确定性提高了企业的试错成本。不确定性意味着产品开发过程中的次生问题较多(Ries,2011)。产品开发过程中的次生问题提高了企业试错成本甚至直接导致新产品开发项目的失败。次生问题的解决需要花费企业资源,改变企业新产品开发流程。较高的不确定性降低了企业新产品开发流程规划的有效性和资源配置的效率。新产品开发过程的不确定性提高了新产品开发成本。

全面了解技术路径和市场需求信息能够有效降低新产品开发过程中的不确定性。由于有限理性的限制,组织无法了解产品开发过程的所有影响因素(Von Hippel,2001)。新产品开发过程的不确定性源于企业对技术和市场信息的了解不充分。当企业全面了解产品技术路径的实现机制和影响条件时,企业能够设计最优的产品开发路径从而提高产品开发效率。当企业对市场需求和技术路径的信息了解较少时,开发过程出现障碍的频率较高(Arthur,2011)。产品开发早期对技术和市场的全面了解降低了产品开发的不确定性,帮助企业优化产品开发路径设计,提高产品开发效率。

全面原型策略较低的信息不对称程度降低了产品开发过程的不确定性和产品开发成本;归核原型策略较高的信息不对称程度提高了产品开发过程的不确定性和产品开发成本。全面原型策略以顾客满意为目标,尽可能全面考虑顾客需求和使用情境,设计能够应对不同使用情境和状况的稳定产品(Arthur,2011)。全面原型策略在开发早期充分考虑了顾客需求与产品使用情境的限制,对技术和市场信息的搜索工作更加细致。归核原型策略集中顾客关键需求，产品设计简单，在产品开发早期并未对产品市场和技术需求进行全面的分析。全面的市场和技术信息的搜索能够有效降低新产品开发过程的不确定程度。全面原型迭代开发过程的不确定程度低于归核原型迭代开发过程。不确定性提高了新产品开发成本。因此，全面原型策略对新产品开发成本绩效的促进作用强于归核原型策略。例如，Kindle 与 NOOK 相比在功能设计和个性化体验上更胜一筹。亚马逊在Kindle 的设计中融入了一系列用户友好功能，灵活的触摸屏设计、个性化设置、内置字典和翻译工具，极大地提升了阅读的个性化体验和便利性，同时多元开放的生态系统，降低了新产品的迭代成本。而 NOOK 的早期版本硬件技术相对落后，且软件支持不到位，严重影响用户阅读体验。原型迭代过程中产品改进幅度较大、开发速度较慢且迭代成本巨大。

假设 2：全面原型策略对新产品开发成本绩效的提升作用强于归核原型策略对新产品开发成本绩效的提升作用。

3. 原型策略与新产品开发质量

顾客对新产品的满意程度决定了新产品开发质量，新产品开发质量取决于产品是否达到了客户的预期（Brucks et al., 2000；Morgan and Anokhin, 2020）。顾客购买产品以解决自身问题（Zeithaml, 1988），顾客问题的解决需要通过产品的功能实现。产品功能的稳定性决定了产品解决顾客问题的效率和效果，从而直接决定顾客对产品质量的评价（Molina-Castillo et al., 2011）。产品是否能在不同使用情境中稳定工作直接决定了产品是否能满足顾客期待，从而决定了新产品开发质量。产品在使用情境中的功能稳定性是新产品开发质量的重要指标。

全面原型策略更多地考虑了顾客不同的使用情境限制，提升了新产品稳定性；归核原型设计简单，并未考虑不同市场的差异化使用情境，产品稳定性较低。产品功能由技术模块按照技术路径要求协调组合而成的技术系统实现（Arthur, 2011）。然而，产品功能的实现是有条件限制的。产品使用情境影响产品功能的稳定性。当产品使用情境变化时，技术系统运转环境的变化影响产品功能的稳定输出。产品功能的稳定性取决于外部环境是否满足技术系统运转的环境要求（Zeithaml，1988）。全面了解产品使用情境能够帮助企业完善技术系统设计从而提升新产品开发质量（Garvin，1993）。全面原型策略以最大限度地满足客户需求为目标，充分考虑了不同细分市场的需求差异和使用情境的具体信息；归核原型策略追求单一的产品功能和简单的产品设计，对不同细分市场的差异性和产品使用情境的差异性考虑较少。例如，亚马逊在Kindle的设计中充分考虑用户对产品的多样化需求，除了具备灵活的触摸屏、个性化设置等功能外，还加入人体工程学设计，极大地满足了客户对阅读便利性与个性化的需求。而NOOK刚进入电子阅读器市场时遵循简单的原型设计，即一块电子水墨屏加一块液晶触摸屏。硬件上主要聚焦阅读器的外观设计以及屏幕的显示清晰度，其他方面则基本满足用户需求即可。当产品投入市场时，Kindle的功能更完善，能够全方位为客户带来良好的体验，NOOK则由于产品设计简单而无法满足客户日益多样化的需求。全面原型策略对产品功能稳定性的提升作用强于归核原型策略。

全面原型策略提前考虑到了使用环境的限制条件，对产品设计进行优化，提升了产品使用过程中功能的稳定性。归核原型策略追求单一功能，并未考虑不同使用情境对产品功能的影响，产品功能稳定性较低。产品功能稳定性是构成产品质量的重要维度。基于此，本书提出以下研究假设。

假设3：全面原型策略对新产品开发质量的提升作用强于归核原型策略对新产品开发质量的提升作用。

3.3.2 原型策略与顾客共创

1. 归核原型策略与顾客共创

预期收益能够促进决策的做出（Harsanyi，1977）。决策是指经过信息的搜集和分析对下一步活动做出的规划（Markowitz，1952）。经济学理性人假定，所有决策的制定都是经过全面的信息搜集和充分的分析，以自身利益最大化为目标的决定（Adam，1776）。理性人在决策时总是以自身利益最大化为目标。然而，受到情绪、信息不对称和有限注意力影响，完全理性并不存在（何大安，2009）。环境的变化和信息的有限使得企业无法得到全部的备选方案（Griffin and Grote，2020；Mckelvie et al.，2011）。赫伯特·西蒙（Herbert Simon）提出有限理性模型（Bounded Rationality Model）。有限理性是指决策者往往是在有限的信息和有限的分析能力的条件下最大化自身利益。由于有限理性的存在，决策者感知到的收益往往与实际收益并不一致，从而会做出错误的决策（Ocasio，1997）。在有限理性的限制下，决策的制定取决于感知到的各种方案的收益。较高的感知收益能够促进决策的制定。对顾客而言，加入企业新产品开发活动是对将来时间精力分配的决策。顾客利用现有信息对参与共同创造新产品给自身带来的收益进行估计。顾客感知到的潜在收益越多，越有可能做出参与共创的决策。Beltagui 等（2012）提出顾客收益可以分为功能性收益和情感性收益。功能性收益指顾客通过购买产品或者服务实现对问题解决效率的提升。比如，顾客通过购买咖啡机满足足不出户喝咖啡的需求；通过购买洗衣机提升洗衣服的效率，节省自身精力和时间；通过购买手机实现与人的实时通信。情感性收益指产品或服务为顾客带来的愉悦感、情绪收益及象征性收益。比如，顾客通过购买奢侈品满足自身对社会地位的追求；通过购买音乐唱片陶冶情操；通过学习课程满足精神需求。

归核原型策略提升了顾客感知到的参与共创新产品的潜在收益。第一，归核原型策略帮助顾客获取更加个性化的产品，提升顾客参与共创的功能性收益。归核原型只具有核心功能，较为简单，不完善。顾客对产品拥有较大的影响力。顾客通过对归核原型的试用，根据自身使用情境的限制提出需要归核原型新增的功能（Piller et al.，2010）。顾客通过参与归核原型的迭代开发影响产品概念和功能组合的设计。而且，归核原型开发成本相对较低，企业拥有更多的资源根据顾客反馈迭代改进产品设计。归核原型策略能够帮助顾客获得更加个性化的产品，更好地帮助顾客解决问题，从而提升顾客参与共创的收益。第二，归核原型策略提升了顾客对开发项目的参与度，增加了顾客的情感性收益。在归核原型的迭代开发过程中，顾客不仅仅是企业产品设计的检验者，还对产品设计和开发起到启发作用（Fuchs and Schreier, 2011; Nambisan and Baron, 2009）。归核原型设计并未全面考虑不同市场的顾客需求及不同顾客的使用情境。根据自身问题及对产品的需求，顾客能够轻松发现归核原型还需要进一步完善的维度。顾客将使用原型的体验和经验总结成对产品未来迭代方向的意见和建议，并将意见和建议反馈给企业。企业通过顾客反馈进一步了解顾客需求和使用情境，按照顾客意见与建议进一步完善产品（Poetz and Schreier, 2012）。归核原型的迭代过程中，顾客具有更高的参与感，对产品设计能够起到更大的作用。这种对产品设计的影响及通过自身试用对产品提出建议的过程能够帮助顾客提升自我效能（Harhoff et al., 2003; Wasko and Faraj, 2000）。而且，顾客通过参与共创能够获取与新产品相关的专业知识，这又提高了顾客参与共创的愉悦感。顾客共创模式中，顾客与企业内部产品开发人员的交流和沟通较多，与专业人员交流能够拓展顾客知识的获取渠道、增强顾客参与共创的愉悦感（Rothaermel and Sugiyama, 2001）。

归核原型策略提升了顾客感知到的参与新产品共同创造的潜在收益，从而促进顾客做出参与新产品共同创造的决定。参与共同创造新产品是顾客对将来时间和精力分配的决策，参与新产品共创和不参与新产品共创是决策的两个选项。依据效用最大化原则，顾客通过对比参与共创和不参与共创的潜在收益和风险做出决策。较高的参与共创的感知收益能够促进顾客做出参与共创的决策。归核原型策略通过提供最为简单且只具备核心功能的原型给予顾客对产品设计的更大的自定义空间。通过参与归核原型的共同创造，顾客很容易根据自身使用情境对产品提出新的功能要求（Fuchs and Schreier, 2011），也更加有可能获得贴合自身需求的个性化产品，从而更好地解决问题，提升功能性收益（Piller et al., 2010)。而且, 通过参与归核原型的共同创造, 顾客能获得更高的参与感、自我效能和愉悦感从而提升情感性收益 (Harhoff et al., 2003)。归核原型策略使顾客感知到的参与共创的收益增加。感知到的收益增加进一步促进顾客做出参与新产品共同创造的决定。因此, 本书提出以下假设。

假设4: 归核原型策略促进顾客共创。

2. 全面原型策略与顾客共创

对于顾客而言, 参与新产品共创具有一定的成本和风险 (Mahr et al., 2014)。当决策人感知到方案的风险和成本增加时, 决策人选择此方案的意愿就会降低 (Adam, 1776)。在以效用最大化为目标的前提下, 顾客对参与全面原型共创的成本和风险进行预估, 从而做出是否参与新产品共同开发创造的决策 (Koszegi and Rabin, 2006)。产品功能与顾客需求的贴合程度决定了购买产品对顾客的效益 (Morgan and Anokhin, 2020)。同一种需求由于顾客使用情境和自身特征的不同也会对产品功能有不同的要求 (Picard and Okubo, 2012)。不同细分市场顾客对产品功能和性能维度的匹配有着差异化的要求。个性化和定制化能够最大化产品带给顾客的效益 (谷盟、魏泽龙, 2015; Gilmore and Pine, 1997)。个性化的实现需要顾客全程参与产品开发过程, 与开发团队进行深入、高频的沟通交流 (Etgar, 2008)。

参与新产品共创给顾客带来了一定的成本和风险 (Jeppesen, 2005)。第一, 顾客共创要求顾客具备一定的产品开发专业知识, 学习提升了顾客参与共创的成本。顾客往往并不具备产品开发等相关的知识和技能。参与共创的顾客需要了解产品技术结构和产品概念基础知识, 并且对产品开发流程和产品设计方法有所了解。然而, 大部分顾客并不具有以上参与共创所需要的知识和技能 (Franke et al., 2010)。参与新产品共创需要顾客花费时间与精力学习相关的技术和产品开发基础知识 (Von Hippel, 2001)。高新技术产品开发往往具有较高的技术壁垒, 提高了顾客参与共创的学习成本（刘洪伟，2007）。第二，顾客共创要求顾客与企业进行深入、高频的沟通交流，提高了顾客的沟通交流成本。顾客共创需要顾客参与新产品开发的各个阶段，包括概念构造、设计、开发、市场化（Yi and Gong，2013）。高新技术产品开发的技术复杂性较高，拉长了产品开发周期（沈灏等，2017），提高了顾客的沟通交流成本。第三，参与顾客共创提高了顾客损失风险。原型是还未经过技术和市场检验的产品，性能的稳定性无法得到保障（Bogers and Horst，2014）。顾客参与新产品共创需要顾客对这种不稳定的原型产品进行试用（范钧、聂津君，2016），原型出现故障的概率较高，顾客参与新产品共创有一定的损失风险。顾客参与新产品共创的潜在成本和风险降低了顾客参与的意愿。

参与全面原型迭代过程能够降低顾客共创的成本和风险。全面原型是企业细致考虑顾客各种可能需求及使用条件后设计的多功能复杂原型。第一，全面原型能够降低顾客参与共创所需要的培训成本。顾客共创需要顾客主动参与新产品开发设计过程而非被动被企业收集信息（Fuchs and Schreier，2011）。参与开发过程需要顾客具备产品技术路径和产品开发方法的基础知识，顾客需要花费成本学习以参与产品开发过程。全面原型降低了顾客参与共创的门槛以及顾客参与共创的学习成本。原型是开发过程的阶段性产物，降低了顾客参与共创的知识门槛。原型为并不具备技术基础知识和产品开发经验的顾客提供了参与开发过程的辅助工具。尽管顾客并不了解产品背后的技术原理与技术模块，但顾客可以通过试用原型对产品设计提出意见，影响产品概念设定，参与新产品开发过程（Mascitelli，2000）。在全面原型迭代过程中，顾客参与共创的主要任务是对产品各项功能进行测试和反馈。测试从全面原型技术功能的稳定性和原型功能与市场需求的贴合程度两方面展开。顾客是新产品质量的评价主体，是新产品开发的最终目标。顾客拥有对产品功能性能要求最为全面准确的信息，能够为原型提供最为真实的测试环境。在全面原型迭代过程中，顾客参与共创的主要任务是对企业精心设计的原型的各项功能进行测试并提出建议

(Kagan et al.，2018)。全面原型使得顾客参与共同创造的门槛降低，从而降低了顾客参与共同创造所需要的培训成本。第二，全面原型降低了顾客参与共创过程带来的沟通交流成本。顾客共创需要企业与顾客之间进行深入且高频的沟通交流（Yi and Gong，2013）。然而，反复的沟通交流需要花费顾客较多的时间和精力，提高了顾客参与共创的成本。提高企业与顾客之间的沟通交流效率能够降低顾客参与共创的沟通交流成本。全面原型功能多样，企业通过顾客对全面原型的试用直接获取顾客对多种原型功能的反馈，全面原型提高了顾客与企业之间沟通的效率（Mascitelli，2000）。第三，全面原型降低了顾客参与共创的原型故障风险。原型尚未经过完善的测试，并不能保证功能的稳定性（Kagan et al.，2018）。全面原型的设计开发充分考虑了产品的使用情境限制和不同细分市场顾客需求的差异。全面原型以顾客满意为目标，功能多样、结构复杂。产品功能依靠技术模块组合形成的技术系统实现，技术系统的正常运转需要环境支持。全面原型通过对市场差异信息和使用情境信息的全面搜索完善产品技术系统设计，保证产品在不同使用情境下功能实现的稳定性。顾客参与全面原型迭代过程的主要活动就是对原型试用并提供反馈（Heidenreich et al.，2015）。产品功能不稳定会使顾客试用成本和风险上升。全面原型策略通过尽可能全面了解顾客需求和使用情境信息完善产品功能设计，保证了产品功能的稳定性，降低了顾客原型试用的故障风险和成本。虽然顾客参与新产品共创会带来较高的成本和风险，但全面原型策略能够有效降低顾客的培训、沟通成本及损失风险。

全面原型策略通过降低顾客参与新产品共创的成本和风险，增强了顾客参与共创的意愿。顾客共创模式需要顾客花费时间和精力参与新产品开发过程，提高了顾客的成本和风险（Etgar，2008）。感知到的成本和风险会阻碍决策的制定（Adam，1776）。较低的感知风险和成本促进了决策制定。是否参与共创是顾客的决策，感知到的参与共创的成本抑制了顾客参与新产品共创的意愿。全面原型策略能够降低顾客参与共创的培训成本、沟通成本和损失风险。因此,当新产品开发项目采用全面原型策略时,能降低顾客参与共创的成本和风险,从而促进顾客共创。基于此本书提出以下假设。

假设5：全面原型策略促进顾客共创。

3. 需求异质性的调节作用

(1) 需求异质性对归核原型策略与顾客共创之间关系的调节作用

市场中顾客需求的异质性越高,个性化产品越能提升顾客的期望收益(Jiao et al., 2003)。需求异质性描述了行业目标市场中客户对产品价格、产品性能和功能组合的不同要求(谷盟、魏泽龙, 2015)。顾客收益取决于产品功能与顾客需求的匹配程度(Annosi et al., 2020)。产品功能的实现需要技术模块组成的技术系统的支持(Arthur, 2011)。技术性能的实现存在边界条件,环境条件决定了技术性能的稳定性。产品功能实现需要充分考虑使用情景的限制。产品设计需要企业了解使用情景信息,合理组合技术模块,保障核心技术功能的实现。产品技术结构设计与目标需求是一一对应的(Jaworski and Kohli, 1993)。标准化的产品设计无法完全满足异质性较大的市场需求(Porter, 1980)。首先,当不同细分市场的需求差异较大时,不同细分市场需要的产品功能差别很大。顾客以最大化自身收益为标准制定购买决策(Adam, 1776)。需求差体现为对产品各种功能和性能指标的组合要求的差别。当需求差别较大时,单一的产品设计无法同时满足不同细分市场的顾客需求。其次,当市场内有较多的细分市场时,企业需要针对不同细分市场重新设计产品的功能组合(Dickson, 1982)。当行业细分市场数量庞大,不同细分市场之间需求的差异程度较高时,企业需要实现产品的个性化定制(Lampel and Mintzberg, 1996)。在需求异质性较高的市场环境,个性化产品带给顾客更高的感知收益(Syam and Kumar, 2006)。例如,由于个体之间身形、职业和性格等特征的不同,服装行业市场需求异质性较高。面对激烈的竞争,许多服装企业通过定制化获得了顾客的青睐。红领西服根据顾客身材为顾客定制西装,帮助顾客解决了标准尺码西服不合身的问题。通过产品的定制，红领西服在需求异质性较高的服装行业获得了大批忠诚的顾客（张越，2014）。家居产品市场需求差异巨大，与其他销售商提供整套的家居用品不同，宜家提供的主要是需要顾客自主组装成型的家居用品。宜家通过为顾客提供可个性化改造的家居产品，成为世界家居用品知名品牌。

归核原型为顾客提供了更大的发挥空间，增加了顾客通过参与共创获取个性化产品的机会。在需求异质性较高的环境中，顾客对参与归核原型迭代创新的感知收益更大。归核原型功能单一、结构简单，顾客对产品拥有更大的自主设计空间。在需求异质性较高的环境中，顾客需求信息黏滞性更强，企业无法通过传统的市场调研方法获得这些黏滞信息（Chan et al.，2010）。异质性需求环境增加了企业准确把握顾客需求的难度。而且，顾客往往不具备清晰表述自身需求的能力，甚至不了解自身潜在需求（Eugenio-Martin and Cazorla-Artiles，2020）。归核原型策略能够帮助企业和顾客就潜在需求和黏滞需求信息进行交流沟通（Franke and Shah，2003）。产品个性化的实现需要企业与顾客共同挖掘需求、设计产品概念（Poetz and Schreier，2012）。对归核原型的简单体验能够帮助顾客进一步了解和挖掘自身需求。归核原型策略帮助顾客进一步挖掘自身需求并给予了顾客较大的发挥空间，从而促进了产品个性化。因此，需求异质性提高了顾客对参与归核原型迭代开发的感知收益。

在需求异质性较高的市场环境中，归核原型对顾客参与共同创造新产品的意愿的促进作用更强。在需求异质性较高的市场环境中，顾客的需求组合和性能要求多样并且具有较大差异（谷盟、魏泽龙，2015）。标准化产品在需求异质性较高的环境下难以满足顾客需求（Porter，1980）。需求的差异要求产品具有不同的功能组合结构（Arthur，2011）。然而，在需求差异较大的市场环境中，企业难以获知顾客的具体需求特征（Chan et al.，2010）。归核原型帮助顾客识别了解自身潜在需求，并且给予顾客更大的发挥空间。归核原型策略能够帮助顾客获取个性化产品。因此，在需求异质性较高的市场环境下，顾客感知到的参与归核原型迭代开发过程的收益更大。归核原型对顾客共创的促进作用在需求异质性较高的市场环境下得到加强。在需求异质性较低的市场环境下，归核原型对顾客共创的促进作用较弱。标准化产品在需求较为一致的市场环境中更被顾客认可（Van den Ende et al.，2012）。由于规模效应，标准化产品往往比定制化产品更具成本优势。归核原型所带来的个性化优势在低需求异质性的条件下并不能带给顾客较高的感知收益。对于一致性需求，顾客参与归核原型迭代所提出的建议往往具有较高的相似度。当结果具有较高的确定性、群体之间不具有差异性时，顾客参与归核原型的迭代过程所带来的自我效能和愉悦感会降低（Harhoff et al.，2003）。顾客参与归核原型迭代过程所带来的功能性收益和感知性收益在需求异质性较高时更大，而在需求异质性较低时更小。本书认为需求异质性较高时，归核原型对顾客共创的促进作用强于需求异质性较低时。基于此，本书提出以下假设。

假设6：需求异质性加强了归核原型策略对顾客共创的促进作用。

（2）需求异质性对全面原型与顾客共创之间关系的调节作用

全面原型降低了顾客参与共创的感知成本和风险，从而促进了顾客共创。全面原型对顾客参与共创的成本和风险的降低是有边界的。当需求异质性较高时，全面原型降低顾客参与共创成本的作用较弱；当需求异质性较低时，全面原型能够大幅度地降低顾客参与共创的成本。因此，全面原型对顾客共创的促进作用受到市场环境需求异质性的影响。

第一，当需求异质性过高时，全面原型无法有效降低顾客参与共创的原型故障风险。单一产品功能维度有限，无法覆盖需求异质性过高的市场（Porter，1980）。需求的异质性要求产品功能组合不同，每种功能都需要相应的技术系统支撑，单一产品无法囊括过多技术系统（Arthur，2011）。因此，当目标市场需求异质性过高时，全面原型也无法实现各个细分市场不同需求的同时满足。而且，需求异质性过高意味着产品的使用情景差别很大（谷盟、魏泽龙，2015）。产品功能的实现受到环境条件的限制。需求异质性过高意味着产品在不同细分市场的使用情境具有较大差异，产品功能无法在差异过大的情境中保持稳定。当产品功能无法正常实现时，顾客需求无法得到满足，并因为产品的不完善与故障造成相应的损失。需求异质性增加了顾客参与全面原型共创的损失风险。

第二，当需求异质性过高时，顾客参与全面原型迭代过程的成本增加。全面原型以尽可能覆盖不同市场的不同顾客需求为设计目标。当目标市场需求异质性较高时，细分市场对于产品功能组合及性能指标的要求不一致（Allenby and Ginter，1995）。为了尽可能满足各个细分市场顾客的要求，全面原型的设计涵盖多种功能。每一个功能的实现都需要一个对应的技术系统进行支撑（Arthur，2011）。技术系统由不同的技术模块共同组成（Henderson and Clark，1990）。需求异质性使得全面原型的结构复杂程度上升。当顾客参与全面原型迭代过程时，需要对原型的各种功能进行了解，学习原型功能的选择和切换方式（Von Hippel，2001）。当需求异质性较高时，尽管全面原型为没有专业知识基础和产品开发经验的顾客提供了参与新产品开发项目的工具，但原型功能复杂性的上升提高了顾客学习的成本。当原型功能复杂性过高时，尽管顾客能够通过全面原型参与产品开发过程，但复杂的功能组合会增加顾客深入了解体验产品各项功能的难度与成本。

需求异质性对全面原型与顾客共创的关系产生调节作用。当需求异质性过高时，全面原型功能更加复杂。顾客参与共创需要对各项功能的效用、使用方式和切换方法等进行了解，造成顾客试用成本上升（Von Hippel，2001）。较高的需求异质性意味着市场需求类别的增多和市场需求差异的增加（Jiao et al.，2003）。由于产品功能的有限性，全面原型无法覆盖异质性过高的市场需求（Arthur，2011）。全面原型在需求异质较高的环境中无法适应不同的使用情境，顾客试用原型的故障风险较高。在需求异质性较高的市场环境中，全面原型无法有效降低顾客参与共创的风险。需求异质性较高的市场环境下，全面原型对顾客共创的促进作用较小。当需求异质性较低时，全面原型能够较为准确全面地覆盖市场中的不同需求。需求较为一致时，企业能够清晰了解顾客需求（Eugenio-Martin and Cazorla-Artiles，2011）。全面原型能够将异质性较低的顾客需求和使用情境考虑在内，最大限度地保证功能稳定实现，顾客试用全面原型的故障风险较低。而且，当需求异质性较低时，全面原型能够提高顾客与企业的沟通交流效率，降低顾客参与全面原型迭代过程的沟通交流成本。因此，在需求异质性较低时，全面原型能够更好地降低顾客参与共创的成本和风险，全面原型对顾客共创的促进作用较强。基于此，本书提出以下假设。

假设7：需求异质性削弱了全面原型策略对顾客共创的促进作用。

3.3.3 原型策略与主导逻辑冲突

主导逻辑是企业定义行业、确定运营理念、建构组织方式与运营模式的核心逻辑与主导观点（Prahalad and Bettis，1986；Grant，1988）。现有研究提出企业感知到的外部环境的变化决定了主导逻辑的更迭和演化。Bettis和Prahalad（1995）提出学习是影响企业主导逻辑形成的重要前因。原型迭代是试错学习的过程，主要目的之一就是收集市场和技术的信息与数据（Von Hippel，2005）。企业通过原型策略测试真实市场需求和技术稳定性（Thomke，1998）。因此，原型策略会影响企业内部的主导逻辑演化，从而进一步影响企业内部主导逻辑冲突。

1. 归核原型策略与主导逻辑冲突

主导逻辑决定了企业对外部环境的解读、价值导向的建立和内部流程的制定。已有主导逻辑的稳健性和新主导逻辑的兴起都会影响企业内部主导逻辑冲突。一方面，归核原型外部搜索带宽较窄，降低了新主导逻辑兴起和建立的可能性，抑制了企业内部主导逻辑冲突。异质性信息影响企业主导逻辑的演进。归核原型由于功能单一，外部搜索方向相对集中，测试范围较窄。另一方面，企业内部的一致性影响主导逻辑的稳健性。制造企业运营管理以产品开发制造为核心。原型功能组合直接影响企业内部人员的配置。不同产品功能需要不同的技术系统支撑，不同技术系统的建立需要不同专业背景的技术人员。归核原型功能单一，产品开发团队内部具有相似性较高的专业背景，认知一致性较强，企业内部对产品开发方向具有明确的目标。归核原型策略提高了企业内部主导逻辑的稳健性从而抑制了主导逻辑冲突。

第一，归核原型策略搜索带宽较窄，抑制了新主导逻辑的发现与兴起，从而降低了主导逻辑冲突。主导逻辑带宽描述了企业主导逻辑所涉及的市场大小和技术领域宽度。广泛的市场和技术搜索能够激发新的主导逻辑的产生（Bettis and Prahalad，1995）。Krogh等（2000）提出拓宽主导逻辑带宽能够帮助企业获取更加全面的信息以应对环境的不确定性。主导逻辑的信息漏斗作用限制了企业的信息搜寻（Weick and Bougon，1986）。与现有主导逻辑相符的信息能够被企业快速捕捉，而主导逻辑带宽以外的信息则会被屏蔽（Bettis and Prahalad，1995）。广泛的搜索能够帮助企业摆脱现有主导逻辑对信息获取的限制，帮助企业识别新的市场机会，拓宽知识维度，发现现有主导逻辑的边界，从而促进新的主导逻辑的识别。归核原型是针对顾客核心需求设计的单一功能原型。归核原型功能的单一性会限制原型策略对信息的搜寻。原型策略通过顾客对原型的测试获取信息（Bogers and Horst，2014）。测试过后的反馈数据和意见成为企业确定产品迭代方向的关键依据。归核原型功能单一，进行测试的项目较为单一，获取的信息维度集中。功能结构越单一，所获取的信息的发散程度越低，降低了搜索的宽度。由于信息搜索的集中性，归核原型策略抑制了企业新的主导逻辑的发现与兴起，减少了企业内部的主导逻辑冲突。

第二，归核原型策略内部差异较小，现有主导逻辑稳健性较高，减少了企业内部主导逻辑冲突。Prahalad和Bettis（1986）提出主导逻辑是企业理解核心业务及外部环境的认知框架。组织的认知框架需要组织内部形成普遍接受的、公认的认知模式才能形成（Narayanan et al.，2010）。主导逻辑的形成需要企业内部在对企业的定位、环境的理解和核心管理逻辑上达成一致的认识。组织内个体的知识和认知决定了企业对自身的定位及对环境的认知模式（Weick et al.，1999）。当企业内部个体之间的认知具有较高的相似性时，企业主导逻辑稳健性较高。组织内部认知的一致性加强了主导逻辑对异质信息的筛选，企业更加难以吸收与现有主导逻辑不相符的知识和信息，提高了现有主导逻辑的稳健性（Prigogine and Stenger，1984）。归核原型能够提高组织内部的认知一致性。首先，归核原型功能单一，开发团队内部专业知识基础相似，易于形成统一的认知模式。归核原型开发目标是核心功能的实现，技术路径清晰。内部开发团队技术领域集中，具有相似的知识基础。其次，归核原型开发目标明确且单一，资源投入集中。对归核原型核心功能投入的不断积累提高了内部的统一程度。资源投入的增加会增强目标的稳健性（Leonard-Barton，1992）。由于归核原型资源投入集中，企业对既定目标的黏滞性不断上升，增强了现有主导逻辑的稳健性。而且，在归核原型开发过程中，产品的不断完善成为对现有目标的正向反馈。归核原型策略内部认知的一致性及资源投入的集中性增强了组织内主导逻辑的稳健性，从而抑制了企业内部的主导逻辑冲突。

第三，归核原型策略降低了企业产品开发过程中内部资源的短缺程度，从而抑制了主导逻辑冲突。冲突出现的前提是资源的有限性（Das and Teng，2000）。当企业具有无限的资源时，任何形式的冲突都将不复存在。主导逻辑决定了资源的分配方式（Grant，1988）。当资源有限性上升时，主导逻辑冲突加剧。任何企业的资源都是相对有限的，而新产品开发是资源消耗型活动（Naor et al.，2013）。归核原型策略缓解了产品开发过程中的成本压力与资源限制。功能的实现需要技术模块组成的技术系统的支持（Arthur，2011），当技术模块增加时，产品的开发成本上升。归核原型只涉及较少的功能，结构较为简单，开发成本较低。迭代产品开发是开发原型交由市场进行检验并逐步优化的过程（Ries，2011）。前期原型开发的成本直接决定了后期迭代过程的可用资源。归核原型降低了早期的原型开发成本,减轻了企业新产品开发过程中的成本压力。因此,归核原型策略能够抑制企业内部的主导逻辑冲突。

归核原型资源投入集中,加强了原有主导逻辑的稳健性;归核原型早期开发成本较低,降低了产品开发过程的资源限制程度;归核原型信息搜寻围绕核心功能展开,较为集中,搜索带宽较窄。归核原型策略增强了企业主导逻辑的稳健性,抑制了新主导逻辑的建立。基于此,本书提出以下假设。

假设8:归核原型策略抑制主导逻辑冲突。

2. 全面原型策略与主导逻辑冲突

信息丰富程度和差异程度的提高能够激发企业发现新的主导逻辑,带来主导逻辑冲突(Krogh et al., 2000)。企业是复杂的自适应系统(Waldrop and Stein, 1992),自适应系统内部元素多样,不同元素之间的作用关系复杂(Cambel, 1993)。自适应系统会达成一种自身的平衡,微小的环境波动不会影响平衡的稳定,然而当较大的波动出现时,平衡会出现变动(Bettis and Prahalad, 1995)。主导逻辑就是企业内部的一种平衡状态。这种平衡是基于主导逻辑的信息筛选机制形成的。主导逻辑让企业选择性忽略了与现有主导逻辑不相关的信息,从而逐步增强现有主导逻辑的稳健性(Weick and Bougon, 1986)。与现有主导逻辑有显著差异的信息能够打破已有主导逻辑的自适应机制。异质性较高的信息能够刺激企业偏离原有主导逻辑带来的平衡,激发新主导逻辑的建立(Krogh et al., 2000)。当新的主导逻辑逐步在企业内部形成时,企业内部主导逻辑冲突增大。

全面原型是企业尽可能将各个市场需求和使用情境考虑在内的多功能原型。全面原型由于功能多样、组织结构复杂,能够进行广泛的功能测试和信息获取(Bogers and Horst, 2014)。采用全面原型策略的企业,内部条件和外部条件都促进了对异质性信息的搜寻和获取。

第一,全面原型开发团队内部认知异质性较强。全面原型涵盖多种功能，而产品功能的实现需要技术系统的支撑，不同技术系统包含不同的技术模块，不同技术模块涉及不同的知识领域（Arthur，2011）。全面原型开发团队内部，不同技术系统人员专业知识基础具有很大的差异。不同的技术系统功能目标不同，不同的功能目标会导致技术系统内部的价值取向和评判标准存在差异（Adshead，2006）。此外，不同技术系统人员具有差异化的知识基础和认知框架（Narayanan et al.，2010）。全面原型开发团队的管理重点是对不同技术系统人员的协调和对不同技术模块的组合（Thomas and Christian，2003）。不同技术系统人员对新产品开发的方向和目标具有不一致意见，带来主导逻辑冲突。

第二，全面原型外部信息搜寻带宽较宽。首先，全面原型市场信息搜寻范围较大。全面原型以顾客满意为目标，设计时企业会考虑各个细分市场的不同需求，结合不同使用情境对产品进行设计。为了尽可能获取全面的市场信息，企业需要在较大的地理区域、多个市场层次，对大量顾客进行市场调研。大范围的市场调研会获取大量异质性市场信息。异质性市场信息能够帮助企业发现新的市场机会，企业会根据新的市场机会建立新的主导逻辑（Chiang and Hung，2010；Sternberg and O'Hara，1999）。其次，全面原型的技术搜寻范围较广。全面原型开发团队具有较大的专业差异。不同技术系统人员具有差异化的技术知识。由于全面原型开发团队内部人员专业化程度较高，整体上企业技术搜索范围较大。

采用全面原型策略的企业内部异质性较强，并且外部市场和技术信息搜寻范围较大。全面原型复杂的功能组合提高了企业内部人员的认知差异性。内部的认知差异性容易使企业员工对产品开发方向及经营管理理念产生不同看法，降低已有主导逻辑的稳健性（Krogh et al.，2000）。此外，全面原型以顾客满意为目标，产品功能覆盖多个细分市场需求，市场搜寻范围较大；全面原型开发团队内部人员的技术专业多样，扩大了技术搜寻的范围。广泛的市场和技术搜寻促进了新主导逻辑在企业内部的兴起与建立（Chiang and Hung，2010）。全面原型策略降低了已有主导逻辑的稳健性，提高了新主导逻辑兴起的概率，促进了主导逻辑冲突。

假设9：全面原型策略促进主导逻辑冲突。

3. 需求异质性对原型策略与主导逻辑冲突之间关系的调节作用

需求异质性描述了企业目标市场对产品的价格、性能及功能组合的要求的差异程度（Jaworski and Kohli，1993）。主导逻辑相关研究提出市场环境影响主导逻辑形成过程（Obloj et al.，2010；项保华、罗青军，2002）。主导逻辑是企业基于以往知识和经验累积形成的理解环境、了解行业的认知框架，是企业设计流程和组织架构的核心理念（Grant，1988；Bettis and Prahalad，1995）。主导逻辑通过不断自我反馈进行加强，从而形成组织内部一致的认知与行为模式。由于认知和流程的惯性，企业主导逻辑有一定的稳定性（Adshead，2006）。轻微的波动不能使企业主导逻辑偏离平衡，较大的波动能够使企业主导逻辑偏离已有平衡。当主导逻辑偏离平衡状态时，会有新的主导逻辑兴起和产生，带来企业内部主导逻辑冲突（Krogh et al.，2000）。波动是环境对已有主导逻辑的负向反馈。市场环境特征通过影响企业与市场之间的信息反馈影响企业主导逻辑。原型迭代是企业设计原型交由顾客试用并获取市场反馈制定迭代方向的过程。因此，需求异质性对原型策略与主导逻辑冲突的关系起调节作用。

（1）需求异质性对归核原型策略与主导逻辑冲突之间关系的调节作用

由于归核原型功能单一，开发团队内部知识差异较小并且资源投入集中。组织内部一致的认知和资源的集中投入增强了现有主导逻辑的稳健性，从而抑制了主导逻辑冲突（Adshead，2006）。然而，现有主导逻辑的稳健性需要以持续的正向反馈作为支撑（苏敬勤、单国栋，2016）。归核原型策略无法帮助企业在异质性需求环境中获取持续的正向反馈。另外，归核原型策略搜索带宽较窄，缩小了原型迭代过程的外部市场和技术搜索范围（Krogh et al.，2000）。搜索范围的缩小抑制了主导逻辑平衡的波动，不利于新主导逻辑的发现与建立（Chiang and Hung，2010）。然而，异质性信息的获取不仅取决于搜索的宽度，还取决于信息环境的丰富程度。市场需求异质性影响了归核原型外部信息搜索的效率和效果，从而影响归核原型策略对主导逻辑冲突的作用。

第一，需求异质性增加了归核原型迭代过程中收到的市场负向反馈，降低了已有主导逻辑的稳健性。主导逻辑是企业基于以往成功经验积累而形成的（苏敬勤、单国栋，2016）。企业是复杂的自适应系统，具有自反馈效应（Waldrop and Stein，1992）。帮助企业取得成功的认知和行为会被加强；而给企业带来失败的认知和行为会逐渐消失（Bettis and Prahalad，1995）。正向的反馈会加深企业现有主导逻辑的嵌入程度；负向的反馈更加强烈，使企业的波动幅度变大，高频且强烈的波动会降低企业现有主导逻辑的稳健程度（谷盟、魏泽龙，2015）。归核原型只包含核心功能，结构简单、设计不够完善。归核原型难以在差异化的使用情境中实现功能的稳定，从而会收到大量的负向反馈。这些负向反馈会动摇企业已有主导逻辑的稳健性。在需求异质性较高的市场环境下，归核原型策略对已有主导逻辑稳健性的正向作用较弱。

第二，需求异质性削弱了归核原型策略对资源投入集中度的正向作用，从而削弱了归核原型策略对原有主导逻辑稳健性的正向作用。归核原型集中解决顾客最为关心的问题，功能相对单一，结构相对简单，企业内部目标一致，资源投入集中于产品核心功能的实现。需求异质性意味着顾客对产品性能和功能组合有不同的要求（谷盟、魏泽龙，2015）。产品功能的稳定实现受到使用环境的约束，单一功能的产品并不能在需求异质性市场广泛适用（Arthur，2011）。归核原型策略追求简单的功能组合，但前提是能够解决顾客问题。面对需求异质性较高的市场，归核原型的功能复杂程度上升。产品功能的复杂带来技术系统和技术模块的增加。不同技术模块需要不同的技术知识和资源作为支撑。技术模块的增多导致企业内部资源分配的集中度降低。资源的集中投入能够提高原有主导逻辑的嵌入程度和稳健性（Leonard-Barton，1992）。需求异质性削弱了归核原型策略对资源分配集中度的提升作用，从而削弱了归核原型策略对主导逻辑冲突的抑制作用。

第三，需求异质性提高了归核原型迭代过程中异质性信息的获取效率。主导逻辑是企业解读环境和了解行业的认知框架（Prahalad and Bettis, 1986）。Krogh 等（2000）强调了信息和知识搜索对企业内部主导逻辑更迭演化的影响。广泛的信息搜索能够帮助企业识别新的市场需求和技术知识，从而促进新的主导逻辑的发现和兴起（Chiang and Hung, 2010）。单一的功能降低了归核原型迭代过程中外部信息搜索的有效性。然而，当市场需求差异较大时，单一功能的归核原型同样能够获取不同细分市场的差异化信息。虽然归核原型策略信息搜索范围较小，但需求异质的市场环境提高了归核原型策略的信息获取效率。需求异质性促进了归核原型迭代过程的异质性信息获取，削弱了归核原型策略对新主导逻辑发现和建立的抑制作用。

当市场需求异质性较高时，归核原型策略对主导逻辑冲突的抑制作用减弱。首先，需求异质性降低了归核原型策略对原有主导逻辑稳健性的提升作用。一方面，主导逻辑的稳健性需要环境给予持续的正向反馈，需求异质性减弱了市场环境对归核原型的正向反馈。归核原型功能单一，无法同时满足需求差异较大的细分市场。归核原型在需求异质的市场进行迭代所收到的市场负向反馈较多，降低了已有主导逻辑的稳健性。另一方面，归核原型策略追求单一的产品功能建立在能够满足顾客核心需求的基础上。当市场需求异质性增强时，单一功能的归核原型无法解决顾客问题。需求异质性降低了归核原型功能的单一程度和结构的简单程度，使归核原型策略资源投入的集中程度降低，从而已有主导逻辑的稳健性也会降低。其次，需求异质性削弱了归核原型对新主导逻辑发现与建立的抑制作用。虽然归核原型搜索带宽较窄抑制了异质性信息的获取，但在需求异质环境中迭代的归核原型同样能够获取大量异质性信息。需求异质性通过降低归核原型策略对已有主导逻辑稳健性的提升作用，以及削弱归核原型策略对新主导逻辑建立的抑制作用，削弱了归核原型策略对主导逻辑冲突的抑制作用。基于此，本书提出以下假设。

假设10：需求异质性削弱了归核原型策略对主导逻辑冲突的抑制作用。

（2）需求异质性对全面原型策略与主导逻辑冲突之间关系的调节作用

全面原型策略提高了企业获取异质性信息的强度和频率从而促进了企业内部主导逻辑冲突。冲突源于对事物和事件的差异化认知（Wall and Callister，1995）。主导逻辑冲突是企业对未来发展方向、战略定位和运营模式的不同看法，及对内部流程设计的差异化观点。企业搜寻和感知到的异质性市场信息越多，企业内部对战略定位和运营流程设计的不同观点越显著（Chiang and Hung，2010）。企业搜寻到的异质性技术信息越多，企业内部对生产运营流程和组织管理方式观点的差异性越大（Sternberg and O'Hara，1999）。全面原型策略内部人员的认知结构差异较大，外部的信息搜寻带宽较宽。全面原型功能复杂多样，具有多种技术模块，内部开发人员知识基础与认知模式多样；全面原型功能的多样性拓展了全面原型搜索带宽，提高了外部信息搜寻效率（Von Hippel，2005；Thomke，1998）。全面原型策略内部差异性的增强和外部搜索带宽的拓展促进了异质性信息的获取，增加了发现和建立新主导逻辑的机会，促进了主导逻辑冲突。

需求异质性描述了企业目标市场对产品功能组合和性能的不同要求（谷盟、魏泽龙，2015），强化了全面原型策略对内部差异程度和异质性信息获取的正向作用。首先，在需求异质性较高的市场环境中，全面原型的功能组合更加复杂，采用全面原型策略的企业内部异质性更大。全面原型策略要求企业尽可能全面考虑不同细分市场的不同需求，建立以顾客满意为目标的复杂多功能原型。不同功能需要不同技术系统实现，不同技术系统需要具有不同专业知识和资源的人员开发。需求异质性较高的市场环境中，全面原型的功能更加复杂。因此，需求异质性较高的市场环境中，采用全面原型策略的企业内部知识基础和认知差异更加显著。其次，需求异质性较高的市场环境中，全面原型获取的信息更加多样。全面原型功能多样，迭代过程搜索带宽较宽，信息搜集范围较大（Mascitelli，2000）。全面原型迭代过程是进一步探索顾客需求、获知产品使用情境、完善全面原型功能组合设计的过程。需求异质性进一步促进了全面原型迭代过程中异质性信息的获取，有利于新主导逻辑的识别和建立。

在需求异质性较高的市场环境中，全面原型对主导逻辑冲突的促进作用更为强烈。异质性需求环境使得全面原型的功能更加全面，内部技术系统更加丰富。在异质性需求环境中，采用全面原型策略的企业内部认知异质性更高。较高的认知异质性使企业内部对环境和行业信息解读的差异增加（Narayanan et al.，2010）。企业内部差异化的认知模式降低了已有主导逻辑的稳健性（Weick et al.，1999）。而且，异质性需求环境使得全面原型获取外部市场信息的效率提高。全面原型策略对外部异质性信息获取和内部认知模式差异的正向作用在异质性需求环境中更加显著。因此，本书提出以下假设。

假设11：需求异质性增强了全面原型策略对主导逻辑冲突的促进作用。

3.3.4 顾客共创与新产品开发绩效

顾客共创是企业的新产品开发策略（Von Hippel，2001）。顾客共创指顾客从以往产品的被动接受者转变为产品开发过程的直接参与者（Prahalad and Ramaswamy，2004）。在顾客共创模式中，顾客是新产品的开发主体之一（Witell et al.，2011）。开发主体的转变直接影响新产品开发过程从而对新产品开发绩效产生影响。新产品开发绩效包括新产品开发速度、新产品开发成本绩效和新产品开发质量三个维度。本书分别探讨了顾客共创对新产品开发速度、新产品开发成本绩效和新产品开发质量的作用，全面地考虑了顾客共创对新产品开发绩效的影响。

1. 顾客共创与新产品开发速度

顾客共创提高了新产品开发速度。新产品开发速度指从新产品想法出现到新产品商业化所花费的时间长短（Mansfield，1988；Vesey，1991）。顾客共创改变了新产品开发主体的组成结构，从而影响新产品开发的流程和新产品开发速度。邀请顾客参与新产品开发过程能够帮助企业明确新产品开发目标、引入外部资源从而提高新产品开发速度（Etgar，2008）。

首先，通过顾客共创企业能够提前细化产品概念设计、明确开发目标从而提升新产品开发速度。在新产品开发过程中，准确清晰地定义产品概念能够有效降低返工频率、提升开发速度（Markman et al.，2005）。新产品开发是产品设计、开发和量产的过程（Gronlund et al.，2010）。在产品开发早期正确定位产品功能、准确细化产品功能组合设计能够有效避免产品概念修正所带来的返工和时间浪费（Cooper，1990）。在产品开发后期发现产品概念设计和定位的缺陷，需要重新对产品概念设计和开发进行修正，会拖延产品的上市时间。产品设计以满足顾客真实需求为目标（Carbonell et al.，2004）。传统的市场调研方式成本较大并且具有一定误差。将顾客引入产品早期设计能够极大地缩短需求信息搜索和分析的时间；与顾客直接接触和频繁交流能够帮助企业获取顾客需求的黏滞信息，提升需求探索的效率和效果（Etgar，2008）。顾客共创提升了企业对顾客需求信息的搜索分析速度和信息的准确程度，并为新产品开发项目设定了更加准确和细致的开发目标，从而提升了新产品开发速度。

其次，顾客共创为新产品开发过程引入了外部资源，能够减小内部惯性和阻力从而提升新产品开发速度。外部相关资源和信息为企业提供解决问题的模板，能够使企业避免重复开发外部已经存在的技术。顾客共创将顾客引入新产品开发过程，为企业带来了更多的异质性信息和资源（Magnusson，2009）。企业将部分开发任务委托给顾客能够减少内部的新产品开发任务量。顾客共创为企业带来更多外部信息和资源并减少内部产品开发工作量从而提升整体新产品开发速度。此外，新产品开发是企业创新活动，组织惯性是新产品开发的主要障碍（Hannan and Freeman，1984）。异质性信息能够帮助企业克服惯性（Love et al.，2014）。将顾客引入创新过程能够为企业带来外部异质性信息和资源，降低企业对固化流程和认知的嵌入程度（Geletkanycz and Hambrick，1997）。组织惯性影响新产品开发工作的准备和开展，当组织惯性降低时新产品开发速度加快。

清晰明确的目标能够有效降低新产品开发过程中的不确定性，从而提升新产品开发速度。有效的外部搜寻和资源获取能够减少企业内部惯性对新产品开发的阻碍，提升新产品开发速度（Magnusson，2009）。而且，顾客共创引入顾客作为创新主体，能够减少企业产品开发工作的任务量，提升新产品开发速度。基于此，本书提出以下假设。

假设12：顾客共创提升新产品开发速度。

2. 顾客共创与新产品开发成本绩效

顾客共创引入顾客作为企业新产品开发项目组成员（Mahr et al.，2014）；同时，顾客决定了新产品开发的最终目标。顾客共创改变了新产品开发过程的资源投入方向和方式，影响新产品开发成本（Gemser and Perks，2015）。由于顾客成为新产品开发主体，企业需要与顾客共同完成新产品开发任务。新产品开发活动的改变影响开发过程中的资源投入与分配从而影响新产品开发成本。顾客共创对新产品概念设计、开发和测试过程的成本均产生影响。

第一，顾客共创降低了新产品概念设计中需求探索的成本。新产品开发以满足市场需求为目标（Gronlund et al.，2010）；市场需求分析是新产品开发流程规划的前提，随后的新产品概念设计、研发、生产和市场化都建立在对需求分析的结果之上（Cooper，1990）。市场需求调研的准确程度直接决定了新产品开发的质量。真实需求的探索需要企业进行市场信息的搜索和分析。信息搜索和分析的过程提高了新产品开发成本。顾客需求分为显性需求和隐性需求。许多企业将隐性需求识别视为新产品开发的关键（Kim and Renee，1998）。然而，隐性需求难以通过传统的市场调研手段获取。隐性需求包含大量顾客使用过程中的黏滞信息（Von Hippel，2001），黏滞信息的交流和传递成本较高。当企业采取顾客共创模式进行新产品开发时，顾客不再是企业外部的利益相关者，而是新产品开发项目组的内部成员（Prahalad and Ramaswamy，2004）。黏滞信息的获取需要双方建立紧密的关系，进行深入和高频的交流。团队内部的交流成本低于团队与外部交流的成本，将顾客引入新产品开发团队能够有效降低需求信息搜索和获取的难度，降低隐性需求获取成本。顾客共创模式通过降低需求信息搜索和分析的成本降低了新产品开发成本。

第二，顾客共创降低了企业解决新产品开发问题和进行产品测试的成本。新产品开发是问题解决的过程（Felin and Zenger，2014）；问题的解决有外部搜索和自主创新两种途径（Masucci et al.，2020），外部搜索效率较高。通过顾客共创，企业与顾客建立了紧密联系，提高了企业的外部搜索效率，降低了搜索成本（Witell et al.，2011）。搜索会受到行业和现有知识体系的限制，顾客的参与能够帮助企业以较低的成本进行广泛的搜索。宝洁公司通过众包模式获取了大量研发问题的高效解决方式，极大地降低了产品开发成本。由于顾客往往具有与企业不同的知识基础，顾客共创能够帮助企业高效获取异质性知识和信息，从而降低新产品的开发成本。而且，顾客共创降低了企业进行产品测试的成本。顾客参与新产品开发的重要活动就是对产品原型进行试用（Hsieh et al.，2018）。顾客参与能够有效降低企业原型测试的成本，提供最真实的产品测试环境。因此，顾客共创降低了新产品开发和测试环节的成本。

第三，顾客共创降低了新产品开发过程的试错成本。契合市场需求的产品设计能够有效降低产品的试错成本。准确的需求分析提高了产品设计质量，并且有效降低了产品迭代的次数。市场需求的黏滞信息较多，企业难以直接获取相关信息（Von Hippel，2001）。通过顾客共创，企业与顾客建立了紧密联系，从而可以低成本地进行频繁深入的交流，获取较为全面真实的需求信息（Jefferies et al.，2019）。顾客共创帮助企业在产品开发早期获取真实的市场需求，降低了产品的迭代幅度和频率，从而降低了新产品开发过程的试错成本。

新产品开发成本是新产品开发各个阶段资源投入的总和。通过顾客共创，企业研发阶段需求分析的成本降低，新产品开发和测试的成本降低，新产品试错成本也被降低。基于此，本书提出以下假设。

假设13：顾客共创提升新产品开发成本绩效。

3. **顾客共创与新产品开发质量**

新产品开发质量描述了新产品开发结果与企业内外部利益相关者预期的差异程度（Brucks et al., 2000）。利益相关者对新产品的预期主要体现为对新产品功能和性能的预期。高质量的新产品指在顾客使用的各种情境中都能够保持稳定的功能输出并进行正常工作的产品（Garvin, 1993）。不能达到技术性能要求和在顾客使用过程中不能稳定工作的产品是低质量产品。高质量新产品的开发需要企业在产品开发初期充分考虑使用情境的限制，合理设计产品结构，提高产品性能的稳定性，或在产品上市前及时发现产品功能缺陷进行改善。顾客共创是指顾客主动参与新产品开发过程（Kristensson et al., 2004）。顾客共创模式中，顾客是产品设计的信息提供方和产品测试的主体（Poetz and Schreier, 2012）。因此，顾客共创影响新产品开发质量。

第一，通过顾客共创，企业能够全面准确地了解产品使用情境，完善产品结构设计，提高产品性能的稳定性。新产品开发以为顾客提供能够稳定工作的产品为目标，新产品质量取决于产品性能的稳定性（Brucks et al., 2000）。产品性能的实现需要环境条件的支撑（Arthur, 2011）。深入地了解顾客使用产品的真实情境能够帮助企业优化产品设计，提高产品使用过程中性能的稳定性。有限理性使得企业无法完全了解产品使用过程中的信息。企业无法通过传统的市场调研方法获取顾客使用情境中的黏滞信息（Von Hippel, 1994）。顾客共创提高了企业与顾客在新产品开发过程中的交流频率和深度（Mahr et al., 2014）。采用顾客共创模式的企业能够更加准确全面地了解产品的使用情境，帮助企业设计更加合理的产品结构、选择更加适合的技术路径，提高新产品使用过程中性能的稳定性。顾客共创帮助企业提高产品设计质量从而减少产品使用过程中的故障，提高新产品开发质量。

第二，顾客共创中顾客为产品提供了真实的测试环境，帮助企业尽早发现产品质量问题，提升最终的新产品开发质量。有限理性使企业无法一次性开发出完全满足顾客要求的产品（Von Hippel，1994）。新产品开发质量指最终商业化的新产品功能的稳定性和性能的优越程度（Brucks et al.，2000）。开发过程中的产品质量测试能够帮助企业及时发现质量问题并进行优化，提高最终的新产品开发质量。测试能够帮助企业降低信息的不对称程度，发现现有产品的设计缺陷。测试环境与产品最终使用环境的相似程度决定了测试的效率和效果。顾客共创为新产品原型提供了在真实使用情境下进行测试的机会（Mahr et al.，2014）。在新产品原型设计完成后，企业邀请顾客使用和评价原型并反馈使用信息和评价结果。顾客共创中的原型测试最大限度地提高了测试环境与产品真实使用环境的相似度。测试结果能够帮助企业发现现有产品设计的缺陷，及时发现原型设计的质量问题。通过邀请顾客参与原型测试，企业能够准确高效地发现质量问题并进行改进，最终提升新产品开发质量。

新产品开发质量可以通过完善的设计或通过及时的测试改进提高。顾客共创帮助企业准确了解产品使用情境，完善了产品技术设计，提高了产品使用时性能的稳定性。顾客共创为原型提供了最贴近真实使用情境的测试环境，帮助企业及时发现并改进产品质量问题，最终提高新产品开发质量。基于此，本书提出以下假设。

假设14：顾客共创提升新产品开发质量。

3.3.5 主导逻辑冲突与新产品开发绩效

新产品开发是企业根据对未来市场的预测，改进现有组织活动内容和流程的行为（Olson et al.，1995）。新产品开发绩效描述了企业应对市场环境变化的结果。主导逻辑是企业解读环境、了解行业的认知框架和做出反应的行为模式（Prahalad and Bettis，1986）。主导逻辑冲突影响企业在动态环境中的决策质量，从而影响企业对动态环境的反应速度。因此，主导逻辑冲突影响新产品开发绩效。

1. 主导逻辑冲突与新产品开发速度

主导逻辑冲突影响新产品开发方向的确定和新产品开发流程的规划，从而影响新产品开发速度。主导逻辑是企业解读环境的信息漏斗（Bettis and Prahalad，1995）。冲突的主导逻辑带来对外部信息的不同解读方式和分析结果。企业对市场环境信息不同的解读影响企业确定新产品开发方向的效率，从而影响新产品开发所需要的时间。而且，主导逻辑冲突降低了企业控制权的集中程度（Grant，1988）。分散的控制权降低了企业面对不确定环境时的决策速度。因此，主导逻辑冲突降低了新产品开发速度。

首先，主导逻辑冲突导致企业内部对新产品开发方向具有冲突的观点，降低了新产品开发速度。明确的目标和方向是新产品开发速度的保障因素（Mansfield，1988）。当企业内部对新产品开发方向未形成统一观点时，新产品开发活动的资源准备、人员协调和流程规划效率会降低。新产品开发活动需要企业不同部门的人员协调配合完成（Cooper，1990）。企业内部对新产品开发方向的不一致观点提高了开发过程的交流沟通成本，为新产品开发过程制造了障碍。企业内部明确一致的开发方向提高了企业内部的协调能力。一致的开发目标减少了新产品开发的跨部门合作阻力。主导逻辑冲突描述了企业内部对环境信息的筛选和解读方式的差异程度（Prahalad and Bettis，1986；Grant，1988）。新产品开发是基于目前市场环境信息对未来市场需求进行预测从而开发产品的过程。不一致的市场认知导致企业内部对新产品开发方向存在多样的观点（Krogh et al.，2000），使得新产品开发方向的明确程度和清晰程度降低，从而降低了新产品开发速度。

其次，主导逻辑冲突降低了企业内部控制权的集中度从而降低了新产品开发速度。集中的控制权能够提高决策效率，从而提高新产品开发速度。新产品开发具有较高的不确定性（Molina‐Castillo and Munuera‐Alemán，2009）。面对不确定环境，集中的控制权能够提高决策速度（Barkema and Pennings，1998）。当控制权分散时，企业需要进行大量的协调和平衡工作，决策速度较慢。主导逻辑是企业经营管理的核心逻辑，决定了企业的认知方式和流程设计（Grant，1988）。当企业内部主导逻辑冲突增加时，企业原有主导逻辑的控制作用减小，内部控制权分散。分散的控制权降低了企业面对不确定时决策的速度，从而降低了新产品开发速度。

主导逻辑冲突模糊了新产品开发目标，提高了新产品开发过程中资源协调的难度，降低了新产品开发速度。而且，主导逻辑冲突降低了企业原有主导逻辑的稳健性，分散了企业的控制权。面对不确定的环境，分散的控制权降低了决策的速度。基于此，本书提出以下假设。

假设15：主导逻辑冲突降低新产品开发速度。

2. 主导逻辑冲突与新产品开发成本绩效

主导逻辑冲突提高了企业新产品开发过程中的沟通成本和协调成本，从而降低了新产品开发成本绩效（Jehn，1995）。新产品开发任务的复杂性和人的有限理性导致新产品开发是需要组织内部不同职能人员共同参与完成的过程。高新技术产品开发具有技术复杂性和市场不确定性的特点（沈灏等，2017）。高新技术产品开发过程无法通过个人完成，需要进行有组织的创新。新产品开发资源、人员和过程的组织和协调效率直接决定了新产品开发过程所需要的资源投入，从而影响新产品开发成本。

首先，主导逻辑冲突提高了企业内部的沟通成本。主导逻辑是企业内部人员理解外部环境信息和定位自身价值的认知框架（Krogh et al.，2000）。主导逻辑冲突描述了企业内部主导逻辑之间的不兼容程度。当企业内部的主导逻辑冲突程度较高时，企业内部具有较强的认知差异性。认知差异阻碍了企业内部知识交流和转化的效率，提高了产品开发过程的沟通成本（Adshead，2006）。高新技术产业的技术路径尚不明确，行业尚未形成主导设计。不确定的技术环境中的技术知识具有很高的模糊性（沈灏等，2017）。高新技术产业的技术知识以隐性知识为主，隐性知识交流需要沟通双方具有较为相似的知识基础和经验（Nonaka，1994）。当企业内部人员认知差异较大时，产品开发过程的隐性知识交流存在较大的障碍，企业需要投入更多资源建立沟通机制。因此，主导逻辑冲突提高了新产品开发过程中的沟通成本。

其次，主导逻辑冲突提高了新产品开发过程中的协调成本。当主导逻辑冲突程度较高时，企业内部对新产品开发方向和策略的选择具有冲突的观点。主导逻辑决定了企业信息的搜索方向和解读方式（Bettis and Prahalad，1995）。当企业主导逻辑冲突程度较高时，企业内部对产品定位和概念设计具有差异化的观点（Krogh et al.，2000），最终产品概念的确定需要花费较大的协调成本。而且，主导逻辑嵌入组织流程之中（Grant，1988），冲突的主导逻辑带来企业内部对企业资源分配方式和组织流程设计的不同意见。当主导逻辑冲突程度较高时，企业决策的制定需要花费更大的成本进行协调。

主导逻辑冲突意味着企业内部的认知具有差异。认知差异增加了组织的沟通障碍，提升了新产品开发过程中的沟通成本。当企业内部主导逻辑冲突程度较高时，企业内部对市场需求信息解读和组织流程设计具有冲突的观点，产品概念的确定和资源分配等决策的制定需要更多的协调成本。企业内部对新产品开发目标和路径的冲突意见，提高了新产品开发的协调成本。基于此，本书提出以下假设。

假设16：主导逻辑冲突降低新产品开发成本绩效。

3. 主导逻辑冲突与新产品开发质量

明确的目标是保证新产品开发质量的前提。新产品开发质量是指新产品性能与产品利益相关者如顾客和企业等的预期差距（Brucks et al.，

2000)。当新产品各项性能高于顾客期望和产品设计的预期时,新产品开发质量较高;当新产品的各项性能低于顾客期望和产品设计的预期时,新产品开发质量较低。新产品开发质量的评价标准主要包括是否达到产品设计的技术指标要求和是否达到顾客需求指标要求(Hjorth-Anderson,1984;Zeithaml,1988)。为成功开发高质量的新产品,企业需要设计准确的技术指标,对产品的生产和研发流程进行严格的管理(Garvin,1993)。新产品开发质量取决于研发的精细程度和生产的精益程度。严格的流程管理是保障产品质量的必备要素。流程的监督管理需要清晰的质量标准,即明确的技术性能合格标准(Kouvelis and Mukhopadhyay,1995)。产品设计的规范需要明确的技术指标,制造生产过程管理也需要明确的技术指标体系做支撑。企业需要明确新产品开发技术指标体系,以保障对研发和生产过程的管理,从而保证新产品开发质量。

主导逻辑冲突降低了新产品开发目标的明确程度。明确的新产品开发目标以企业内部对产品开发方向的一致观点为基础。主导逻辑是企业解读环境信息的认知框架(Krogh et al.,2000)。首先,主导逻辑冲突意味着企业内部对市场环境的解读有显著差异,企业内部难以形成统一的产品开发方向。主导逻辑影响企业获取信息的方式和对信息的解读,起到信息漏斗的作用(Bettis and Prahalad,1995)。当企业内部出现冲突的主导逻辑时,企业内部对市场需求的定位具有不同的观点,对产品功能相对重要性的排序不同,继而影响新产品开发过程中的资源分配方式(Obloj et al.,2010)。其次,主导逻辑冲突影响新产品开发的组织和流程设计。主导逻辑决定了企业信息的解读从而影响企业流程的设计。冲突的主导逻辑使企业内部对新产品开发流程和组织设计产生冲突意见(邱益中,1998)。产品定位和开发流程设计方面的冲突降低了新产品开发目标的明确程度从而降低了新产品开发质量。

主导逻辑冲突降低了企业新产品开发方向和流程设计思路的明确程度。主导逻辑冲突使得企业内部难以形成统一的产品开发目标,无法设计清晰的产品评价指标体系。不同的流程设计思路带来企业内部技术标准的差异，内部差异化的质量标准影响了产品开发和制造过程管理的有效性，降低了产品质量的稳定性。基于此，本书提出以下假设。

假设 17：主导逻辑冲突降低新产品开发质量。

第 4 章
高新技术制造企业原型设计策略研究方法

本书采用问卷调研数据验证所提出的理论框架与假设。基于实证研究的要求，本章详细说明了问卷设计方法、数据收集过程、变量测量题项的设计和统计分析的基本方法。

4.1 问卷设计与数据收集过程

由于原型策略、顾客共创、主导逻辑冲突、新产品开发绩效等变量属于多维度的潜变量，本书沿用以往新产品开发研究的方法，采用问卷收集数据来检验本书的理论框架和假设（Wei et al., 2014; Zhou and Wu, 2009）。首先，原型策略是新产品开发的重要策略，企业出于知识保护的目的并不愿意对产品开发的详细过程进行披露（李莉等，2014；李晓菲等，2019）。因此，从二手的公开数据中无法获取企业创新过程中的具体信息。问卷调研能够通过题项的设计获取企业新产品开发过程中的具体信息。企业没有披露顾客参与创新过程及企业内部主导逻辑冲突情况的意愿。问卷调研通过直接与调研对象的接触及对企业的实地探访，获得了企业的信任，增强了企业给出相关信息的意愿。问卷调研是获取相关信息的最佳手段。其次，中国高新技术企业群体包含许多未上市的中小型高新技术企业（张同斌，2014）。中国未上市企业的信息披露意愿很低，数据获取难度较大。采用问卷调研的方法能够同时取得上市及未上市的高新技术企业信息，从而降低样本选择的偏差。

中国高新技术企业是验证原型策略对新产品开发绩效影响的理想样本。首先，原型策略被广泛应用于中国高新技术企业的创新活动中。开发原型是众多高新技术产品开发必须有的步骤。然而，不同企业采用的原型开发策略有很大差异。究竟是围绕核心功能开发功能单一的原型，还是在考虑各种情境基础上开发功能全面的原型是众多企业关心的焦点问题。其次，中国不同地区的文化经济环境差异大，企业市场环境具有较大差别，为探讨市场环境对创新的影响提供了丰富的样本。最后，中国高新技术企业创新绩效差异较大，为影响新产品创新绩效的因素研究提供了较为丰富的样本。中国高新技术企业遍布全国，部分高新技术企业已经是行业领军企业甚至是行业独角兽企业，然而依旧有许多高新技术企业在高新技术攻关中损耗巨大。

4.1.1 问卷设计

本书首先对组织学习理论、原型策略、主导逻辑、顾客共创、需求异质性及新产品开发相关文献进行梳理。目前对原型策略、主导逻辑及顾客共创尚未形成成熟的测量量表。本书对 20 位高新技术企业高层管理者，包括企业董事长、CEO 及研发总监进行访谈。访谈对象均对企业研发流程及运营管理非常熟悉，拥有多年运营管理和新产品开发的经验。访谈围绕高新技术攻关过程及组织管理展开。本书通过访谈对原型策略特征进行了深入细致的讨论。结合全面的文献综述和细致的访谈信息，本书对研究变量的测量指标进行了初步设计（Gerbing and Anderson，1988）。

1. 成熟变量题项设计过程

新产品开发绩效和需求异质性已经有在研究中广泛验证过有效性的测量题项，这部分题项的设计主要借鉴了以往成熟的测量量表。本书采用了双向翻译的方法确保翻译的准确性（Brislin，1970）。先由两名具有英文论文写作经验的博士生将题项从英文翻译成中文。随后，另外两名博士生将翻译成的中文题项重新翻译成英文。通过对比和反复商议，形成最终的测量量表。

2. 新变量题项设计过程

归核原型策略、全面原型策略和主导逻辑冲突是本书所提出的新变量。采用归纳法和演绎法相结合的方法设计新变量的测量题项（Zhang et al.，2015）。首先，与20位高新技术企业高管进行深入访谈，就高新技术产品迭代开发相关活动展开深入讨论。进行访谈的20位高管均来自中国高新技术企业，主要负责企业的研发运营等工作，对企业新产品开发过程非常熟悉。研究分别就原型设计、迭代过程和企业内部主导逻辑进行有针对性的探讨。结合现有迭代创新、组织学习和主导逻辑相关研究初步建立了新变量的测量题项。在完成测量题项的初稿后，再次与这20位高管就问卷题项的内容和结构展开进一步的探讨。根据收集到的反馈意见，重新修订了变量的测量题项。随后，邀请60位高新技术企业高管参与问卷预调研。60位高新技术企业高管均为研发工作的直接负责人或企业战略层管理者。60位高管首先完成了调研问卷的全部内容，随后邀请其就问卷题项的完整程度、语言表述清晰度、可理解性及是否存在歧义和问卷结构特征等展开讨论。基于回收到的60份问卷，就新变量测量量表的信度和效度进行初步检测。结合预调研结果及调研过程中所收集到的信息进一步修订问卷题项，优化问卷结构，消除语句的歧义，完善问卷的测量题项和内容。最终经过调研组的多次讨论就变量测量题项达成了一致意见，形成了最终的调研问卷。

本书对新变量测量量表的信度和效度指标进行了检测。通过计算各个变量测量量表的克朗巴哈系数（Cronbach's Alpha）检验题项的信度（Cronbach，1951；Nunnally，1978；Segars，1997；Hair et al.，2010），结果显示归核原型策略（Alpha = 0.858）、全面原型策略（Alpha =

0.871)、主导逻辑冲突（Alpha=0.910）的克朗巴哈系数值全部远远高于衡量标准 0.70，表明测量量表具有较高的信度。通过因子载荷值检验题项的收敛效度，结果显示归核原型策略（loading=0.745）、全面原型策略（loading=0.772）、主导逻辑冲突（loading=0.785）测量题项中最小的因子载荷均高于 0.7，表明测量量表具有较高的收敛效度。

4.1.2 样本选择与数据收集

由于本书关注的是迭代创新作用机制，高新技术企业是理想的研究对象。首先，目前应用迭代创新策略的大多是高新技术企业。非高新技术产品开发往往采用以计划为基础的瀑布流式创新策略，按照需求、规划、开发、测试、修正的流程进行新产品开发工作，具有较为明确的市场定位、成熟的技术实现路径，通过详细的规划优化开发流程，降低开发成本。瀑布流式创新策略能够较好地降低非高新技术产品开发过程的成本，被众多非高新技术企业所采用。高新技术产品开发的典型特征就是市场、技术和管理的高不确定性。由于较高的复杂性和不确定性，企业难以进行有效的规划。迭代创新能够有效地降低试错成本，逐渐降低市场和技术信息的不对称程度。迭代创新是高新技术企业用以应对不确定性和复杂性的有效开发方式。其次，原型开发在高新技术产品开发和非高新技术产品开发过程中的作用具有较大区别。对于高新技术产品的迭代开发，原型开发迭代贯穿新产品开发过程所有阶段。而对于非高新技术产品开发，原型往往出现在产品开发的后期测试阶段。原型策略下高新技术产品开发是探索性的过程，直接影响产品的定位、概念和产品设计，是新产品开发的核心策略。而对于非高新技术产品开发，原型发挥验证性的作用，对新产品定位和概念的设计并不能产生直接影响。本书旨在分析原型策略对新产品开发绩效的作用机制，选择高新技术企业作为研究对象更合适。

本书研究以高新技术园区作为联系企业的主要窗口。为了避免地区差异带来的影响，选择北京、沈阳、扬州、苏州、无锡、绍兴、济南、济宁、青岛、深圳、柳州、郑州、洛阳、安阳、西安、宝鸡等地区作为调研区域，覆盖中国主要经济圈和众多工业城市。为了确保数据质量，采用面对面调研的方式，通过到企业与高管见面进行实地调研的方式收集问卷数据。这种方式能够确保是高管而不是其他人填写问卷，更重要的是，能够通过实地调研观察高管填写问卷的状态，剔除不认真填写的问卷。由于中国企业管理者联系方式无法通过公开渠道获取，许多研究通过政府部门获取企业信息列表进行联系（Walker et al., 2014；Li et al., 2010）。政府设置高新区管委会对地方高新技术企业进行统一管理。调研组从高新区管委会获取了企业名单并随机挑选了500家高新技术企业，获取其管理人员联系方式。为获得高新区管委会的支持，调研组提出研究结束后会为高新区管委会提供所属高新技术企业发展状况的调研报告并给出建议。

调研组招募了具有调研经验并以创新管理为研究方向的博士生。在正式开始调研前，调研组集中对博士生进行了培训。培训内容包括调研的目的、问卷的结构、问卷所有变量及题项的具体意义和沟通方式方法。经过培训博士生才能够正式参与调研。每家企业分派两名博士生前往企业进行实地面对面的调研。博士生先按照高新区管委会提供的联系方式与企业管理者进行电话沟通。博士生在电话沟通中说明调研目的、对企业的调研要求并提出共享调研报告以激励企业参与。随后，博士生按照电话约定的时间到企业进行调研。

两名博士生首先向管理者介绍调研目的和要求，并声明调研信息仅用于学术研究，对问卷具体信息绝对保密。对仍然存在疑虑的企业，调研组与其签订保密协议。每家企业提前安排两位中层及以上对研发管理活动熟悉的管理者参与调研，由两位管理者分别独立完成A卷与B卷的填写。在预调研过程中，最快完成问卷全部内容的管理者共花费了20分钟。因此，在正式调研过程中回答时间低于20分钟的问卷直接视为废卷。管理者完成问卷填写后,博士生当场对问卷完成的情况进行检查。检查结束后对填写问卷的管理者就问卷内容进行访谈并记录核对。尽管这种面对面调研的方式时间和经济成本较高,但对企业的实地探访及与管理者的当面沟通能够最大限度地保证问卷确实由熟悉企业研发流程的管理人员完成,同样能够确认填写者认真完成了问卷的全部内容(Li et al.,2008;Sheng et al.,2011)。

4.2 样本特征

调研从 2018 年 7 月 20 日正式开始,于 2018 年 12 月 24 日正式结束。在获取联系方式的 500 家企业中,74 家企业由于时间安排和相关人员出差等原因拒绝参与调研;127 家企业由于内容未填写完全、填写时间少于 20 分钟、经营内容与调研内容不匹配或者并未采用原型策略进行新产品开发等原因被剔除。最终得到 299 家企业的调研数据,问卷回收率为 59.80%。

4.2.1 样本企业地理分布

Zhou 等(2014)提出中国不同区域之间发展并不均衡,在经济发展情况、市场化程度和政治环境等方面存在差异。为了降低区域差异给研究带来的影响,本书选取了北京、沈阳、苏州、扬州、无锡、绍兴、济宁、青岛、济南、柳州、深圳、西安、宝鸡、郑州、洛阳、安阳等地区进行调研。北京是京津冀经济圈的代表城市,沈阳属于东北经济带,青岛、济南、济宁是环渤海经济带的代表,苏州、扬州、无锡、绍兴是长三角地区的工业城市,柳州是广西工业的代表,深圳代表了珠三角地区的特征,郑州、洛阳、安阳是中部地区的代表,西安、宝鸡是西部地区的代表。接受调研的企业的地理分布如表 4-1 所示。

表 4-1 样本地理分布

单位：家，%

经济带	数量	占比	省份	数量	占比	城市	数量	占比
环渤海	82	27.4	北京	11	3.7	北京	11	3.7
			辽宁	10	3.3	沈阳	10	3.3
			山东	61	20.4	济南	11	3.7
						济宁	23	7.7
						青岛	27	9.0
长三角	52	17.4	浙江	11	3.7	绍兴	11	3.7
			江苏	41	13.7	苏州	20	6.7
						无锡	11	3.7
						扬州	10	3.3
珠三角	88	29.4	广东	45	15.1	深圳	45	15.1
广西工业			广西	43	14.4	柳州	43	14.4
中西部	77	25.8	河南	40	13.4	安阳	9	3.0
						洛阳	9	3.0
						郑州	22	7.4
			陕西	37	12.4	宝鸡	10	3.3
						西安	27	9.0

4.2.2 样本企业基本特征

表 4-2 统计了样本企业的年龄、所处行业周期、员工数、销售额、性质等基本特征。总体而言，样本覆盖了不同年龄、不同行业阶段、不同规模、不同所有制的企业。

表 4-2 样本企业基本信息

单位：家，%

特征	分类	数量	占比
企业年龄	1~10 年	112	37.5
	11~20 年	99	33.1
	21~30 年	44	14.7
	30 年以上	43	14.4
	缺失值	1	0.3

续表

特征	分类	数量	占比
所处行业周期	起步阶段	20	6.7
	成长阶段	159	53.2
	成熟阶段	109	36.5
	衰退阶段	7	2.3
	缺失值	4	1.3
员工数	1~20人	22	7.4
	21~100人	82	27.4
	101~300人	75	25.1
	301~1000人	62	20.7
	1000人以上	56	18.7
	缺失值	2	0.7
销售额	0~300万元	17	5.7
	300万~2000万元	53	17.7
	2000万~40000万元	138	46.2
	40000万元以上	88	29.4
	缺失值	3	1.0
企业性质	国有或国有控股	44	14.7
	民营企业	224	74.9
	中外合资	22	7.4
	外商独资	8	2.7
	缺失值	1	0.3

4.2.3 被调研管理者基本特征

调研对象均为企业中层及以上、对企业新产品开发过程熟悉的管理者。每家企业均有两位管理者参与完成问卷A和问卷B，共调研管理者598人。其中，55.8%为企业总经理或总监等高层管理者。受访管理者在所属企业工作年限平均为8.9年，在行业平均工作12.7年。受访者基本特征显示，受访者对于企业战略与研发管理较为熟悉，符合调研对象的要求。受访管理者的基本特征如表4-3所示。

表4-3 受访管理者基本特征

单位：人，%

特征	分类	数量	占比
职位	董事长或总经理	75	12.5
	副总	122	20.4
	总工或总监	137	22.9
	中层管理者	260	43.5
	缺失值	4	0.7
年龄	21~30岁	52	8.7
	31~40岁	303	50.7
	41~50岁	187	31.3
	51~60岁	44	7.4
	60岁以上	10	1.7
	缺失值	2	0.3
学历	大专及以下	91	15.2
	本科	334	55.9
	硕士研究生	144	24.1
	博士研究生	25	4.1
	缺失值	4	0.7

4.2.4 样本可靠性检验

本书通过t检验对299家回收问卷企业和201家未回收问卷企业的销售额、规模和年龄进行对比。检验结果显示，未回收问卷企业与回收问卷企业在销售额、规模和年龄等方面不存在显著差异。因此，本书未回收偏差不显著。

本书利用曼-惠特尼秩和检验（Mann-Whitney test）和两样本柯尔莫哥洛夫-斯米尔诺夫检验（Two-sample Kolmogorov-Smirnov test）对问卷A和问卷B答卷人差异性进行检验。曼-惠特尼秩和检验结果显示 $z = -1.437$，Asymp. Sig. $= 0.151$；两样本柯尔莫哥洛夫-斯米尔诺夫检验结果显示 $z = 0.451$，Asymp. Sig. $= 0.987$。检验结果均不显著，说明问卷A与问卷B在分布上并不存在显著差异。

4.3 变量测量

变量的测量题项是结合以往文献及深入访谈信息综合设计而成。问卷要求被调研者对每个题项结合本公司现实情况在李克特量表上进行评估。每个题项均设置 1-很不符合，2-不太符合，3-中等，4-很符合，5-非常符合。受访者根据主观感知进行打分。对每个变量用所有本变量所属题项的平均值测量。

所有变量均采用反应性测量模型。反应性测量模型是指利用可观测指标测量潜在不可观测的构念的模型（Edwards，2001），如图 4-1 所示。ξ 代表被测量的潜变量；x_1、x_2 和 x_3 代表测量题项；λ_1、λ_2 和 λ_3 代表潜变量变化一个单位测量变量的变化幅度；δ_1、δ_2、δ_3 是测量题项的误差（Long，1983）。反应性测量模型需要进行信度与效度检验（Fornell and Larcker，1981）。

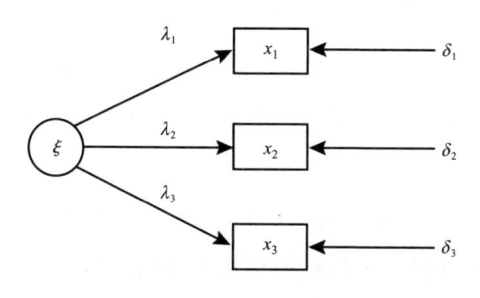

图 4-1 反应性测量模型

1. 归核原型策略与全面原型策略

原型策略指企业在不确定性较高的新产品开发项目中利用已有知识和资源建立产品原型的策略。现有研究尚未对原型策略进行有效分类。结合 Ries（2011）提出的最小化可行产品概念及与多个企业管理者的深度访谈，本书界定了归核原型策略和全面原型策略，并分别设计了 5 个测量题项。归核原型策略指企业在研发过程中的原型设计只设计核心功能，原型功能相对单一，只包含最为核心的、顾客最看重的功能或企业最能实现的功能，以降低顾客初次接触的使用成本和复杂程度为目标。全面原型策略指创新过程中，设计出的原型以最大限度地满足多个细分市场顾客的需求为目标，建立一个尽可能完善的功能组合。这种策略要求在设计时考虑到顾客使用过程中可能出现的各种情况，以确保原型具备全面的功能。

2. 主导逻辑冲突

根据 Prahalad 和 Bettis（1986）对主导逻辑的定义重新界定了主导逻辑冲突。在多变复杂的环境下，企业内部对环境和发展方式经常产生不同的理解，从而导致企业内部出现主导逻辑冲突。结合文献及访谈所获取的信息，本书为主导逻辑冲突设计了 5 个测量题项。根据对管理者的访谈收集到的典型事件，主要测量了企业内部在经营理念、战略路线、核心运营逻辑、竞争逻辑及未来发展方向 5 个方面的一致程度。

3. 顾客共创

结合 Von Hippel（2001）的研究及访谈信息，设计了 5 个测量题项测量顾客共创。量表从企业在产品开发过程中与顾客沟通的深度、是否让顾客参与开发过程、是否在产品开发早期与顾客形成合作协议等维度进行测量。

4. 需求异质性

需求异质性的 4 个测量题项的设计参考了 Jaworski 和 Kohli（1993）的量表。需求异质性描述了目标市场对产品的价格、性能及配套服务的需求的差异程度。

5. 新产品开发绩效

新产品开发速度、新产品开发质量和新产品开发成本的测量均参考 Zhang 和 Li（2010）的研究，分别包含 4 个测量题项。由于不同行业的新产品开发绩效存在较大的区别，调研组要求调研对象以主要竞争对手为参考标准对题项进行主观判断，以消除行业差异所带来的测量误差。新产品开发速度的 4 个测量题项针对企业新产品开发过程中的研发速度、上市速度、市场推广速度及进度完成情况进行了全面的描述测量。新产品开发质量测量题项针对产品完成度、顾客评价、产品性能和质量进行评价。新产品开发成本测量题项对企业开发成本与预算及其与竞争对手的对比情况进行评价。

6. 控制变量

本书选取了企业年龄、企业规模、行业、研发与生产的地理距离、竞争强度、价值创新、行业合法性和管理创新作为控制变量。企业年龄利用企业从建立至2018年所经历的年数的自然对数进行测量。企业规模则利用企业人数的自然对数表示。行业则采用6个虚拟变量进行测量（0＝不属于此行业，1＝属于此行业）。

研发与生产的地理距离、竞争强度、行业合法性及管理创新均对新产品开发过程的效率产生影响（Hamel，2006；Bitektine，2011；Zhou，2006；Zott and Amit，2008），价值创新直接决定了顾客参与创新过程的意愿（简兆权等，2016）。研发与生产的地理距离利用虚拟变量"公司的研发与生产机构是否在同一城市"测量。竞争强度参考Jaworski和Kohli（1993）的测量题项——"市场中经常发生价格战"进行测量。价值创新参考Zott和Amit（2008）对价值创新的定义——"发现了顾客新的价值维度或卖点"进行测量。行业合法性参考Suchman（1995）对行业合法性的定义及访谈内容设计了包含5个题项的测量量表。管理创新的测量结合Birkinshaw等（2008）的研究及访谈内容设计了包含3个题项的测量量表。

4.4 统计分析基本方法

4.4.1 测量模型

本书通过SPSS 22进行回归分析，验证所提出的假设；利用LISREL 8.8进行探索性因子分析和验证性因子分析，验证测量模型的可靠性。对测量模型可靠性的评价主要从信度和效度两个维度进行。信度检验着重说明了测量指标之间的一致性，效度检验则对测量指标与被测量变量之间的相关程度进行检验。信度检验的是同一构念的多个题项之间的一致性和稳定性，目前用来检验信度的指标主要是克朗巴哈系数。效度是指测量题项对所测构念的代表程度，分为收敛效度和区别效度。收敛效度是指同一构念测量题项之间的相关性；区别效度是指不同构念之间测量题项的区别程度。收敛效度可以通过探索性因子分析中题项的因子载荷进行测量；区别效度往往通过变量之间的相关系数与 AVE 开方值的比较进行测量。对测量的信度和效度进行分析，能够确定构念测量的可靠性。

4.4.2 回归模型

本书采用最小二乘法对所提假设进行分析验证。最小二乘法是回归分析中较为常用的回归方法。最小二乘法以最小化样本值与估计值差值平方即离差平方和为目标建立拟合方程，估计回归系数。回归方程的拟合程度通过 R^2 值和 F 值进行检验。R^2 值说明了回归方程对因变量变化值的解释程度。F 值的显著程度可用于判断回归方程的拟合程度，F 值的显著程度越高则方程的拟合程度越好。

采用分步回归的方式逐个验证所提假设。分步回归方式指按照顺序逐步将控制变量、前因变量放入回归方程，提升回归方程的拟合程度。通过回归系数的正负和显著程度判断假设是否得到支持。本书的前因变量为归核原型策略和全面原型策略，中介变量为主导逻辑冲突和顾客共创，调节变量是需求异质性，结果变量则是新产品开发速度、新产品开发成本绩效和新产品开发质量。直接效应通过用前因变量对结果变量进行回归，观察回归系数的正负和显著程度进行判断。调节效应分析则首先利用去中心化的前因变量与调节变量计算交乘项，然后将交乘项放入回归方程，根据交乘项的回归系数正负和显著程度判断调节效应是否得到支持。为降低交乘项潜在的多重共线性影响，进行交乘之前对前因变量和调节变量均进行去中心化处理。

第 5 章
高新技术制造企业原型设计策略实证研究结果

本章对模型进行实证检验和回归分析。首先，通过描述性统计分析计算所有变量的均值与标准差，描述变量的总体特征。其次，检验变量测量的信度和效度。再次，检验共同方法偏差的影响。最后，通过多元回归分析对假设进行检验。

5.1 描述性统计分析

表5-1总结了所有控制变量、因变量（归核原型策略和全面原型策略）、中介变量（主导逻辑冲突和顾客共创）、调节变量（需求异质性）和结果变量（新产品开发速度、新产品开发成本绩效和新产品开发质量）的均值和方差。

表5-1所示，样本企业的新产品开发速度较快，新产品开发质量的均值高于新产品开发成本绩效，说明样本企业的新产品开发关注速度和质量而成本控制能力较弱，试错成本较高。顾客共创比主导逻辑冲突的均值更高，但是主导逻辑的标准差更大，这说明样本企业在主导逻辑冲突方面波动较大。从原型策略来看，归核原型策略和全面原型策略的均值差异较小，样本企业总体上在采用两种策略方面没有明显的倾向性。

表 5-1 变量描述性统计与相关系数

变量	均值	标准差	1	2	3	4	5	6	7	8	9	10	11
1	3.497	0.677	**0.812**	0.364***	0.668***	0.426***	-0.248***	0.079	0.164**	0.196***	-0.031	0.134*	0.015
2	3.053	0.624	0.373***	**0.729**	0.258***	0.243***	-0.144*	0.125*	0.118*	-0.009	-0.058	0.007	0.038
3	3.924	0.561	0.673***	0.268***	**0.838**	0.427***	-0.254***	0.110*	0.183**	0.196***	0.006	0.061	-0.009
4	3.720	0.705	0.434***	0.254***	0.435***	**0.691**	-0.072	0.266***	0.290***	0.201***	-0.145*	-0.065	-0.045
5	2.196	0.751	-0.231***	-0.128*	-0.236***	-0.057	**0.824**	-0.104*	0.063	-0.066	-0.125*	-0.108*	-0.050
6	2.501	0.763	0.092	0.137*	0.122*	0.276***	-0.089+	**0.741**	-0.091	-0.005	-0.084	-0.093	-0.048
7	2.669	0.728	0.176**	0.13*	0.194***	0.300***	0.076	-0.076+	**0.759**	-0.009	-0.025	-0.005	0.104+
8	3.569	0.720	0.207***	0.005	0.207***	0.212***	-0.051	0.009	0.005	**0.719**	-0.019	-0.078	-0.100+
9	2.599	0.790	-0.017	-0.043	0.020	-0.129+	-0.109*	-0.069	-0.011	-0.005	—	0.618***	-0.040
10	5.497	1.824	0.146*	0.021	0.074	-0.050	-0.092	-0.078	0.009	-0.063	0.623***	—	-0.078
11	0.040	0.197	0.029	0.051	0.005	-0.030	-0.035	-0.033	0.117*	-0.085	-0.025	-0.063	—
12	0.211	0.408	0.027	-0.072	-0.067	-0.006	0.001	-0.118*	0.009	0.050	-0.075	0.032	-0.106+
13	0.114	0.318	-0.055	0.054	0.002	0.005	0.083	-0.026	0.017	0.051	0.020	0.039	-0.073
14	0.114	0.318	0.121+	0.101+	0.058	0.101*	-0.094	-0.074	0.144*	0.009	0.179***	0.202***	-0.073
15	0.033	0.180	0.025	0.085	0.013	0.037	0.031	0.136*	0.013	-0.024	-0.076	-0.085	-0.038
16	0.181	0.385	-0.112*	-0.059	-0.006	-0.119*	0.084	-0.013	-0.117*	-0.115*	-0.027	-0.047	-0.096+
17	1.148	0.356	-0.033	-0.105+	-0.096+	-0.076	0.099+	-0.042	-0.16**	0.077	-0.114*	-0.073	-0.037
18	3.644	1.149	-0.084	0.032	0.058	0.029	0.099+	-0.064	0.030	-0.028	0.238***	0.228***	0.064
19	3.331	0.890	0.367***	0.249***	0.355***	0.455***	0.026	0.241***	0.234***	0.255***	-0.015	-0.035	0.037
20	3.801	0.736	0.357***	0.213***	0.449***	0.210***	-0.189***	0.125*	0.001	0.081	0.071	0.147**	0.065
21	3.686	0.824	0.389***	0.188***	0.344***	0.157**	-0.223***	-0.013	0.026	0.150**	-0.014	0.080	0.064
22	2.349	0.642	-0.111+	-0.056	0.033	-0.022	-0.023	0.044	0.045	-0.066	0.522***	0.437***	-0.005
23	2.280	1.172	0.075	0.141*	0.160**	0.078	-0.043	0.078	0.103+	0.014	0.097**	0.117**	-0.020

146

第5章 高新技术制造企业原型设计策略实证研究结果

续表

变量	均值	标准差	12	13	14	15	16	17	18	19	20	21	22
1	3.497	0.677	0.013	−0.070	0.109$^+$	0.011	−0.128*	−0.048	−0.099$^+$	0.358***	0.348***	0.380***	0.062
2	3.053	0.624	−0.087	0.041	0.088	0.072	−0.074	−0.121*	0.018	0.238***	0.202***	0.176**	0.129*
3	3.924	0.561	−0.082	−0.012	0.045	−0.001	−0.020	0.045	−0.112*	0.346***	0.441***	0.335***	0.148*
4	3.720	0.705	−0.020	−0.009	0.088	0.023	−0.135*	−0.091	0.015	0.447***	0.199***	0.145*	0.064
5	2.196	0.751	−0.013	0.070	−0.110$^+$	0.017	0.071	0.086	0.086	0.012	−0.206***	−0.24***	−0.057
6	2.501	0.763	−0.134*	−0.041	−0.089	0.124*	−0.027	−0.057	−0.079	0.230***	0.113$^+$	−0.027	0.030
7	2.669	0.728	−0.005	0.003	0.132*	−0.001	−0.133**	−0.176**	0.016	0.223***	−0.013	0.012	0.091
8	3.569	0.720	0.037	0.048	−0.005	−0.039	−0.131*	0.064	−0.043	0.244***	0.068	0.138$^+$	0.000
9	2.599	0.790	−0.090	0.006	0.167**	−0.091	−0.042	−0.130*	0.227***	−0.029	0.058	−0.028	0.084
10	5.497	1.824	0.018	0.025	0.191***	−0.100$^+$	−0.062	−0.088	0.217***	−0.050	0.135*	0.067	0.104$^+$
11	0.040	0.197	−0.122*	−0.088	−0.088	−0.053	−0.112*	−0.052	0.051	0.023	0.052	0.051	−0.034
12	0.211	0.408	—	−0.202***	−0.202***	−0.112*	−0.261***	0.266***	−0.018	−0.031	−0.087	0.038	0.035
13	0.114	0.318	−0.185**	—	−0.144*	−0.082	−0.185**	−0.076	0.080	−0.016	−0.087	−0.087	−0.014
14	0.114	0.318	−0.185**	−0.128*	—	−0.082	−0.185**	−0.136*	0.059	−0.053	−0.023	−0.045	−0.017
15	0.033	0.180	−0.096$^+$	−0.067	−0.067	—	−0.102$^+$	−0.040	−0.071	0.090	0.011	−0.064	−0.003
16	0.181	0.385	−0.243***	−0.168**	−0.168**	−0.087	—	−0.089	−0.028	−0.096$^+$	0.053	−0.035	−0.017
17	1.148	0.356	0.276***	−0.061	−0.120*	−0.025	−0.074	—	0.024	−0.009	0.058	−0.027	0.053
18	3.644	1.149	−0.004	0.093	0.072	−0.056	−0.014	0.038	—	−0.074	−0.024	−0.047	0.106$^+$
19	3.331	0.890	−0.017	−0.002	−0.038	0.103$^+$	−0.081	0.005	−0.059	—	0.220***	0.149**	0.156**
20	3.801	0.736	−0.072	−0.072	−0.009	0.025	0.066	0.071	−0.010	0.231***	—	0.291***	0.218***
21	3.686	0.824	0.051	−0.072	−0.030	−0.049	−0.021	−0.013	−0.032	0.161**	0.301***	—	0.148*

续表

变量	均值	标准差	12	13	14	15	16	17	18	19	20	21	22
22	2.349	0.642	-0.047	0.031	0.184***	-0.073	-0.066	-0.063	0.266***	-0.067	0.092	-0.064	—
23	2.280	1.172	0.048	0.000	-0.003	0.011	-0.003	0.067	0.119*	0.168**	0.229***	0.160**	0.017

注：1表示新产品开发速度，2表示新产品开发质量，3表示新产品开发成本绩效，4表示顾客共创，5表示归核原型策略，6表示主导逻辑冲突，7表示全面原型策略，8表示需求异质性，9表示企业年龄，10表示企业规模，11表示仪器仪表制造业，12表示计算机、通信和其他电子设备制造业，13表示电气机械和器材制造业，14表示汽车制造业，15表示化工医药，16表示研发与生产的地理距离，17表示金属制品，18表示竞争强度，19表示价值创新，20表示行业合法性，21表示管理创新，22表示战略周期，23表示BOP导向；表中加粗字体为各个变量的AVE开方值；虚线区域为核心变量原始的相关系数三角，实线区域为经过标记变量调整后相关系数三角；+表示p<0.1，*表示p<0.05，**表示p<0.01，***表示p<0.001。

本书进一步分析了变量之间的相关关系。表 5-1 展示了所有变量之间的 Pearson 相关系数，数据显示，所有变量之间的相关系数均低于吴明隆（2000）所提出的 0.7 的临界值，说明研究的多重共线性风险较小。核心变量之间大多具有显著的相关关系。从结果来看，归核原型策略和全面原型策略对新产品开发成本绩效、新产品开发质量和新产品开发速度有不同的影响。顾客共创能够显著提高新产品开发质量、新产品开发成本绩效和新产品开发速度，而主导逻辑冲突显著降低新产品开发成本绩效、新产品开发速度和新产品开发质量。相关性分析结果为本书研究框架提供了初步的证据。

5.2 信度、效度检验

首先，对所有题项进行探索性因子分析（Exploratory Factor Analysis, EFA）。利用主成分分析法提取了归核原型策略、全面原型策略、需求异质性、顾客共创、主导逻辑冲突、新产品开发速度、新产品开发质量、新产品开发成本绩效、行业合法性和管理创新 10 个主成分。分析结果显示，因子载荷不存在交叉载荷的现象（见表 5-2）。

表 5-2 测量题项及信度

变量	题项	载荷	信度
归核原型策略	在过去的 3 年中		
	1）原型/样品只设计最核心的功能	0.745	
	2）原型/样品只设计顾客最喜欢的功能	0.800	Alpha = 0.858
	3）原型/样品只设计最能实现的功能	0.849	
	4）原型/样品设计尽可能少的功能以降低使用复杂度	0.816	
	5）原型/样品设计尽可能少的功能以降低使用成本	0.788	
全面原型策略	在过去的 3 年中		
	1）原型/样品开始就设计好所有的功能	0.772	
	2）原型/样品设计尽可能覆盖顾客需要的各个功能	0.813	
	3）原型/样品设计能适用多个市场的功能组合	0.819	Alpha = 0.871
	4）强调原型/样品的功能越全越好	0.839	
	5）强调原型/样品设计要考虑到所有情况	0.823	

续表

变量	题项	载荷	信度
需求异质性	在过去的3年中		Alpha = 0.808
	1）不同顾客对产品价格的要求差异很大	0.743	
	2）不同顾客对产品性能的需求差异很大	0.827	
	3）不同顾客需要的产品种类差异很大	0.812	
	4）不同顾客需要的配套服务差异很大	0.804	
顾客共创	在过去的3年中		Alpha = 0.816
	1）公司经常对客户进行深入访谈和拜访	0.688	
	2）公司经常与领先客户探讨如何解决他们的问题	0.730	
	3）公司尽可能早地让顾客、供应商参与开发过程	0.811	
	4）公司尽可能早地与顾客、供应商达成合作协议	0.810	
	5）公司全程与领先用户合作，共同开发产品	0.753	
主导逻辑冲突	在过去的3年中		Alpha = 0.910
	1）公司主要的经营理念在很多地方相互冲突	0.785	
	2）公司战略路线存在很多冲突	0.902	
	3）公司很多运营逻辑并不一致	0.911	
	4）公司缺乏一致的竞争逻辑	0.895	
	5）公司内部对未来发展方向有不同看法	0.798	
新产品开发速度	过去3年公司在新产品开发方面		Alpha = 0.880
	1）新产品的研发速度很快	0.866	
	2）新产品的上市速度很快	0.914	
	3）新产品的市场推广速度很快	0.843	
	4）新产品开发总能按进度完成	0.809	
新产品开发质量	过去3年公司在新产品开发方面		Alpha = 0.901
	1）新产品质量完全达到设定的目标	0.854	
	2）新产品性能得到顾客的好评	0.895	
	3）新产品性能比较优越	0.881	
	4）新产品有较好的质量优势	0.887	
新产品开发成本绩效	过去3年公司在新产品开发方面		Alpha = 0.818
	1）新产品开发成本很低	0.802	
	2）新产品开发成本比预算少	0.777	
	3）新产品成本比竞争对手低	0.859	
	4）新产品有较好的低成本优势	0.784	
行业合法性	在过去的3年中		Alpha = 0.877
	1）我们公司获得了同行的广泛认可	0.840	
	2）我们公司得到了同行的高度评价	0.871	
	3）同行经常来我们公司参观学习	0.707	
	4）同行经常把我们当作标杆和样板	0.836	
	5）我们经常得到同行的高度赞赏	0.896	

续表

变量	题项	载荷	信度
管理创新	在过去的3年中 1）公司努力引进全新的管理方法 2）公司推行了新的薪酬激励方法 3）公司采用了新的绩效评价方法	0.777 0.933 0.942	Alpha = 0.860

其次，进一步进行验证性因子分析（Confirmatory Factor Analyses，CFA）。分析发现，理论模型与数据之间具有较高的拟合度。基本模型中，卡方拟合指数（χ^2/df）为2.26，比较拟合指数（Comparative Fit Index，CFI）为0.94，增值拟合指数（Incremental Fit Index，IFI）为0.94。对比基本模型和其他低因子数模型拟合程度，发现基本模型的拟合程度均显著高于其他低因子数模型（见表5-3），进一步验证了理论模型为最优拟合模型。

表5-3 验证性因子分析结果

模型	χ^2	df	$\dfrac{\chi^2}{df}$	IFI	CFI	NNFI	PGFI	PNFI
基本模型	1278.21	566	2.26	0.94	0.94	0.93	0.69	0.80
七因子模型	2361.73	573	4.12	0.84	0.84	0.83	0.60	0.73
六因子模型	1938.34	579	3.35	0.88	0.88	0.87	0.64	0.77
五因子模型	3306.55	584	5.66	0.76	0.76	0.74	0.54	0.67
四因子模型	4626.13	588	7.87	0.65	0.64	0.62	0.47	0.57
三因子模型	5302.15	591	8.97	0.59	0.59	0.56	0.45	0.52
二因子模型	5517.60	593	9.30	0.57	0.57	0.54	0.44	0.51
单因子模型	5860.67	594	9.87	0.54	0.54	0.51	0.43	0.48

注：样本数为299；基本模型包括归核原型策略、全面原型策略、需求异质性、顾客共创、主导逻辑冲突、新产品开发速度、新产品开发成本绩效、新产品开发质量；七因子模型在基本模型的基础上将归核原型策略和全面原型策略合为一个因子；六因子模型在基本模型的基础上将新产品开发速度、新产品开发成本绩效和新产品开发质量合为一个因子；五因子模型在基本模型的基础上将归核原型策略、全面原型策略、需求异质性和顾客共创合为一个因子；四因子模型在五因子模型的基础上将主导逻辑冲突合并；三因子模型在四因子模型基础上将新产品开发速度合并；二因子模型在三因子模型基础上将新产品开发质量合并；单因子模型将八个变量合并为一个。

对于测量的组合信度（Composite Reliability），本书采用克朗巴哈系数进行测量。8个核心变量中最小的克朗巴哈系数为0.808（需求异质性），远远高于信度衡量标准0.70（Cronbach，1951）。对于测量的效度，本书利用收敛效度（Convergent Validity）和区别效度（Discriminant Validity）进行检验。所有题项中最小的因子载荷为0.688，因此，所有测量题项均具有较好的收敛效度。本书依据Voorhees等（2016）推荐的方法对区别效度进行检验。通过对比平均方差提取值（Average Variance Extracted，AVE）与变量之间相关系数验证变量之间的区别效度。如表5-1所示，各个变量AVE的开方值均显著高于该变量与其余变量之间的相关系数值，说明测量题项具有较好的区别效度（Henseler et al.，2015）。

5.3 共同方法偏差

利用问卷数据进行实证研究必须考虑共同方法偏差（Common Method Bias）对逻辑验证的影响。Podsakoff等（2003）提出了基于流程的控制方法和数学检验方法。本书综合以上两种方法对潜在的共同方法偏差进行控制和检验。大量研究提出共同方法偏差主要源于单一来源的截面式数据获取方式（Brannick et al.，2010；Chang et al.，2010；Lindell and Whitney，2001）。Podsakoff等（2003）提出从多渠道获取数据能够杜绝填写人主观意识所带来的共同方法偏差。变量分布于问卷A与问卷B，分别由同一家企业的两位中层及以上对研发管理熟悉的管理者独立完成问卷填写。一位管理者填写关于归核原型策略、全面原型策略、顾客共创及需求异质性的相关测量题项。另一位管理者则完成主导逻辑冲突、新产品开发速度、新产品开发质量、新产品开发成本绩效的相关题项。将前因变量与结果变量分离进行数据收集能够最大限度地避免共同方法偏差。此外，研究在问卷设计时同样考虑了系统性降低共同方法偏差的问题。Schwarz等（2017）

提出问卷题项的语言表述的清晰明确程度会直接影响共同方法偏差。本书在题项设计过程中最大限度地避免共同方法偏差的出现。首先，经过与20位高层管理者的深入访谈并结合文献设计了符合中国实际的测量题项。其次，正式调研前对60位管理者进行了预调研，确保题项语言清晰，最大限度地降低共同方法偏差。

本书基于Podsakoff等（2003）提出的标记变量法（Marker Variable Method）对共同方法偏差进行了检验。首先，标记变量要与核心变量中的至少1个变量不相关。本书选取了金字塔底层战略（Bottom of the Pyramid, BOP）作为标记变量。借鉴了Prahalad和Bettis（1986）的研究并结合访谈内容针对BOP战略设计了4个题项进行测量，克朗巴哈系数为0.980。利用标记变量与核心变量之间的最小正相关系数对核心变量之间的相关系数进行调整。如表5-1所示，虚线区域为核心变量原始的相关系数三角，实线区域为经过标记变量调整后的相关系数三角。结果显示，经过标记变量调整后核心变量之间相关系数的显著性未发生显著变化。因此，标记变量法的检验显示，共同方法偏差不会给研究结果带来严重影响。

5.4 回归分析结果

本书采用回归分析的方式对调节效应及中介效应进行检验（Baron and Kenny 1986）。为降低多重共线性，交乘项是由自变量与调节变量分别减去均值后相乘的结果（Aiken and West, 1991）。采用分步回归的方法逐步检验直接效应、调节效应及中介效应，回归结果如表5-4所示。

由于需求异质性对企业原型策略选择存在潜在影响，研究模型存在内生性的潜在误差。为矫正内生性对回归分析造成的误差，本书采用Hamilton和Nickerson（2003）提出的三阶段最小二乘法进行分析（Three-Stage Least

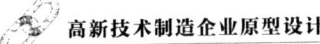

表 5-4 回归分析结果

变量	模型 1 新产品开发速度	模型 2 新产品开发成本绩效	模型 3 新产品开发质量	模型 4 顾客共创	模型 5 顾客共创	模型 6 主导逻辑冲突	模型 7 主导逻辑冲突	模型 8 顾客共创	模型 9 主导逻辑冲突	模型 10 新产品开发速度	模型 11 新产品开发成本绩效	模型 12 新产品开发质量
企业年龄	-0.089	-0.062	0.007	-0.188**	-0.173*	-0.121	-0.115	-0.176**	-0.116	-0.057	-0.054	0.034
企业规模	0.215***	0.009	0.015	-0.021	-0.029	-0.005	0.002	-0.025	-0.006	0.221***	0.009	0.021
仪器仪表制造业	0.004	0.028	-0.033	-0.055	-0.095+	-0.023	-0.025	-0.087+	-0.033	0.029	0.036	0.002
计算机、通信和其他电子设备制造业	0.010	0.038	-0.064	0.031	-0.017	-0.011	-0.002	0.019	-0.027	0.013	0.032	-0.053
电气机械和器材制造业	-0.013	0.096	0.046	0.014	-0.014	0.057	0.058	-0.001	0.049	-0.003	0.101	0.064
汽车制造	0.117*	0.143*	0.065	0.132*	0.084	-0.048	-0.054	0.105+	-0.069	0.095*	0.129**	0.050
金属制品	0.006	0.068	-0.004	-0.027	-0.019	0.036	0.028	-0.026	0.032	0.016	0.077	0.008
化工医药	-0.071	-0.013	0.027	-0.077	-0.086	0.101	0.117+	-0.050	0.084	-0.042	0.000	0.059
研发与生产的地理距离	-0.061	-0.071	0.087+	-0.118*	-0.084	0.107*	0.129*	-0.082+	0.133*	-0.036	-0.059	0.104*
竞争强度	-0.047	0.058	-0.100+	0.099+	0.093+	0.109+	0.105+	0.102+	0.106+	-0.060	0.059	-0.109*
价值创新	0.205***	0.178**	0.165**	0.356***	0.338***	0.135**	0.081	0.302***	0.097	0.144**	0.172**	0.122***
行业合法性	0.208***	0.171**	0.316***	0.107+	0.134**	-0.129*	-0.138*	0.126*	-0.134*	0.161**	0.147*	0.259***

154

续表

变量	模型 1 新产品开发速度	模型 2 新产品开发成本绩效	模型 3 新产品开发质量	模型 4 顾客共创	模型 5 顾客共创	模型 6 主导逻辑冲突	模型 7 主导逻辑冲突	模型 8 顾客共创	模型 9 主导逻辑冲突	模型 10 新产品开发速度	模型 11 新产品开发成本绩效	模型 12 新产品开发质量
管理创新	0.259***	0.117+	0.210***	0.052	0.037	-0.189**	-0.180**	0.051	-0.187**	0.229***	0.090	0.173***
需求异质性	0.091+	-0.074	0.095+	0.092+	0.091+	-0.042	-0.030	0.447**	-0.423*	0.060	-0.094	0.057
战略周期	-0.161**	-0.058	0.045	0.070	0.058	0.038	0.040	0.077	0.022	-0.172**	-0.063	0.037
归核原型策略	0.033	0.067	0.037	0.164**		-0.118*		0.188***	-0.096			
全面原型策略	0.092+	0.058	0.172***		0.205***		0.110+	0.214***	0.119+			
顾客共创										0.263***	0.119+	0.283***
主导逻辑冲突										-0.099*	-0.095	-0.133**
归核原型策略×需求异质性								0.088+	-0.002			
全面原型策略×需求异质性								-0.381*	0.405*			
F值	8.955***	2.968***	8.672***	7.586***	8.023***	2.656***	2.613***	8.299***	2.644***	11.171***	3.255***	10.740***
R^2	0.359	0.156	0.351	0.308	0.320	0.135	0.133	0.369	0.157	0.411	0.169	0.402
调整 R^2	0.319	0.104	0.311	0.267	0.280	0.084	0.082	0.324	0.098	0.374	0.117	0.364

注：+表示 $p<0.1$，*表示 $p<0.05$，**表示 $p<0.01$，***表示 $p<0.001$。

Squares Analysis）。第一步，利用需求异质性分别对归核原型策略和全面原型策略进行回归，得到需求异质性对归核原型策略的标准化回归系数为0.139，对全面原型策略的标准化回归系数为0.173。第二步，分别用回归系数与需求异质性进行交乘用以计算需求异质性对归核原型策略和全面原型策略的估计值。第三步，用归核原型策略与全面原型策略测量值减去以需求异质性进行回归所得到的估计值，得到归核原型策略与全面原型策略的残差值。利用归核原型策略与全面原型策略的残差值降低需求异质性对归核原型策略及全面原型策略的内生性所产生的误差。

5.4.1 对比假设回归结果

假设1认为归核原型策略与全面原型策略对新产品开发速度的影响存在差异。模型1回归结果显示，归核原型策略对新产品开发速度的回归系数不显著（$b=0.033$，$p>0.1$），全面原型策略对新产品开发速度的回归系数显著为正（$b=0.092$，$p<0.1$）。全面原型策略对新产品开发速度的提升作用显著强于归核原型策略对新产品开发速度的提升作用。假设1得到验证。假设2对比了归核原型策略与全面原型策略对新产品开发成本绩效的作用。模型2回归结果显示，归核原型策略对新产品开发成本绩效的回归系数不显著（$b=0.067$，$p>0.1$），全面原型策略对新产品开发成本绩效的回归系数不显著（$b=0.058$，$p>0.1$）。假设2没有得到数据支持。假设3对归核原型策略与全面原型策略对新产品开发质量的作用进行对比。模型3回归结果显示，归核原型策略对新产品开发质量的回归系数不显著（$b=0.037$，$p>0.1$），全面原型策略对新产品开发质量的回归系数显著为正（$b=0.172$，$p<0.001$）。全面原型策略对新产品开发质量的提升作用明显强于归核原型策略对新产品开发质量的提升作用。假设3得到数据支持。

5.4.2 主效应回归结果

假设4描述了归核原型策略对顾客共创的促进作用。模型4对假设

4进行了验证。模型4回归结果显示，归核原型策略残差值对顾客共创的回归系数显著为正（$b=0.164$，$p<0.01$）。假设4得到了数据支持。假设5描述了全面原型策略对顾客共创的促进作用。模型5回归结果显示，全面原型策略残差值对顾客共创的回归系数显著为正（$b=0.205$，$p<0.001$）。假设5得到数据支持。假设8涉及归核原型策略对主导逻辑冲突的作用机制。模型6回归结果显示，归核原型策略残差值对主导逻辑冲突的回归系数显著为负（$b=-0.118$；$p<0.5$）。假设8得到数据支持。假设9提出全面原型策略对主导逻辑冲突有促进作用。模型7回归结果显示，全面原型策略残差值对主导逻辑冲突的回归系数显著为正（$b=0.110$，$p<0.1$）。假设9得到数据支持。

假设12和假设15论证了顾客共创和主导逻辑冲突对新产品开发速度的作用。模型10回归结果显示，顾客共创对新产品开发速度的回归系数显著为正（$b=0.263$，$p<0.001$）；主导逻辑冲突对新产品开发速度的回归系数显著为负（$b=-0.099$，$p<0.5$）。假设12与假设15得到数据支持。假设13与假设16描述顾客共创和主导逻辑冲突对新产品开发成本绩效的作用。模型11回归结果显示，顾客共创显著促进新产品开发低成本的实现（$b=0.119$，$p<0.1$）；主导逻辑冲突对新产品开发成本绩效的回归系数不显著（$b=-0.095$，$p>0.1$）。假设13得到验证，假设16没有得到数据支持。假设14与假设17讨论了顾客共创和主导逻辑冲突对新产品开发质量的作用。模型12的回归结果显示，顾客共创对新产品开发质量的回归系数显著为正（$b=0.283$，$p<0.001$）；主导逻辑冲突对新产品开发质量的回归系数显著为负（$b=-0.133$，$p<0.01$）。假设14与假设17得到数据支持。

5.4.3 调节效应回归结果

本书采用Baron和Kenny（1986）提出的调节效应检验方法，将前因变量与调节变量减去均值后交乘。调节效应由交乘项的回归系数进行检验。假设6描述了需求异质性对归核原型策略与顾客共创之间关系的调节作用。模型8的回归结果显示，归核原型策略与需求异质性的交乘项对顾客共创的回归系数显著为正（$b=0.088$，$p<0.1$）。假设6得到数据支持。假设7提出需求异质性削弱了全面原型策略对顾客共创的促进作用。模型8中全面原型策略与需求异质性的交乘项对顾客共创的回归系数显著为负（$b=-0.381$，$p<0.05$）。假设7得到数据支持。假设10提出需求异质性削弱了归核原型策略对主导逻辑冲突的抑制作用。模型9中归核原型策略与需求异质性的交乘项对主导逻辑冲突的回归系数不显著（$b=-0.002$，$p>0.1$）。假设10没有得到数据支持。假设11提出需求异质性增强了全面原型策略对主导逻辑冲突的促进作用。模型9中全面原型策略与需求异质性的交乘项对主导逻辑冲突的回归系数显著为正（$b=0.405$，$p<0.05$）。假设11得到数据支持。

本书依据 Aiken 和 West（1991）的研究绘制了调节效应趋势图，进一步说明需求异质性的调节作用。如图5-1所示，当需求异质性由低变高时，顾客共创随着归核原型策略的提升增长变快，斜率增大。假设6进一步得到支持。进一步进行简单斜率检验以验证调节效应的显著性。当需求异质性较高时，归核原型策略对顾客共创的作用显著为正（简单斜率=0.247，$p<0.001$）；当需求异质性较低时，归核原型策略对顾客共创的作用不再显著（简单斜率=0.101，$p>0.1$）。简单斜率分析进一步验证了需求异质性对归核原型策略与顾客共创之间关系的调节作用（Hayes and Matthes，2009；Bauer and Curran，2005）。图5-2显示，需求异质性由低到高的转变使得顾客共创增长趋势变缓，斜率减小。支持了假设7需求异质性削弱了全面原型策略对顾客共创的促进作用。简单斜率分析结果显示：当需求异质性较高时，全面原型策略对顾客共创的促进作用不显著（简单斜率=0.104，$p>0.1$）；当需求异质性较低时，全面原型策略对顾客共创的促进作用显著为正（简单斜率=0.304，$p<0.001$）。简单斜率分析结果进一步显示，需求异质性削弱了全面原型策略对顾客共创的促进作用。

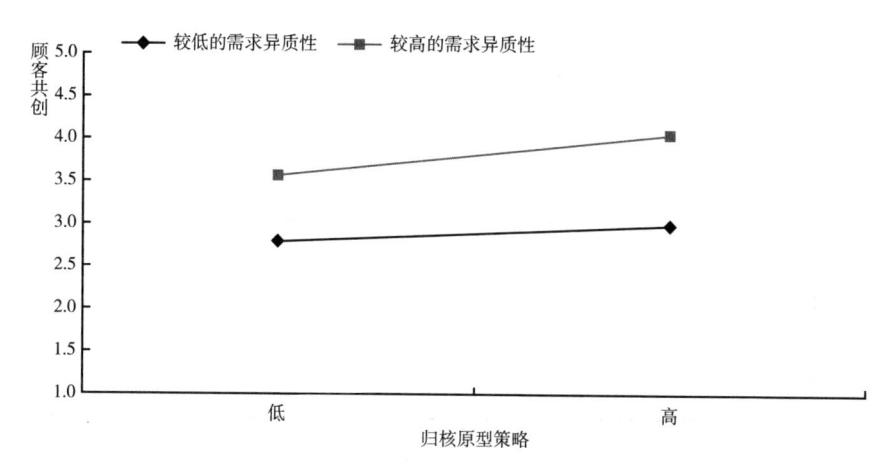

图 5-1　需求异质性对归核原型策略与顾客共创之间关系的调节作用

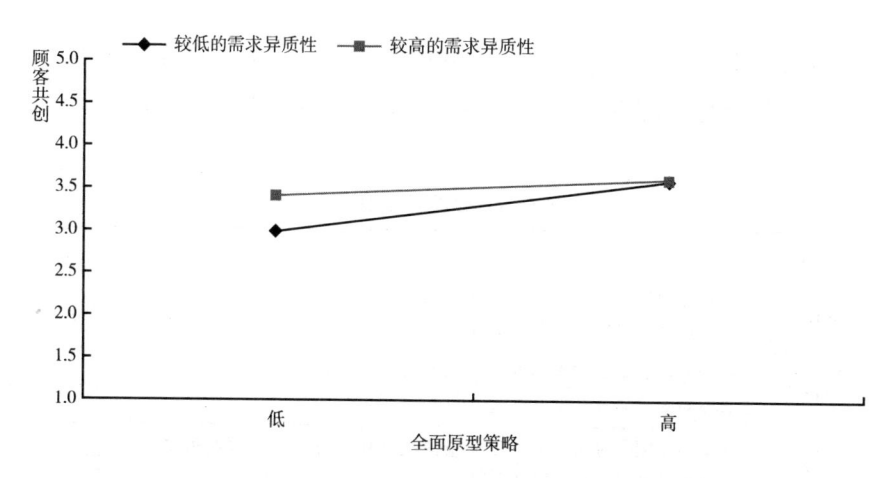

图 5-2　需求异质性对全面原型策略与顾客共创之间关系的调节作用

图 5-3 显示，需求异质性由低到高的转变使得主导逻辑冲突增长变快，斜率变大。假设 11 得到支持。当需求异质性较高时，全面原型策略对主导逻辑冲突有显著促进作用（简单斜率 = 0.238，$p<0.05$）；当需求异质性较低时，全面原型策略对主导逻辑冲突的作用并不显著（简单斜率 = 0.008，$p>0.1$）。

159

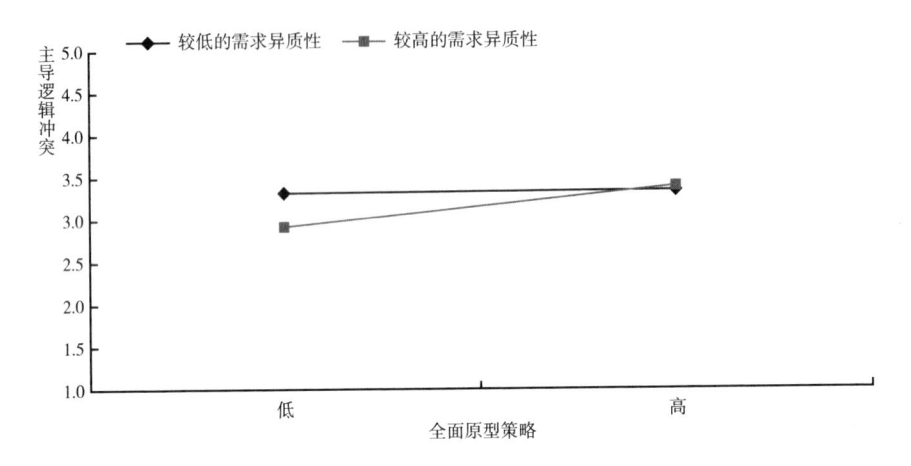

图 5-3　需求异质性对全面原型策略与主导逻辑冲突之间关系的调节作用

综上，本书共提出 17 条假设，其中 3 条假设并未得到数据支持，其余 14 条假设均得到数据支持。表 5-5 显示了各假设的验证情况。

表 5-5　假设验证情况

假设	假设内容	检验结果
假设 1	全面原型策略对新产品开发速度的提升作用强于归核原型策略对新产品开发速度的提升作用	支持
假设 2	全面原型策略对新产品开发成本绩效的提升作用强于归核原型策略对新产品开发成本绩效的提升作用	不支持
假设 3	全面原型策略对新产品开发质量的提升作用强于归核原型策略对新产品开发质量的提升作用	支持
假设 4	归核原型策略促进顾客共创	支持
假设 5	全面原型策略促进顾客共创	支持
假设 6	需求异质性加强了归核原型策略对顾客共创的促进作用	支持
假设 7	需求异质性削弱了全面原型策略对顾客共创的促进作用	支持
假设 8	归核原型策略抑制主导逻辑冲突	支持
假设 9	全面原型策略促进主导逻辑冲突	支持
假设 10	需求异质性削弱了归核原型策略对主导逻辑冲突的抑制作用	不支持
假设 11	需求异质性增强了全面原型策略对主导逻辑冲突的促进作用	支持

续表

假设	假设内容	检验结果
假设 12	顾客共创提升新产品开发速度	支持
假设 13	顾客共创提升新产品开发成本绩效	支持
假设 14	顾客共创提升新产品开发质量	支持
假设 15	主导逻辑冲突降低新产品开发速度	支持
假设 16	主导逻辑冲突降低新产品开发成本绩效	不支持
假设 17	主导逻辑冲突降低新产品开发质量	支持

第6章
高新技术制造企业原型设计策略研究结果讨论

本书就中国高新技术企业如何设计原型功能组合进行迭代创新展开讨论。基于对组织学习和迭代创新相关文献的梳理，将原型策略、主导逻辑冲突、顾客共创、需求异质性和新产品开发绩效整合至系统研究框架。研究主要内容有：①分析了归核原型策略和全面原型策略对新产品开发绩效的不同作用；②探讨了主导逻辑冲突和顾客共创在两种原型策略与新产品开发绩效之间关系中的中间作用；③需求异质性对两种原型策略与顾客共创和主导逻辑冲突之间关系的调节作用；④主导逻辑冲突和顾客共创对新产品开发绩效的作用。对299家中国高新技术企业实证数据进行回归分析，研究所提出的17条假设中的14条假设通过了数据检验，整体较好地验证了研究所提出的概念模型。研究结果显示，第一，全面原型策略对新产品开发速度、新产品开发成本绩效和新产品开发质量的提升作用强于归核原型策略，其中两种原型策略对新产品开发成本绩效作用的对比假设没有得到数据支持。第二，归核原型策略促进了顾客共创，抑制了主导逻辑冲突；全面原型策略促进了顾客共创和主导逻辑冲突。第三，需求异质性增强了归核原型策略对顾客共创的促进作用，削弱了全面原型策略对顾客共创的促进作用；需求异质性削弱了归核原型策略对主导逻辑冲突的抑制作用，增强了全面原型策略对主导逻辑冲突的促进作用，其中需求异质性对归核原型策略与主导逻辑冲突之间关系的调节作用并未得到数据支持。第四，顾客共创提升了新产品开发速度、新产品开发成本绩效和新产品开发质量；主导逻辑冲突降低了新产品开发速度和新产品开发质量。本章就研究结果进行探讨，并对研究结论的实践意义展开详细论述。

6.1 研究结果讨论

本书针对迭代创新策略对新产品开发绩效的作用机制和环境限制构建了理论框架。高新技术制造企业迭代创新以原型为载体，然而相关研究并未对原型策略进行深入分析和有效区分。本书以原型功能完备性为标准将原型策略分为全面原型策略与归核原型策略，并探讨了不同原型策略对新产品开发绩效的作用机制。已有迭代创新作用机制的研究大多肯定迭代创新对创新绩效的促进作用，而迭代创新策略与创新绩效之间关系的黑箱并未打开。本书识别了顾客共创和主导逻辑冲突在迭代创新策略与新产品开发绩效之间的中间作用，并进一步讨论了需求异质性的调节作用。

6.1.1 原型策略与新产品开发绩效

制造企业迭代创新以原型为载体，原型策略的选择直接影响了迭代创新过程和新产品开发绩效。目前研究从新产品开发速度、新产品开发成本绩效和新产品开发质量三个维度评价新产品开发绩效。原型功能组合策略影响迭代创新过程的信息获取，决定了迭代过程，并直接影响创新绩效。本书以原型功能完备性为标准将原型策略分为归核原型策略和全面原型策略，并对比了两种原型策略对新产品开发速度、新产品开发成本绩效和新产品开发质量的影响。假设1、假设2、假设3分别对比了归核原型策略与全面原型策略对新产品开发速度、新产品开发成本绩效和新产品开发质量的影响。假设1提出全面原型策略对新产品开发速度的提升作用强于归核原型策略。与归核原型策略相比,全面原型策略在迭代创新早期进行了更加全面的市场和技术信息搜寻工作,尽可能多地考虑不同细分市场需求和使用情境的差别。全面的信息能够有效降低新产品开发过程中的不确定程度,所以全面原型策略的不确定程度低于归核原型策略。不确定性降低了新产品开发的速度,所以全面原型策略对新产品开发速度的提升作用强于归核原型策略。模型1中全面原型策略对新产品开发速度的回归系数显著为正,而归核原型策略对新产品开发速度的回归系数并不显著,假设1得到数据支持。假设2对比了全面原型策略和归核原型策略对新产品开发成本绩效的提升作用。新产品开发过程中的不确定性直接带来了开发成本的上升。全面原型策略由于较低的信息不对称程度,与归核原型策略相比拥有更低的不确定性。因此,全面原型策略对新产品开发成本绩效的提升作用强于归核原型策略。模型2中归核原型策略与全面原型策略对新产品开发成本绩效的回归系数均不显著,假设2没有得到数据支持。假设3对比了全面原型策略和归核原型策略对新产品开发质量的提升作用。技术功能的实现需要一定的外部条件。全面原型更多地考虑了不同细分市场顾客使用产品的情境和限制条件。与归核原型相比,全面原型功能的稳定性较高。因此,全面原型策略对新产品开发质量的提升作用强于归核原型策略。模型3中全面原型策略对新产品开发质量的回归系数显著为正,归核原型策略的回归系数并不显著,假设3得到数据支持。

假设2没有得到数据支持的原因如下。第一,我国市场环境的不确定程度和复杂程度随着互联网和全球化的发展逐渐升高。我国经济处于转型时期,政策变化较快,世界贸易环境不确定程度也在上升,企业越来越难以对顾客需求和市场环境进行有效预测。全面原型早期准备较充分,然而由于市场波动性和复杂性的提升,初期的产品计划很难准确把握顾客需求。全面原型功能复杂,早期开发成本较高。全面原型策略前期准备的有效性随着环境动荡性的提升而降低,失败成本较高。归核原型功能单一,同时试错成本较低。面对动荡的市场环境,归核原型策略的"小步快走"模式能够有效降低失败成本,以最小的成本明确市场需求。因此,全面原型策略对新产品开发成本绩效的提升作用并不一定强于归核原型策略。第二,全面原型策略开发团队内部的认知异质性较高,协调成本较高。产品功能通过技术模块组合实现。全面原型功能复杂,技术模块较多,需要不同技术背景的人员协调完成开发过程,提升了原型开发的成本。由于全面原型策略内部较强的认知异质性,企业内部对产品核心优势和资源分配方式等存在不同的意见。全面原型迭代过程中企业内部对迭代方向难以快速形成统一的观点,提升了全面原型策略迭代创新的协调成本。归核原型功能单一,开发团队认知较为一致,迭代过程的协调成本较低。因此,全面原型策略对新产品开发成本绩效的提升作用不一定强于归核原型策略。

6.1.2 原型策略与顾客共创

迭代创新研究提出迭代创新具有开放性,并强调了顾客参与是迭代创新过程的重要组成部分。相关研究从企业的角度肯定了顾客共创的重要作用,然而缺乏对不同迭代策略中顾客参与迭代创新意愿的有效讨论。本书假设4与假设5分别探讨了归核原型策略与全面原型策略对顾客共创的作用。数据支持了假设4提出的归核原型策略对顾客共创的促进作用和假设5提出的全面原型策略对顾客共创的促进作用。顾客共创改变了以往以企业为核心的新产品开发过程,顾客由产品的被动接受者转化为主动影响产品开发设计的主体(Mahr et al.,2014)。顾客共创指顾客参与到新产品开发的各个阶段,对新产品设计、开发和制造产生直接影响(Dahl and Moreau,2007)。顾客参与新产品开发的行为包括资源投入和信息共享(Gemser and Perks,2015)。顾客共创同时提高了顾客收益和成本。顾客共创能够为顾客带来功能性收益和情感性收益。顾客参与共创影响产品设计,获得更加贴合自身需求的产品,从而提升了功能性收益。情感性收益包括顾客影响产品设计所带来的自我效能(Franke et al.,2010)

和参与共创过程进行社会交换所带来的愉悦感（Nambisan and Baron, 2009）。另外，顾客参与共创同样提高了自身的成本和风险。参与新产品开发需要顾客投入时间和精力学习新产品开发的相应基础知识（Magnusson，2009），与企业开发团队进行频繁密切的沟通（Kaplan and Haenlein，2006），这些都给顾客带来了成本。此外由于原型的不完备性，顾客进行试用还面临着故障风险（Lengnick-Hall et al.，2000）。

是否参与新产品开发需要顾客做出决策。决策结果取决于决策主体对预期收益和成本的比较（Markowitz，1952）。感知收益促进了决策的做出，而感知成本和风险阻碍了决策的制定（Harsanyi，1977）。由于归核原型功能单一、结构简单，顾客对归核原型的功能组合和概念有更大的决定空间。因此，采用归核原型策略的迭代创新过程能够提高顾客感知到的参与共创的收益。模型4回归结果显示，归核原型策略对顾客共创的回归系数显著为正，假设4得到了数据支持。感知风险和成本的降低同样可以促进决策的做出。产品故障提高了顾客参与新产品共创的成本和风险。全面原型策略通过对顾客需求和使用情境的全面了解，提高了原型功能的稳定性，降低了顾客参与共创的成本和风险，从而增强了顾客参与共创的意愿，促进了顾客共创。模型5回归结果显示，全面原型策略对顾客共创的回归系数显著为正，假设5得到数据支持。

6.1.3 原型策略与主导逻辑冲突

迭代创新是不断优化改变产品价值主张、设计和技术路径的迭代逼近过程。然而，原型迭代过程中，企业内部往往难以对产品概念和设计形成统一的观点。原型迭代过程不断吸收的异质性信息影响了企业内部主导逻辑的稳健程度。主导逻辑是企业解读环境的认知框架和对环境作出反馈的流程模式（Prahalad and Bettis，1986；Grant，1988）。主导逻辑影响因素的研究提出，学习是企业主导逻辑演化的主要动力（Bettis and Prahalad，1995）。原型迭代是企业试错学习的过程，市场对原型的反馈为企业提供了更多市场需求和产品设计相关知识和信息。原型迭代是企业进行市场和技术学习的手段。原型策略影响试错学习效率和效果从而影响企业内部主导逻辑冲突。原型功能组合对迭代过程所获取的知识和信息的丰富程度和异质程度产生影响从而对主导逻辑冲突产生作用。因此，本书分别讨论了归核原型策略与全面原型策略对主导逻辑冲突的作用机制。

假设 8 提出归核原型策略抑制了企业内部主导逻辑冲突。归核原型功能单一，开发团队内部具有较高的认知一致性，提升了已有主导逻辑的稳健程度；归核原型策略搜索带宽较窄，降低了异质性信息获取的频率和幅度，抑制了新的主导逻辑的发现与建立。而且，归核原型功能单一、结构简单，初期开发成本较低，减少了开发中后期的资源限制从而抑制了主导逻辑冲突。回归结果显示，归核原型策略对主导逻辑冲突的回归系数显著为负，假设 8 得到了数据支持。假设 9 提出全面原型策略促进了主导逻辑冲突。全面原型功能多样、结构复杂，开发团队具有差异化的专业知识和认知背景，全面原型策略搜索带宽较宽，提升了异质信息获取的频率和幅度，降低了原有主导逻辑的稳健程度，增加了新主导逻辑发现和建立的机会。因此，全面原型策略促进了主导逻辑冲突。回归结果显示，全面原型策略对主导逻辑冲突的回归系数显著为正，假设 9 得到了数据支持。

6.1.4 需求异质性的调节作用

需求异质性描述了企业目标市场顾客对产品价格、性能和功能组合要求的差异化程度（谷盟、魏泽龙，2015）。需求的差异程度直接影响了顾客对参与共创的收益成本预期，从而影响原型策略对顾客共创的作用。是否参与共创需要顾客决策，顾客感知到的收益和成本直接影响决策结果。假设 6 提出需求异质性加强了归核原型策略对顾客共创的促进作用。归核原型策略帮助顾客获取更加个性化的产品，提升顾客参与归核原型迭代创新的预期收益，从而促进顾客共创。当需求异质性提高时，顾客对个性化产品的需求更加迫切。需求异质性增强了顾客对个性化产品的感知收益，因此加强了归核原型策略对顾客共创的促进作用。回归结果显示，需求异质性与归核原型策略的交乘项对顾客共创的回归系数显著为正，假设6得到了数据支持。假设7指出需求异质性削弱了全面原型策略对顾客共创的促进作用。全面原型策略降低了顾客参与全面原型迭代创新的成本和风险从而促进了顾客共创。较高的需求异质性导致全面原型策略难以降低产品故障概率与顾客参与共创的风险和成本，从而削弱了全面原型策略对顾客共创的促进作用。回归结果显示，需求异质性和全面原型策略的交乘项对顾客共创的回归系数显著为负，回归结果支持了假设7。

产品概念设计的不断变化影响企业现有主导逻辑的稳健性从而影响企业内部主导逻辑冲突。原型迭代根据市场反馈确定迭代方向。需求异质性直接影响原型迭代测试过程所收集到信息的差异程度和波动程度，从而影响两种原型策略对主导逻辑冲突的影响。假设10提出需求异质性削弱了归核原型策略对主导逻辑冲突的抑制作用。在需求异质性较高的市场环境中，市场对归核原型的负向反馈增加，降低了已有主导逻辑的稳健性。此外，较高的需求异质性提升了归核原型迭代获取异质性信息的强度和频率，增加了新主导逻辑发现和建立的机会。模型9中需求异质性与归核原型策略的交乘项对主导逻辑冲突的回归系数并不显著，假设10没有得到数据支持。本书认为此条假设没有得到数据支撑的原因如下。第一，归核原型策略产品设计目标集中且明确，已有主导逻辑稳健程度较高，限制了新主导逻辑的发现和建立，从而抑制了企业内部主导逻辑冲突。尽管需求异质性较高的市场环境提高了市场对企业反馈的异质性信息的频率和强度，但是主导逻辑影响企业对信息的筛选和解读，弱化了异质性信息对企业的刺激，从而影响需求异质性对归核原型策略与主导逻辑冲突之间关系的调节作用。第二，需求异质性较高的市场环境给归核原型的反馈更多的是其他功能的补充，而较少动摇产品核心功能。归核原型策略关注顾客最为重视和最为喜欢的功能。需求的差异带来的是对组合配套功能的差异化意见，而对核心功能则不会产生较大影响。因此，需求异质性并不会对归核原型开发团队的主导逻辑冲突产生影响。

假设11提出需求异质性增强了全面原型策略对主导逻辑冲突的促进作用。全面原型功能多样，内部技术模块繁多，产品开发团队内部具有较高的认知异质性，降低了现有主导逻辑的稳健程度；全面原型外部信息搜索的带宽较宽，提高了市场反馈信息的差异性，促进了新主导逻辑的发现与建立，从而促进企业内部主导逻辑冲突。模型9结果显示，需求异质性和全面原型策略的交乘项对主导逻辑冲突的回归系数显著为正，回归结果验证了假设11。

6.1.5 顾客共创和主导逻辑冲突与新产品开发绩效

顾客共创改变了以往以企业为中心的新产品开发模式（Prahalad and Ramaswamy，2004）。在顾客共创模式中，顾客主动参与新产品开发过程各个阶段，直接影响产品设计和开发（Mahr et al.，2014）。顾客共创改变了传统新产品开发方式和过程从而对新产品开发绩效产生直接影响。假设12、假设13、假设14分别讨论了顾客共创对新产品开发速度、新产品开发成本绩效和新产品开发质量的影响。假设12提出顾客共创提高新产品开发速度。顾客共创模式中，顾客是新产品开发团队中的一员，帮助企业降低需求探索成本，提高新产品开发速度。模型10的回归结果显示，顾客共创对新产品开发速度的回归系数显著为正，假设12得到数据支持。假设13提出顾客共创提高新产品开发成本绩效。顾客共创模式引入顾客作为新产品开发活动的参与主体，降低了企业需求探索成本、产品测试成本和试错成本，从而提高了新产品开发成本绩效。模型11的回归结果显示，顾客共创对新产品开发成本绩效的回归系数显著为正，假设13得到数据支持。假设14提出顾客共创提高新产品开发质量。顾客共创帮助企业全面了解顾客需求和产品的使用情境，并提高了产品测试的真实度，从而提高了新产品开发质量。模型12的回归结果显示，顾客共创对新产品开发质量的回归系数显著为正，假设14得到了数据支持。

新产品开发活动是企业对动态市场环境的反馈（Olson et al.，1995）。主导逻辑冲突影响企业对信息的获取和解读，从而影响企业对动态环境的反应，进而影响企业新产品开发绩效。假设15、假设16、假设17分别讨论了主导逻辑冲突对新产品开发速度、新产品开发成本绩效和新产品开发质量的作用。假设15提出主导逻辑冲突降低了新产品开发速度。主导逻辑冲突模糊了产品开发方向，削弱了企业内部控制，提升了产品开发过程的不确定性，从而降低了新产品开发速度。模型10的回归结果显示，主导逻辑冲突对新产品开发速度的回归系数显著为负，假设15得到数据支持。假设16提出主导逻辑冲突降低了新产品开发成本绩效。主导逻辑冲突提高了新产品开发团队的沟通和协调成本，从而降低了新产品开发成本绩效。模型11的回归结果显示，主导逻辑冲突对新产品开发成本绩效的回归系数不显著，假设16没有得到数据支持。假设17提出主导逻辑冲突降低了新产品开发质量。主导逻辑冲突降低了新产品开发方向的明确程度，提高了开发过程的不确定性，从而降低了新产品开发质量。模型12的回归结果显示，主导逻辑冲突对新产品开发质量的回归系数显著为负，假设17得到支持。

6.2 研究实践意义

关键产品国产化的缺失已经成为威胁中国企业生存和限制中国企业成长的关键原因。美国于2018年和2019年分别对中国通信行业领军企业中兴和华为实施制裁。制裁手段都是限制美国企业对中兴和华为出口产品。由于国内企业对芯片等通信行业核心零部件自主开发能力的缺失，美国的限制出口直接切断了中兴的供应链，所有生产经营活动均陷入停滞，中兴面临前所未有的紧张局面。最终，中兴通过赔偿巨额的违约金才换取了美国企业的持续供货。这一事件唤起了国内企业和政府对行业布局的重新思索。高新技术产品开发已经成为党和政府创新政策的关注焦点。我国早在 1986 年就提出"863 计划",旨在对高科技行业发展进行规划。随后 1988 年推出的"火炬计划"让高新技术产业园遍布全国。2008 年国家开始高新技术企业认定工作,在税收、金融、人才、政府采购、园区土地支持等方面对高新技术企业提供大力度的扶持。2010 年我国政府进一步提出战略性新兴产业扶持政策,针对新能源、信息技术、新材料等八大战略性新兴产业发展颁布了大力度扶持政策。2016 年我国进一步推出实施《促进科技成果转化法》的若干规定,旨在促进高校科技成果的转化应用,促进高新技术产业发展。目前,高新技术产品开发已经成为国家战略,被认定为支撑我国经济发展的支柱。尽管我国政府对高新技术产品开发提供了强有力的政策支持,但我国各个产业核心产品的开发依旧问题重重。研发管理水平不高限制了我国高新技术产品开发绩效的提升。与传统瀑布流式创新相比,迭代创新能够更好地应对高新技术产品开发的高度不确定性。本书为我国高新技术产品开发选择迭代策略以提高创新绩效提供了理论依据。

第一,研究结果提示中国高新技术企业进行迭代创新时应当考虑到不同细分市场需求和使用情境,尽可能将原型功能组合设计全面。研究结果发现,全面原型策略对新产品开发速度和新产品开发质量的提升作用强于归核原型策略,而归核原型策略和全面原型策略对新产品开发成本绩效的影响并没有显著差别。研究结果提醒高新技术企业进行迭代创新时应当尽可能全面搜索和获取市场与技术信息,提升原型功能的完备程度。全面原型策略充分考虑了不同细分市场的需求差异和使用情境的限制,对市场技术信息的前期搜索更加全面。全面了解市场和技术信息有助于企业加深对产品开发目标和路径的认识,降低开发过程的不确定性程度。归核原型功能单一、结构简单,通过快速的原型开发与迭代获取需求信息,完善产品设计。归核原型策略与全面原型策略相比,信息不对称程度较高,迭代过程不确定性和风险相对较高。因此,企业进行迭代创新时应当考虑不同市场差异化的需求和使用情境,尽量丰富原型功能。全面原型策略降低了原型迭代过程中的不确定性,增强了原型迭代对新产品开发绩效的提升作用。此外,研究结果提醒企业关注迭代策略对创新绩效的重要影响。研究结果显示了不同迭代策略对创新绩效的影响具有显著差异。目前,我国企业研发管理和创新管理的意识相对薄弱,企业创新普遍关注核心技术人员的获取,而对于如何通过有组织地创新实现技术瓶颈的自主突破不够重视。本书通过对比不同迭代策略对创新绩效的差异化作用强调了创新策略的重要影响。

第二,企业进行迭代创新时应当考虑迭代创新过程给企业内部相关者和外部相关者所带来的影响。尽管迭代创新在应对不确定环境等方面具有优势,但迭代创新并非总是能够提升创新绩效。首先,企业应当考虑迭代创新过程给顾客带来的成本。顾客参与是迭代创新重要的组成元素。企业通过顾客对原型的反馈确定迭代的方向和目标。迭代创新需要顾客持续参与。然而,顾客参与迭代创新存在成本和风险,这些成本削弱了顾客持续参与迭代创新的意愿。研究结果发现原型策略能够促进顾客共创。原型降低了顾客参与共创所需要的培训成本,并加强了自身对产品的影响。企业应当采用合适的创新策略降低顾客参与迭代创新产生的成本和风险,保障顾客的持续参与和迭代创新的持续推进。其次,企业应当考虑迭代创新策略给企业内部带来的影响。迭代创新不断收集顾客对原型的试用反馈,改善产品设计。制造企业主导逻辑以产品为中心,不断变化的产品设计影响企业内部对产品开发方向的统一认识。研究发现归核原型策略和全面原型策略对主导逻辑冲突具有相反的作用。归核原型策略抑制了企业内部主导逻辑冲突;全面原型策略促进了主导逻辑冲突。研究结果表明,当企业内部主导逻辑稳健程度较低时,应当尽可能选择归核原型策略以抑制迭代创新所带来的主导逻辑冲突。当企业内部主导逻辑稳健程度较高时,企业可以采用全面原型策略进行迭代以获取更加全面的需求信息。

第三,企业进行迭代创新时应当考虑市场需求异质性对迭代过程的影响。研究结果显示需求异质性对归核原型迭代过程和全面原型迭代过程的调节作用具有差异。需求异质性增强了归核原型策略对顾客共创的促进作用，对归核原型策略与主导逻辑冲突的调节作用不显著；需求异质性削弱了全面原型策略对顾客共创的促进作用，增强了全面原型策略对主导逻辑冲突的促进作用。研究结果表明，当企业目标市场需求异质性较高时，企业应当尽可能简化原型功能，采用归核原型策略；当企业目标市场需求异质性较低时，企业应当尽可能丰富原型功能，采用全面原型策略。在需求异质性较高的市场环境中，企业应当强化并集中于原型核心功能，通过简单原型的快速迭代进一步完善产品设计。在异质性需求环境中，归核原型策略给予了顾客更大的对产品的影响空间，增加了顾客参与迭代的预期收益。而且，归核原型策略提高了原有主导逻辑的稳健程度，增强了研发团队的内部一致性，抑制了异质性需求环境带来的内部混乱。全面原型策略由于其内部团队认知差异性较大，原有主导逻辑的稳健程度较低，不能较好地应对异质性需求环境带给顾客和企业的影响。

  研究结果能够帮助中国企业加强对迭代创新过程、策略选择和限制条件的理解。通过对迭代创新过程的剖析，研究结果帮助企业根据企业创新目标选择更加高效的迭代创新策略；通过对环境限制条件的分析，研究结果帮助企业依据外部环境限制选择合适的迭代创新策略。研究结果为中国高新技术企业产品迭代开发策略的选择和制定提供了依据。

第 7 章

高新技术制造企业原型设计策略研究结论与展望

7.1 研究结论

基于组织学习理论，本书构建了关于原型策略、主导逻辑冲突、顾客共创、新产品开发绩效和需求异质性的研究框架。研究分析了迭代创新的作用机制和外部条件限制。本书共提出了 17 条假设，基于 299 家中国高新技术企业的问卷调查数据，对以上假设进行检验。其中，14 条假设得到了数据支持，3 条假设并未得到数据支持，整体来说，研究假设基本得到了数据验证。研究主要结论有以下四个。

第一，归核原型策略和全面原型策略对新产品开发绩效的影响具有显著差异。

原型是制造企业迭代创新的载体。原型功能组合策略直接影响迭代创新过程，并对创新绩效产生影响。现有研究主要从新产品开发速度、新产品开发成本绩效和新产品开发质量三个维度评价新产品开发绩效。本书分别对比了归核原型策略和全面原型策略对新产品开发速度、新产品开发成本绩效和新产品开发质量的作用。全面原型尽可能考虑到不同细分市场顾客需求，以最大化顾客满意度为目标，原型设计之初就对顾客需求和产品使用情境进行充分的了解和分析；归核原型产品开发目标明确，以能够解决顾客核心问题为目标。采用全面原型策略的企业更加注重在产品开发早期对市场和技术信息进行搜索。与全面原型策略相比，归核原型策略的信息不对称程度较高。归核原型迭代开发过程的不确定程度和风险高于全面原型迭代开发过程。不确定性增加了新产品开发过程所花费的时间，全面原型策略对新产品开发速度的提升作用强于归核原型策略。全面原型策略更多地考虑了产品使用情境的限制。技术功能的实现有一定的条件限制。全面原型策略对产品功能的稳定程度的提升作用强于归核原型策略。因此，全面原型策略对新产品开发质量的提升作用强于归核原型策略。归核原型策略与全面原型策略对新产品开发成本绩效的影响并不具有显著差别。与采用归核原型策略的产品开发过程相比，采用全面原型策略的产品开发过程具有较低的不确定性。然而，由于现代市场环境过高的复杂性和动态性，企业难以通过现有信息做出较为准确的预测。全面原型功能多样、结构复杂，单次原型开发成本高。当环境不确定程度非常高时，全面原型策略失败成本较高。而归核原型通过低成本简单原型的快速试错，降低了不确定环境中原型的试错成本。因此，归核原型策略与全面原型策略对新产品开发成本绩效的影响并不具有显著的差异。

第二，顾客共创和主导逻辑冲突是迭代创新策略与新产品开发绩效之间关系的中间作用机制，并且归核原型策略和全面原型策略对新产品开发绩效的作用机制具有差异。

本书探讨了归核原型策略和全面原型策略对新产品开发绩效的不同作用机制。迭代创新过程中，顾客是重要的创新主体。顾客持续参与迭代创新过程的意愿直接决定了迭代创新过程能否持续推进。迭代创新过程是不断优化产品概念设计、转变产品开发方向的过程，制造企业运营管理以产品开发制造为核心。因此，迭代创新策略会对企业内部主导逻辑冲突产生影响。归核原型策略和全面原型策略的迭代过程有显著差异，对新产品开发绩效的作用机制不同。

研究发现归核原型策略和全面原型策略均促进了顾客共创。是否参与新产品开发活动需要顾客决策。顾客通过对比预期收益和预期成本进行决策，较高的预期收益与较低的预期成本和风险均能够促进决策的制定（Markowitz，1952；Harsanyi，1977）。归核原型策略提升了顾客参与共创的功能性收益和情感性收益从而促进了顾客共创。全面原型策略降低了顾客参与迭代创新的成本和风险从而促进了顾客共创。归核原型策略和全面原型策略对主导逻辑冲突具有相反的作用。归核原型开发团队内部认知一致程度较高，外部搜索带宽较窄，抑制了企业内部的主导逻辑冲突；全面原型开发团队内部认知差异较大，外部搜索带宽较宽，促进了企业内部主导逻辑冲突。

第三，原型策略对主导逻辑冲突和顾客共创的作用受到需求异质性的影响，需求异质性对两种原型策略的作用机制具有不同的调节作用。

需求异质性影响顾客对参与归核原型迭代开发过程和全面原型迭代开发过程的预期收益和成本，从而调节两种原型策略对顾客共创的作用。需求异质性较高的市场环境提高了顾客对个性化产品的预期价值。通过参与归核原型迭代开发过程，顾客能够获取更加个性化的产品，增加收益。因此，需求异质性增强了归核原型策略对顾客共创的促进作用。全面原型策略通过详细了解产品使用情境的差异，提高产品功能的稳定性，从而降低顾客试用原型的风险和成本。全面原型策略降低了顾客参与迭代创新过程的预期风险，从而促进了顾客共创。当需求异质性过高时，企业无法准确了解顾客需求，全面原型策略对参与共创风险和成本的抑制作用降低。因此，需求异质性削弱了全面原型策略对顾客共创的促进作用。

需求异质性影响归核原型和全面原型迭代开发过程收集到的异质性信息的频率和强度，从而影响归核原型策略和全面原型策略对企业内部主导逻辑冲突的作用。需求异质性较高的市场环境对归核原型的反馈意见更加多样，然而，采用归核原型策略的企业内部已有主导逻辑的稳健性较高，因此需求异质性对归核原型策略与主导逻辑冲突之间的关系不具备显著调节作用。需求异质性提高了全面原型迭代所获取的异质性信息的强度和频率，从而加强了全面原型策略对主导逻辑冲突的促进作用。

第四，主导逻辑冲突降低了新产品开发速度和新产品开发质量；顾客共创提升了新产品开发速度、新产品开发成本绩效和新产品开发质量。

新产品开发是制造企业应对变化环境的主要反馈模式。动态环境中，主导逻辑直接影响企业对环境的解读和反馈模式（Prahalad and Bettis，1986；Grant，1988）。因此主导逻辑冲突对企业新产品开发绩效产生直接影响。主导逻辑冲突负向影响新产品开发速度和新产品开发质量。首先，主导逻辑冲突阻碍企业内部对产品迭代方向形成统一认识，降低了迭代方向确定的效率。而且，主导逻辑冲突降低了企业内部控制权的集中程度，降低了企业决策效率，从而降低了新产品开发速度。其次，新产品开发需要开发团队协作完成，协调成本是新产品开发成本的组成部分。主导逻辑冲突提高了新产品开发过程中的企业内部的协调成本和沟通成本。因此，主导逻辑冲突降低了新产品开发成本绩效。最后，当企业内部主导逻辑冲突较大时，企业难以形成明确的产品开发目标。模糊的产品开发目标阻碍了产品质量标准的清晰制定。因此，主导逻辑冲突降低了新产品开发质量。

顾客共创是一种产品开发模式。顾客共创改变了新产品开发参与主体和开发过程，从而影响新产品开发绩效。顾客共创提升了新产品开发速度、新产品开发成本绩效和新产品开发质量。首先，顾客共创模式中顾客是新产品开发团队中的一员。顾客参与新产品开发帮助企业以较低的成本明确产品开发目标。明确的目标帮助企业合理设计产品开发路径和研发管理方式。因此，顾客共创提高了新产品开发速度。其次，顾客共创模式中顾客是新产品开发团队中的一员。顾客共创降低了企业与顾客的交互成本，从而降低了企业需求探索成本。因此，顾客共创提升了新产品开发成本绩效。最后，通过顾客共创，企业能够更加准确地了解顾客需求和产品使用情境。对使用情境的具体了解提高了产品功能的稳定性。此外，顾客为新产品原型提供了最真实的测试环境，使企业能够及时发现产品质量问题，进行改进。顾客共创提升了新产品开发质量。

7.2 研究创新点

新产品开发是中国制造企业创新转型的关键所在。随着我国产业布局的转型升级，高新技术产品开发成为高新技术企业的关键活动。高新技术产品开发高度的复杂性和不确定性是限制高新技术产品开发绩效的主要障碍。传统以详细计划为基础的瀑布流式创新策略无法适应高新技术产品开发过程的高度不确定性。迭代创新策略虽适合于不确定性较高的产品开发项目。然而，现有迭代创新研究尚处于起步阶段，对迭代创新策略缺乏进一步的有效分类，不同迭代策略的影响机制黑箱并未完全打开，迭代创新策略对新产品开发绩效影响机制的限制条件没有得到有效的讨论。本书就中国高新技术企业迭代创新过程中原型策略的选择对新产品开发绩效的影响机制展开论述。通过整合原型策略、主导逻辑冲突、顾客共创、需求异质性和新产品开发绩效，形成迭代创新作用机制研究框架，为迭代创新过程和影响机制研究提供了新的思路，拓展了迭代创新作用机制的研究，并解决了原型策略相关研究结论的冲突。本书的创新点有以下三个。

第一，将原型策略分为归核原型策略和全面原型策略，发现归核原型策略和全面原型策略对新产品开发绩效的作用具有显著差异。通过对原型策略的分类和对比解决了原型策略对创新绩效作用相关研究存在相冲突的结论的问题，弥补了经验学习研究对试错学习方式研究的不足。

原型策略与新产品开发绩效关系的研究存在相冲突的结论（Schmickl and Kieser，2008；Seidel and O'Mahony，2014；Bogers and Horst，2014；

Hilal and Soltan，1992）。大部分研究提出，原型提高了新产品开发绩效。原型是企业内部的沟通平台，提高了产品开发团队内部不同专业背景开发人员之间沟通的效率（Schmickl and Kieser，2008；Seidel and O'Mahony，2014；Bogers and Horst，2014）。原型是产品开发过程中的测试工具，帮助企业尽早发现并解决产品设计存在的问题，提高新产品质量（Kagan et al.，2018）。然而，部分研究质疑原型对新产品开发绩效的提升作用，提出了相反的观点，认为原型将企业关注点集中于产品功能实现的相关因素，限制了企业对深层技术原理的深入思考，从而限制了企业创新能力的提升（Hilal and Soltan，1992）。

本书指出，对原型策略进行深入识别和有效分类能够解决原型作用机制研究的冲突结论问题。本书以原型功能完备性为标准，将原型分为全面原型策略和归核原型策略。全面原型策略追求最大化顾客满意度，尽可能满足不同细分市场的不同需求，原型功能设计多样、结构复杂。归核原型策略以能够解决顾客核心问题为目标，简化产品功能设计，产品结构简单。现有新产品开发研究主要从新产品开发速度、新产品开发成本绩效和新产品开发质量三个维度评价新产品开发绩效。本书进一步对比了归核原型策略和全面原型策略对新产品开发速度、新产品开发成本绩效和新产品开发质量的作用。研究发现全面原型策略对新产品开发速度和质量的提升作用显著强于归核原型策略，而两种原型策略对新产品开发成本绩效的作用没有显著差别。研究发现不同原型策略对新产品开发绩效具有差异化的作用，进一步证实了对原型策略进行进一步分类的必要性和有效性，解决了原型策略对新产品开发绩效影响研究的结论冲突问题。

制造企业试错学习过程以原型为载体，原型设计是制造企业试错学习的核心策略。本书通过对原型策略的进一步分类和对不同原型策略与新产品开发绩效关系的对比研究拓展了试错学习相关研究。组织学习理论强调经验是组织进行创新的必备元素（Argote and Miron-Spektor，2011）。Levitt 和 March（1988）提出组织可以通过外部搜索获取间接经验，通过试错学习获取直接经验。由于国外企业对高新技术的封锁和高新产品开发本身的高度不确定性，高新技术产品开发需要通过试错学习获取直接经验以提升创新绩效。然而，现有直接经验获取研究集中从静态视角探讨了组织内外部环境对已有经验向创新转化效率的影响，而忽略了试错学习策略对创新过程和结果的影响。本书通过对比归核原型策略和全面原型策略对新产品开发绩效的作用，发现不同试错学习策略对创新绩效作用具有显著差异，拓展了试错学习相关研究。

第二，研究发现主导逻辑冲突和顾客共创是迭代创新过程的内部机制，打开了迭代创新对新产品开发绩效作用的黑箱，拓展了迭代创新相关研究。

高新技术产品开发过程具有很强的不确定性。传统以计划为基础的瀑布流式创新已经无法适应复杂而动荡的开发环境（McDermott and O'Connor，2002；Sethi and Iqbal，2008）。Ries（2011）提出迭代创新能够帮助企业应对开发过程和环境的高度不确定性。现有迭代创新研究集中于对迭代创新概念和内涵的界定，仅有少量中文文献采用案例研究方式探讨了迭代创新的影响机制。迭代创新影响机制的研究均肯定了迭代创新对新产品开发绩效的提升作用。董洁林（2014）提出迭代创新策略能够帮助新产品实现自生长，提高新产品的市场成功率。王玉荣等（2016）提出通过技术迭代与商业模式迭代的互补，能够提高新产品市场占有率。部分研究提出迭代创新对新产品开发绩效的提升作用需要企业建立相应的动态能力（罗仲伟等，2014）、选择正确的迭代改进点（高锡荣等，2018），并建立一定的知识管理能力（赵付春，2012）。迭代创新并不能保证企业新产品开发的成功。现有研究一致肯定了迭代创新策略的促进作用，未能充分解释迭代创新过程机制。

迭代创新对新产品开发绩效影响机制的黑箱并未打开。一方面，迭代创新文献强调了顾客参与是迭代创新过程的重要组成，却未曾探讨何种情况下顾客会真正与企业共创新产品。迭代创新采用了迭代计算的核心思想,通过小步试错、逐步逼近的策略进行新产品开发。高新技术产品迭代开发过程需要原型不断与顾客进行交互,获取顾客试用原型后的反馈以确定迭代方向。迭代创新过程具有很强的开放性,企业不再是产品开发的唯一主体。产品迭代开发需要企业与顾客协同进行。现有研究从企业的角度强调了顾客共创是迭代开发过程的必备要素,却没有从顾客的角度思考其参与迭代开发过程的意愿。顾客参与迭代开发需要投入时间精力与企业进行密切交流,对不完善的原型进行试错。参与共创会给顾客带来一定的成本和风险,继而影响顾客持续参与迭代的意愿。然而,迭代创新研究并未考虑迭代策略对顾客参与产品迭代开发过程意愿的影响。另一方面,研究提出迭代创新能够帮助企业识别原型缺陷,不断改进产品设计提升产品价值,却未考虑不断变化的产品设计对企业主导逻辑冲突的影响。迭代创新通过反复试错优化产品设计,以逐步缩小顾客真实需求与产品功能组合设计之间的差距为目标。优化和改变是迭代创新的核心。不断试错能够帮助企业更好地理解顾客需求、优化产品设计,促进新产品开发的成功。然而,迭代创新影响机制的研究忽略了不断变化的产品设计对企业内部主导逻辑冲突的影响。

本书发现顾客共创和主导逻辑冲突是迭代创新过程的内部机制,打开了迭代创新过程机制的黑箱。顾客参与共创的意愿由顾客对参与迭代产品开发项目的预期收益和预期成本决定。原型功能的组合影响顾客参与迭代创新的方式和行为,从而影响顾客对参与产品迭代开发的预期收益和成本。归核原型策略提高了顾客参与迭代开发的预期收益从而促进了顾客共创;全面原型策略降低了顾客参与迭代开发的预期风险从而促进顾客共创。原型功能组合影响迭代开发过程中异质性信息获取的频率和强度从而影响企业内部的主导逻辑冲突。全面原型的开发团队内部认知异质性较高,已有主导逻辑的稳健性较低;全面原型策略外部异质性信息获取的频率和强度更高,促进了新主导逻辑的发现和建立。因此,全面原型策略促进了企业内部主导逻辑冲突。归核原型功能单一,产品开发目标明确,已有主导逻辑稳健性较高；归核原型信息搜索范围较小，降低了新主导逻辑被发现的概率。因此，归核原型策略降低了企业内部主导逻辑冲突。顾客共创和主导逻辑冲突对新产品开发速度、新产品开发成本绩效和新产品开发质量有直接作用。顾客共创改变了产品开发主体和过程，从而影响新产品开发绩效。主导逻辑影响企业对动态环境的反馈，而新产品开发是企业应对市场变化的主要方式，主导逻辑冲突对新产品开发绩效产生影响。顾客共创和主导逻辑冲突是迭代创新策略对新产品开发绩效作用的中间机制。研究打开了迭代创新过程机制黑箱，拓展了迭代创新相关研究。

第三，研究发现需求异质性对不同迭代策略作用机制有差异化的调节作用，拓展了迭代创新过程外部条件限制的研究。

研究发现不同迭代创新策略对新产品开发绩效的影响不同，并且不同迭代策略的作用机制具有较大差异。现有研究并未就不同迭代策略的适用情境和条件限制展开充分的讨论。市场是新产品开发的目标，是新产品开发过程重要的环境限制。迭代创新是开放式的创新过程，需要顾客的协调配合和持续参与才能够实现产品的快速优化和持续迭代。顾客对原型的试用反馈决定了产品迭代的方向，从而对迭代创新过程产生影响。因此，市场环境是不同迭代策略过程机制的重要限制条件。

需求异质性是目前中国企业面临的典型市场环境特征之一。近年来，电子商务和物流在中国高速发展，地区发展并不同步，不同地区经济、文化和政治环境均有较大的差别。电子商务帮助中国企业摆脱地理位置对目标市场选择的限制，扩大了目标市场的地理范围。此外，随着中国经济的快速发展，许多行业出现了供大于求的现象，顾客相对地位上升。随着信息技术的发展，小批量、定制化需求快速增加。实现大规模定制是众多中国企业提升竞争力的关键。因此，需求异质性已经成为中国企业面临的典型市场环境特征。

本书进一步分析了需求异质性对不同迭代策略作用机制的调节作用。研究发现需求异质性对归核原型策略与全面原型策略对顾客共创和主导逻辑冲突的作用机制具有差异化影响。需求异质性改变了顾客对参与两种原型策略潜在收益和成本的预期，对归核原型策略和全面原型策略与顾客共创之间关系产生影响。需求异质性影响迭代过程中异质性信息对企业冲击的频率和强度，对归核原型策略和全面原型策略与主导逻辑冲突之间的关系产生影响。本书对需求异质性调节作用的讨论进一步拓展了迭代创新过程外部条件限制的研究。

7.3 研究不足及未来研究方向

本书对原型策略对迭代创新作用机制的研究拓展了试错学习、原型策略和迭代创新的相关研究，通过大样本实证数据对研究框架进行了验证，但同样存在局限和不足。迭代创新研究仍然处于兴起阶段，本书对迭代创新作用机制的讨论为将来进一步的研究提供了思路和方向。

第一，本书集中于制造企业迭代创新方式的研究，忽略了其他行业迭代创新作用机制的不同，限制了研究结论的普适性。本书针对高新技术制造企业的原型策略作用机制展开探讨，拓展了制造企业迭代创新研究。然而迭代创新在互联网行业的应用更为广泛，研究未能针对互联网行业迭代创新作用机制展开有效探讨。互联网行业和制造企业在迭代创新过程的成本分布上存在显著的差异，未来研究可以进一步探讨互联网行业试错学习方式对迭代创新过程的影响机制，并将其与本书结论进行对比讨论。

第二，本书理论框架对迭代创新机制的讨论并不完整，未来研究可以整合迭代创新收益和成本进行综合分析，提供迭代创新的系统研究框架。迭代创新具有典型的开放性，需要顾客、供应商、政府和媒体等多个利益相关者协同完成。本书仅考虑了迭代策略对顾客参与迭代的意愿的影响而未能就供应商和政府等其他外部利益相关者参与迭代的意愿进行有效讨论。此外，迭代过程同样对企业内部资源分配、流程制定和决策活动产生影响。迭代创新作用机制黑箱并未完全打开，未来研究可以进一步综合分析迭代创新过程具体的成本分布，进一步挖掘迭代创新的过程机制，打开迭代创新策略对创新绩效作用的黑箱。

第三，本书仅考虑了需求异质性对不同迭代策略作用机制的调节作用，并未就制度环境、技术环境和企业内部环境的限制进行分析。迭代创新过程具有典型的多主体特征，需要创新主体协调配合完成产品开发任务。现有新产品开发过程影响因素的研究提出市场环境、技术环境和制度环境都对企业创新过程有较大影响。未来研究可以进一步考虑制度环境特征维度比如制度不确定、制度不完备等变量对迭代创新过程的影响和技术环境特征变量比如技术不确定的影响。此外，本书仅考虑了需求异质性的影响，没有考虑其他市场环境特征维度的限制作用。未来研究可以进一步分析如市场不确定等变量的调节作用。

第四，由于样本特征的影响，本书以中国高新技术制造企业为研究对象进行迭代创新过程的研究。中国高新技术企业是适合本书研究框架的研究样本。然而，中国转型经济具有特殊性，限制了研究结论的普适性。发达国家经济、政治和市场环境与中国具有较大的差别。不同的创新环境对同样的迭代策略作用机制会有显著差异化的影响。未来可以进行跨文化的研究，对发达经济体和发展中经济体企业迭代创新作用机制进行对比分析。

第五，尽管问卷调研可以获取企业迭代创新过程更多内部细致信息，然而问卷调研的显著缺陷在于数据受调查对象特征的影响较大。尽管本书已经通过分离自变量和因变量、面对面调研等多种方式确保数据真实，并对收集到的数据进行了多种质量检验，验证了数据误差的可接受程度，最大限度地保证了数据结果的可靠性；然而，新产品开发绩效和需求异质性等变量可以通过客观数据进行测量，以获得更加准确的分析结果。此外，时间序列数据能够更好地对因果关系进行回归分析，杜绝内生性问题。未来可以通过跨时间段、多数据源的方式进行数据收集，从而获得更加准确的实证结果。

参考文献

〔美〕布莱恩·阿瑟，2014，《技术的本质：技术是什么，它是如何进化的》，曹东溟、王建译，浙江人民出版社。

蔡翔、张海晶、程发新等，2019，《产学协同创新空间效应及其影响机理研究——下篇：地理距离视角下的空间外溢效应》，《技术经济与管理研究》第 11 期。

董洁林，2014，《迭代创新：小米能走多远？》，《清华管理评论》第 6 期。

范钧、聂津君，2016，《企业-顾客在线互动、知识共创与新产品开发绩效》，《科研管理》第 1 期。

高锡荣、邓飞、高露，2018，《迭代创新模式下互联网产品迭代改进点筛选研究——基于用户满意度体验》，《科学与管理》第 4 期。

谷盟、魏泽龙，2015，《中国转型背景下创新包容性、双元创新与市场绩效的关系研究》，《研究与发展管理》第 6 期。

顾杨，2019，《政府补贴对企业创新行为的影响——基于 2011-2017 年中国高科技上市公司微观数据》，《科技进步与对策》第 19 期。

黄旭、李一鸣、张梦，2004，《不确定环境下企业战略变革主导逻辑新范式》，《中国工业经济》第 11 期。

黄艳、陶秋燕，2015，《迭代创新：概念，特征与关键成功因素》，

《技术经济》第 10 期。

惠怀海、梁工谦、马健诚,2008,《迭代创新模式与流程研究》,《软科学》第 22 期。

简兆权、令狐克睿、李雷,2016,《价值共创研究的演进与展望——从"顾客体验"到"服务生态系统"视角》,《外国经济与管理》第 9 期。

李莉、闫斌、顾春霞,2014,《知识产权保护、信息不对称与高科技企业资本结构》,《管理世界》第 11 期。

李晓菲、李玉菊、张梦诗、蒋航天,2019,《高新技术企业自愿性信息披露的现状分析》,《中国商论》第 22 期。

刘洪伟,2007,《学习成本与技术学习障碍》,《中国软科学》第 2 期。

罗仲伟、任国良、焦豪等,2014,《动态能力、技术范式转变与创新战略——基于腾讯微信"整合"与"迭代"微创新的纵向案例分析》,《管理世界》第 8 期。

孟庆良、周芬、蒋秀军,2015,《基于顾客需求分类重组的大规模定制服务族规划》,《管理工程学报》第 1 期。

〔美〕内森·罗森伯格,2004,《探索黑箱:技术、经济学和历史》,王文勇、吕睿译,商务印书馆。

邱益中,1998,《企业组织冲突管理》,上海财经大学出版社。

沈灏、魏泽龙、苏中锋,2017,《多层次视角的新兴技术创新管理研究回顾与展望》,《科技进步与对策》第 8 期。

苏敬勤、单国栋,2016,《复杂产品系统企业的主导逻辑——以大连机车为例》,《科研管理》第 6 期。

苏敬勤、林菁菁,2016,《国有企业的自主创新:除了政治身份还有哪些情境因素?》,《管理评论》第 3 期。

孙黎、杨晓明,2014,《迭代创新:网络时代的创新捷径》,《清华管理评论》第 6 期。

田鸣、王腾、张阳等，2019，《国有股权让中国企业在创新中"分心"了吗？——来自高新技术上市公司的经验证据》，《研究与发展管理》第 5 期。

王娟、田昆儒，2010，《企业自主创新成本问题研究动态与启示》，《科学学与科学技术管理》第 9 期。

王敏、银路，2010，《新兴技术管理导论》，科学出版社。

王玉荣、李宗洁、安圣慧，2016，《移动互联网下的突破-迭代循环创新模式——以交通工具应用软件为例》，《技术经济》第 4 期。

魏少军：《2017 年中国集成电路产业现状分析》，《集成电路应用》2017 年第 4 期。

魏泽龙、宋茜、权一鸣，2017，《开放学习与商业模式创新：竞争环境的调节作用》，《管理评论》第 12 期。

吴明隆，2000，《SPSS 统计应用实务》，中国铁道出版社。

项保华、罗青军，2002，《基于主导逻辑与规则的战略循环模式》，《西北工业大学学报：社会科学版》第 4 期。

谢科范、李晓群，1996，《技术创新的费用分布与风险分布》，《技术经济》第 1 期。

杨东德、何忠龙，1994，《技术创新过程的费用分布研究》，《科技管理研究》第 3 期。

杨丽君，2020，《技术引进与自主研发对经济增长的影响——基于知识产权保护视角》，《科研管理》第 6 期。

于超、朱瑾，2018，《企业主导逻辑下创新生态圈的演化跃迁及其机理研究——以东阿阿胶集团为例的探索性案例研究》，《管理评论》第 12 期。

张璐、曲廷琛、张强等，2019，《主导逻辑类型的形成及演化路径——基于蒙草生态的案例研究》，《科学学与科学技术管理》第 3 期。

张腾、王迎军,2016,《迭代式创新的研究与实践发展》,《现代管理科学》第10期。

张同斌,2014,《研发投入的非对称效应、技术收敛与生产率增长悖论——以中国高技术产业为例》,《经济管理》第1期。

张越,2014,《红领西服用工业化效率个性化定制》,《中国信息化》第Z3期。

赵付春,2012,《企业微创新特性和能力提升策略研究》,《科学学研究》第10期。

中共中央文献研究室,《改革开放三十年重要文献选编(上)》,中央文献出版社,2008。

朱晓红、陈寒松、张腾,2019a,《知识经济背景下平台型企业构建过程中的迭代创新模式——基于动态能力视角的双案例研究》,《管理世界》第3期。

朱晓红、赵金国、张金霞,2019b,《企业-用户互动对新创企业创新绩效的影响——迭代创新的研究视角》,《山东社会科学》第289期。

Adam, A., 1776, *The wealth of nations*, (London: Random House, Inc.)

Adshead, G., 2006, *Compassion: Conceptualisations, research and use in psychotherapy*, (London: Routledge).

Afuah, A., Tucci, C., 2012, "Crowdsourcing as a solution to distant search", *Academy of Management Review* 37, 2, pp. 355-375.

Aiken, L. S., West, S. G., 1991, *Multiple regressions: Testing and interpreting interactions* (Newbury Park: Sage).

Allenby, G. M., Ginter, J. L., 1995, "Using extremes to design products and segment markets", *Journal of Marketing Research*, 32 (4), pp. 392.

Althuizen, N., Chen, B., 2022, "Crowdsourcing ideas using product prototypes: The joint effect of prototype enhancement and the product design goal on idea novelty", *Management Science* 68 (4), pp. 3008-3025.

Amabile, T. M., 1997, "Motivating creativity in organizations: On doing what you love and loving what you do", *California Management Review* 40 (1), pp. 39-58.

Anderson, N., Potocnik, K., Zhou, J., et al., 2014, "Innovation and creativity in organizations a state-of-the-science review, prospective commentary, and guiding framework", *Journal of Management* 40 (5), pp. 1297-1333.

Andriopoulos, C., Gotsi, M., Lewis, M. W., et al., 2018, "Turning the sword: How NPD teams cope with front-end tensions", *Journal of Product Innovation Management* 35 (3), pp. 427-445.

Anker, T., Sparks, L., Moutinho, L., et al., 2015, "Consumer dominant value creation: A theoretical response to the recent call for a consumer dominant logic for marketing", *European Journal of Marketing* 49 (3), pp. 532-560.

Annosi, M. C., Martini, A., Brunetta, F., et al., 2020, "Learning in an agile setting: A multilevel research study on the evolution of organizational routines", *Journal of Business Research* 110, pp. 554-566.

Argote, L., 2013, "Organizational learning curves: An overview", Springer Books, in: Organizational Learning, pp. 1-29.

Argote, L., Ingram, P., 2000, "Knowledge transfer: A basis for competitive advantage in firms", *Organizational Behavior and Human Decision Processes* 82 (1), pp. 150-169.

Argote, L., Mcevily, B., Reagans, R., et al., 2003, "Managing knowledge in organizations: An integrative framework and review of emerging themes", *Management Science* 49 (4), pp. 571-582.

Argote, L., Miron-Spektor, E., 2011, "Organizational learning: From experience to knowledge", *Organization Science* 22 (5), pp. 1123-1137.

Argote, L., Todorova, G., 2007, *Organizational learning*, (New York: Wiley).

Arthur, W. B., 2011, *The nature of technology*, (New York: Free Press)

Arthur, W. B., 2011, *The nature of technology*, (New York: Free Press).

Atuahene-Gima, K., Li, H., De Luca, L. M., 2006, "The contingent value of marketing strategy innovativeness for product development performance in Chinese new technology ventures." *Industrial Marketing Management* 35 (3), pp. 359-372.

Audretsch, D. B., Bonte, W., Mahagaonkar, P., et al., 2012, "Financial signaling by innovative nascent ventures: The relevance of patents and prototypes", *Research Policy* 41 (8), pp. 1407-1421.

Baer, M., 2012, "Putting creativity to work: The implementation of creative ideas in organizations", *Academy of Management Journal* 55 (5), pp. 1102-1119.

Baer, M., Dirks, K. T., Nickerson, J. A., 2013, "Microfoundations of strategic problem formulation", *Strategic Management Journal* 34, pp. 197-214.

Bakker, S., Van Lente, H., Meeus, M. T., et al., 2012, "Dominance in the prototyping phase—The case of hydrogen passenger cars", *Research Policy* 41 (5), pp. 871-883.

Barkema, H. G., Pennings, J. M., 1998, "Top management pay: Impact of power and influence", *Organization Studies*, 19 (6), pp. 975-1004.

Baron, R. A., 1988, "Attributions and organizational conflict: The mediating role of apparent sincerity", *Organizational Behavior and Human Decision Processes*, 41 (1), pp. 111-127.

Baron, R. M., Kenny, D. A., 1986, "The moderator-mediator variable distinction in social psychological research: Conceptual, strategic, and statistical considerations", *Journal of Personality and Social Psychology* 51 (6), pp. 1173-1182.

Barr, P. S., Stimpert, J. L., Huff, A. S., et al., 1992, "Cognitive change, strategic action, and organizational renewal", *Strategic Management Journal* 13, pp. 15-36.

Bauer, D. J., Curran, P. J., 2005, "Probing Interactions in Fixed andMultilevel Regression: Inferential and Graphical Techniques", *Multivariate Behavioral Research* 40 (3), pp. 373-400.

Beck, T. E., Plowman, D. A., 2009, "The role of middle managers in animating and guiding organizational interpretation", *Organization Science* 20 (5), pp. 909-924.

Beltagui, A., Candi, M., Riedel, J. C. K. H., 2012, "Design in the experience economy: Using emotional design for service innovation", *Interdisciplinary Approaches to Product Design, Innovation, Branding in International Marketing*, pp. 111-135.

Benner, M. J., Tushman, M. L., 2003, "Exploitation, exploration, and process management: The productivity dilemma revisited", *Academy of Management Review* 28 (2), pp. 238-256.

Bergh, D. D., Lim, E., 2008, "Learning how to restructure: absorptive capacity and improvisational views of restructuring actions and performance", *Strategic Management Journal* 29 (6), pp. 593-616.

Bettis, R. A., Prahalad, C. K., 1995, "The dominant logic: Retrospective and extension", *Strategic Management Journal* 16 (1), pp. 5-14.

Birkinshaw, J., Hamel, G., Mol, M. J., 2008, "Management innovation", *Academy of Management Review* 33 (4), pp. 254-285.

Bitektine, A., 2011, "Toward a theory of social judgments of organizations: The case of legitimacy, reputation, and status", *Academy of Management Review* 36 (1), pp. 151-179.

Blank, S., 2003, "The four steps to the epiphany: Successful strategies for products that win", MA, California: Cafepress. com.

Blank, S., 2013, "Why the lean start-up changes everything", *Harvard Business Review* 91 (5), pp. 64-75.

Bogers, M., Horst, W., 2014, "Collaborative prototyping: Cross-fertilization of knowledge in prototype-driven problem solving", *Journal of Product Innovation Management* 31 (4), pp. 744-764.

Bohnsack, R., Pinkse, J., 2017, "Value propositions for disruptive technologies: Reconfiguration tactics in the case of electric vehicles", *California Management Review*, 59 (4), pp. 79-96.

Boisot, M., Li, Y., 2006, "Organizational versus market knowledge: From concrete embodiment to abstract representation", *Journal of Bioeconomics*, 8 (3), pp. 219-251.

Bontis, N., Crossan, M. M., Hulland, J., et al., 2002, "Managing an organizational learning system by aligning stocks and flows", *Journal of Management Studies* 39 (4), pp. 437-469.

Brannick, M. T., Chan, D., Conway, J. M., et al., 2010, "What is method variance and how can we cope with it? A panel discussion", *Organizational Research Methods* 13 (3), pp. 407-420.

Brislin, R. W., 1970, "Back-translation for cross-cultural research", *Journal of Cross-Cultural Psychology* 1 (3), pp. 185-216.

Bromiley, P., Rau, D., 2014, "Towards a practice-based view of strategy", *Strategic Management Journal* 35 (8), pp. 1249-1256.

Brown, S. L., Eisenhardt, K. M., 1995, "Product development: Past research, present findings, and future directions", *Academy of Management Review*

20, pp. 343-378.

Brucks, M., Zeithaml, V. A., Naylor, G., 2000, "Price and brand name as indicators of quality dimensions for consumer durables", *Journal of the Academy of Marketing Science.* 28 (3), pp. 359-374.

Burton, J., Gruber, T., Gustafsson, A., 2020, "Fostering collaborative research for customer experience -connecting academic and practitioner worlds", *Journal of Business Research* 116, pp. 351-355.

Cabantous, L., Gond, J., 2011, "Rational decision making as performative praxis: Explaining rationality's eternel retour", *Organization Science* 22 (3), pp. 573-586.

Calantone, R. J., Cavusgil, S. T., Zhao, Y., 2002, "Learning orientation, firm innovation capability, and firm performance", *Industrial Marketing Management* 31 (6), pp. 515-524.

Calantone, R. J., Di Benedetto, C. A., 2000, "Performance and time to market: Accelerating cycle time with overlapping stages", *IEEE Transactions on Engineering Management* 47 (2), pp. 232-244.

Carbonell, P., Escudero, A. I., Aleman, J. L., et al., 2004, "Technology newness and impact of go/no-go criteria on new product success", *Marketing Letters* 15 (2), pp. 81-97.

Carrillo, J. E., Gaimon, C., 2000, "Improving manufacturing performance through process change and knowledge creation", *Management Science* 46 (2), pp. 265-288.

Cavaleri, S., Fearon, D., 1996, *Managing in Organizations that Learn* (Cambridge: Blackwell).

Chan, K. W., Yim, C. K., Lam, S. S. K., 2010, "Is customer participation in value creation a double-edged sword? Evidence from professional financial services across cultures", *Journal of Marketing* 74 (3), pp. 48-64.

Chang, S. J., Van Witteloostuijn, A., Eden, L., et al., 2010, "From the editors: Common method variance in international business research", *Journal of International Business Studies* 41 (2), pp. 178-184.

Chaochotechuang, P., Daneshgar, F., Mariano, S., 2020, "External knowledge search paths in open innovation processes of small and medium enterprises", *European Journal of Innovation Management* 23 (3), pp. 524-550.

Chiang, Y. H., Hung, K. P., 2010, "Exploring open search strategies and perceived innovation performance from the perspective of interorganizational knowledge flows", *R & D Management* 40 (3), pp. 292-299.

Ching, A. T., Lim, H., 2020, "A structural model of correlated learning and late-mover advantages: The case of statins", *Management Science* 66 (3), pp. 1095-1123.

Chiu, C. M., Wang, E. T. G., Fang, Y. H., Huang, H. Y., 2012, "Understanding customers' repeat purchase intentions in B2C e-commerce: the roles of utilitarian value, hedonic value and perceived risk", *Information Systems Journal*, 24 (1), pp. 85-114.

Chouki, M., de Mozota, B., Kallmuenzer, A., Kraus, S., Dabic, M., 2023, "Design thinking and agility in digital production: The key role of user experience design", *IEEE Transactions Engineering Management* 70 (12), pp. 4207-4221.

Cocchi, N., Dosi C., Vignoli, M., 2024, "Stage-gate hybridization beyond agile: Conceptual review, synthesis, and research agenda", *IEEE Transactions Engineering Management*, in press.

Contu, A., 2019, "Conflict and Organization Studies", *Organization Studies* 40 (10), pp. 1445-1462.

Cooper, R. G., 1990, "Stage-gate systems: A new tool for managing new products", *Business Horizons* 33 (3), pp. 44-54.

Cooper, R. G., 1994, "Third-generation new product processes", *Journal of Product Innovation Management* 11 (1), pp. 3-14.

Cooper, R. G., 2006, "Managing technology development projects-different than traditional development projects", *Research Technology Management* 49 (6), pp. 23-31.

Cooper, R. G., 2008, "Perspective: The stage-gates idea-to-launch process—update, what's new, and nexgen systems", *Journal of Product Innovation Management* 25, pp. 213-232.

Cooper, R. G., Edgett, S. J., 2005, *Lean, rapid and profitable new product development* (Product Development Institute).

Cooper, R. G., Edgett, S. J., Kleinschmidt, E. J., 2002a, *Portfolio management for new products* (New York: Perseus Publishing).

Cooper, R. G., Edgett, S. J., Kleinschmidt, E. J., 2002b, *Portfolio management for new products* (New York: Perseus Publishing).

Cooper, R. G., Edgett, S. J., Kleinschmidt, E. J., 2005, "Benchmarking best NPD practices-3: The NPD process & key idea-to launch activities", *Research-Technology Management* 47 (6), pp. 43-55.

Cooper, R. G., Kleinschmidt, E. J., 1987, "Success factors in product innovation", *Industrial Marketing Management* 16 (3), pp. 215-223.

Cooper, R. G., Kleinschmidt, E. J., 1995, "Performance typologies of new product projects", *Industrial Marketing Management* 24 (5), pp. 439-456.

Cooper, R. G., Kleinschmidt, E. J., "Determinants of timeliness in product development", 1994, *Journal of Product Innovation Management* 11 (5), pp. 381-396.

Coorevits, L., Georges, A., Schuurman, D., 2018, "A framework for field testing in living lab innovation projects", *Technology Innovation Management Review* 8 (12), pp. 40-50.

Cozzens, S., Gatchair, S., Kang, J., Kim, K.-S., Lee, H. J., Ordóñez, G., Porter, A., 2010, "Emerging technologies: Quantitative identification and measurement", *Technology Analysis Strategic Management*, 22 (3), pp. 361–376.

Cozzolino, A., Verona, G., Rothaermel, F. T., 2018, "Unpacking the Disruption Process: New Technology, Business Models, and Incumbent Adaptation", *Journal of Management Studies* 55 (7), pp. 1166–1202.

Cronbach, L. J., 1951, "Coefficient alpha and the internal structure of tests", *Psychometrika* 16, pp. 297–334.

Crossan, M. M., Lane, H. W., White, R. E., et al., 1995, "Organizational learning: Dimensions for a theory", *International Journal of Organizational Analysis* 3 (4), pp. 337–360.

Crossan, M. M., Lane, H. W., White, R. E., et al., 1999, "An organizational learning framework: From intuition to institution", *Academy of Management Review* 24 (3), pp. 522–537.

Cummings, J. N., 2004, "Work groups, structural diversity, and knowledge sharing in a global organization", *Management Science* 50 (3), pp. 352–364.

Daft, R. L., Weick, K. E., 1984, "Toward a model of organizations as interpretation systems", *Academy of Management Review* 9 (2), pp. 284–295.

Dahl, D. W., Moreau, C. P., 2007, "Thinking inside the box: Why consumers enjoy constrained creative experiences", *Journal of Marketing Research* 44 (3), pp. 357–369.

Danneels, E., Sethi, R., 2011, "New product exploration under environmental turbulence", *Organization Science* 22 (4), pp. 1026–1039.

Das, T. K., Teng, B. S., 2000, "Instabilities of strategic alliances: An internal tensions perspective", *Organization Science*, 11 (1), PP. 77–101.

Day, G. S. , 1994, "Continuous learning about markets", *California Management Review* 36 (4), pp. 9-31.

De Bellis, E. , Hildebrand, C. , Ito, K. , et al. , 2019, "Personalizing the customization experience: A matching theory of mass customization interfaces and cultural information processing", *Journal of Marketing Research* 56 (6), pp. 1050-1065.

De Paula, D. , Cormican, K. , Dobrigkeit, F. , 2022, "From acquaintances to partners in innovation: An analysis of 20 years of design thinking's contribution to new product development", *IEEE Transactions Engineering Management* 69 (4), pp. 1664-1677.

Dickson, P. R. , 1982, "Person-situation: Segmentation's missing link", *Journal of Marketing*, 46 (4), pp. 56.

Do, T. T. , Mai, N. K. , 2020, "Review of empirical research on leadership and organizational learning", *Journal of Knowledge Management* 24 (5), pp. 1201-1220.

Dul, J. , Ceylan, C. , 2014, "The impact of a creativity-supporting work environment on a firm's product innovation performance", *Journal of Product Innovation Management* 31 (6), pp. 1254-1267.

D'Adderio, L. , 2001, "Crafting the virtual prototype: How firms integrate knowledge and capabilities across organisational boundaries", *Research Policy* 30 (9), pp. 1409-1424.

Easterby-Smith, M. M. , Crossan, D. N. , 2000, "Organizational learning: Debates past, present and future", *Journal of Management Studies* 37 (6), pp. 783-796.

Edmondson, A. C. , Dillon, J. R. , Roloff, K. S. , et al. , 2007, "Three perspectives on team learning: Outcome improvement, task mastery, and group process", *The Academy of Management Annals* 1 (1), pp. 269-314.

Edwards, J. R., 2001, "Multidimensional constructs in organizational behavior research analytical framework", *Organizational Research Methods* 4 (2), pp. 144-192.

Egelman, C. D., Epple, D., Argote, L., et al., 2017, "Learning by doing in multiproduct manufacturing: Variety, customizations, and overlapping product generations", *Management Science* 63 (2), pp. 405-423.

Elias, S. R., Chiles, T. H., Duncan, C. M., et al., 2018, "The aesthetics of entrepreneurship: How arts entrepreneurs and their customers co-create aesthetic value", *Organization Studies* 39 (2-3), pp. 345-372.

Etgar, M., 2008, "A descriptive model of the consumer co-production process", *Journal of the Academy of Marketing Science* 36 (1), pp. 97-108.

Eugenio-Martin, L. J., Cazorla-Artiles, M. J., 2020, "The shares method for revealing latent tourism demand", *Annals of Tourism Research*, 84.

Fang, C., Lee, J., Schilling, M. A., et al., 2010, "Balancing exploration and exploitation through structural design: The isolation of subgroups and organizational learning", *Organization Science* 21 (3), pp. 625-642.

Felin, T., Zenger, T., 2014, "Closed or open innovation? Problem solving and the governance choice", *Research Policy* 43 (5), pp. 914-925.

Ferro, C., Padin, C., Hogevold, N. M., et al., 2019, "Validating and expanding a framework of a triple bottom line dominant logic for business sustainability through time and across contexts", *Journal of Business & Industrial Marketing* 34 (1), pp. 95-116.

Figueiredo, P. N., Larsen, H., Hansen, U. E., 2020, "The role of interactive learning in innovation capability building in multinational subsidiaries: A micro-level study of biotechnology in Brazil", *Research Policy* 49 (6), pp. 1-16.

Fiol, C., Lyles, M., 1985, "Organizational learning", *Academy of Management Review* 10 (4), pp. 803-13.

Fixson, S. K., Marion, T. J., 2012, "Back-Loading: A potential side effect of employing digital design tools in new product development", *Journal of Product Innovation Management* 27, pp. 140-156.

Fleming, N. D., 2001, *Teaching and learning styles: VARK strategies.* (New Zealand: N. D. Fleming).

Fornell, C., Larcker, D. F., 1981, "Evaluating structural equation models with unobservable variables and measurement error", *Journal of Marketing Research* 18 (1), pp. 39-50.

Forti, E., Sobrero, M., Vezzulli, A., 2020, "Continuity, change, and new product performance: The role of stream concentration", *Journal of Product Innovation Management* 37 (3), pp. 228-248.

Franke, N., Keinz, P., Schreier, M., et al., 2008, "Complementing mass customization toolkits with user communities: How peer input improves customer self-design", *Journal of Product Innovation Management* 25 (6), pp. 546-559.

Franke, N., Piller, F. T., 2004, "Value creation by toolkits for user innovation and design: The case of the watch market", *Journal of Product Innovation Management* 21 (6), pp. 401-415.

Franke, N., Schreier, M., Kaiser, U., et al., 2010, "The "I designed it myself" effect in mass customization", *Management Science* 56 (1), pp. 125-140.

Franke, N., Shah, S. K., 2003, "How communities support innovative activities: An exploration of assistance and sharing among end-users", *Research Policy* 32 (1), pp. 157-178.

Franke, N., von Hippel, E., Schreier, M., 2006, "Finding

commercially attractive user innovations: A test of lead-user theory", *Journal of Product Innovation Management*, 23 (4), pp. 301–315.

Fuchs, C., Schreier, M., 2011, "Customer empowerment in new product development", *Journal of Product Innovation Management* 28 (1), pp. 17–32.

Fudenberg, D., Tirole, J., 1983, "Learning-by-doing and market performance", *The Bell Journal of Economics* 14 (2), pp. 522–530.

Fuller, J., Matzler, K., Hoppe, M., et al., 2008, "Brand community members as a source of innovation", *Journal of Product Innovation Management* 25 (6), pp. 608–619.

Fur, N., Ahlstrom, P., 2011, *Nail it then scale it* (Lexington: NISI Publishing).

Ganco, M., 2017, "NK model as a representation of innovative search", *Research Policy* 46 (10), pp. 1783–1800.

García, N., José, M., Trespalacios, J. A., 2008, "New product internal performance and market performance: Evidence from Spanish firms regarding the role of trust, interfunctional integration, and innovation type", *Technovation* 28 (11), pp. 713–725.

Garvin, D. A., 1993, "Building a learning organization", *Harvard Business Review* 71 (4), pp. 78–91.

Geissdoerfer, M., Bocken, N., Hultink, E. J., et al., 2016, "Design thinking to enhance the sustainable business modelling process—A workshop based on a value mapping process", *Journal of Cleaner Production* 135, pp. 1218–1232.

Geletkanycz, M. A., Hambrick, D. C., 1997, "The external ties of top executives: Implications for strategic choice and performance", *Administrative Science Quarterly* 42, pp. 654–681.

Gemser, G. , Perks, H. , 2015, "Co-Creation with customers: An evolving innovation research field", *Journal of Product Innovation Management* 32 (5), pp. 660-665.

Gerbing, D. , Anderson, J. C. , 1988, "An updated paradigm for scale development incorporating unidimensionality and its assessment", *Journal of Marketing Research* 25 (2), pp. 186-192.

Gherardi, S. , 2006, *Organizational knowledge: The texture of workplace learning* (Malden, MA: Blackwell Publishing).

Gibson, C. B. , Gibbs, J. L. , 2006, "Unpacking the concept of virtuality: The effects of geographic dispersion, electronic dependence, dynamic structure, and national diversity on team innovation", *Administrative Science Quarterly* 51 (3), pp. 451-495.

Gilmore, J. H. , Pine, B. J. , 1997, "The four faces of mass customization", *Harvard Business Review*, 75 (1), pp. 91-101.

Gino, F. , Argote, L. , Miron-Spektor, E. , et al. , 2010, "First, get your feet wet: The effects of learning from direct and indirect experience on team creativity", *Organizational Behavior & Human Decision Processes* 111 (2), pp. 102-115.

Giri, B. C. , Glock, C. H. , 2017, "A closed-loop supply chain with stochastic product returns and worker experience under learning and forgetting", *International Journal of Production Research* 55 (22), pp. 6760-6778.

Grant, R. M. , 1988, "On 'dominant logic', relatedness and the link between diversity and performance", *Strategic Management Journal* 9 (6), pp. 639-642.

Griffin, A. , 1993, "Metrics for measuring product development cycle time", *Journal of Product Innovation Management* 10 (2), pp. 112-125.

Griffin, A. , Page, A. L. , 1996, "PDMA success measurement project:

Recommended measures for product development success and failure", *Journal of Product Innovation Management* 13 (6), pp. 478-496.

Griffin, M. A., Grote, G., 2020, "When is more uncertainty better? A model of uncertainty regulation and effectiveness", *Academy of Management Review* 45 (4), pp. 745-765.

Griffin, A., Hauser, J., 1993, "The voice of the customer", *Marketing Science*, 12 (1), pp. 360-373.

Gronlund, J. m., Sjodin, D. R., Frishammar, J., et al., 2010, "Open innovation and the stage-gate process: A revised model for new product development", *California Management Review* 52 (3), pp. 106-131.

Groth, M., 2005, "Customers as good soldiers: Examining citizenship behaviors in internet service deliveries", *Journal of Management* 31 (1), pp. 7-27.

Groth, M., Mertens, D. P., Murphy, R. O., 2004, "Customers as good solidiers: Extending organizational citizenship behavior research to the customer domain", In Turnipseed, D. L. Ed., *Handbook of organizational citizenship behavior* (Hauppauge, NY: Nova Science Publishers), pp. 411-430.

Guertler, M., Sick, N., Kriz, A., 2019, "A discipline-spanning overview of action research and its implications for technology and innovation management", *Technology Innovation Management Review* 9 (4), pp. 48-65.

Hair, J. F., Black, W. C., Babin, B. J., Anderson, R. E., 2010, *Multivariate data analysis* (MA, New Jersey: Prentice Hall).

Hamel, G., 2006, "The why, what, and how of management innovation", *Harvard Business Review*, 84, pp. 72.

Hamilton, B. H., Nickerson, J. A., 2003, "Correcting for endogeneity in strategic management research", *Strategic Organization*, 1 (1), pp. 51-78.

Hamilton, B. H., Nickerson, J. A., 2003, "Correcting for endogeneity in strategic management research", *Strategic Organization* 1 (1), pp. 51-78.

Hannan, M. T., Freeman, J., 1984, "Structural inertia and organizational change", *American Sociological Review*, 49, pp. 149-164.

Hargadon, A., Douglas, Y., 2001, "When innovations meet institutions: Edison and the design of the electric light", *Administrative Science Quarterly* 46 (3), pp. 476-501.

Harhoff, D., Henkel, J., von Hippel, E. A., 2003, "Profiting from voluntary information spillovers: How users benefit by freely revealing their innovations", *Research Policy*, 32 (10), pp. 1753-1769.

Harsanyi, J. C., 1977, *Rational behavior and bargaining equilibrium in games and social situations* (MA, UK: Cambridge University Press).

Hart, S., 1993, "Dimensions of success in new product development: An exploratory investigation", *Journal of Marketing Management*, 9 (1), pp. 23-41.

Hayes, A. F., Matthes, J., 2009, "Computational procedures for probing interactions in ols and logistic regression: Spss and sas implementations", *Behavior Research Methods* 41 (3), pp. 924-936.

Hazee, S., Van Vaerenbergh, Y., Armirotto, V., 2017, "Co-creating service recovery after service failure: The role of brand equity", *Journal of Business Research* 74, pp. 101-109.

Heidenreich, S., Wittkowski, K., Handrich, M., et al., 2015, "The dark side of customer co-creation: exploring the consequences of failed co-created services", *Journal of the Academy of Marketing Science* 43 (3), pp. 279-296.

Henderson, R., Clark, K. B., 1990, "Architectural innovation: The reconfiguration of existing product technologies and the failure of established firms", *Administrative Science Quarterly* 35 (1), pp. 9-30.

Henseler, J., Ringle, C. M., Sarstedt, M., 2015, "A new criterion for assessing discriminant validity in variance-based structural equation modeling", *Journal of the Academy of Marketing Science* 43 (1), pp. 115-135.

Hienerth, C., Lettl, C., 2011, "Exploring how peer communities enable lead user innovations to become standard equipment in the industry: Community pull effects", *Journal of Product Innovation Management* 28 (s1), pp. 175-95.

Hienerth, C., Lettl, C., Keinz, P., et al., 2014, "Synergies among producer firms, lead users, and user communities: The case of the LEGO producer-user ecosystem", *Journal of Product Innovation Management* 31 (4), pp. 848-866.

Hilal, D. K., Soltan, H., 1992, "To prototype or not to prototype? That is the question", *Software Engineering Journal* 7 (6), pp. 388-392.

Hird, A., Mendibil, K., Duffy, A. H., et al., 2016, "New product development resource forecasting", *R & D Management* 46 (5), pp. 857-871.

Hirst, G., Van Knippenberg, D., Zhou, J., et al., 2009, "A cross-level perspective on employee creativity: Goal orientation, team learning behavior, and individual creativity", *Academy of Management Journal* 52 (2), pp. 280-293.

Hjorth-Andersen, C., 1984, "The concept of quality and the efficiency of markets for consumer products", *Journal of Consumer Research*, 11 (2), pp. 708.

Hjorth-Anderson, C., 1984, "The concept of quality and the efficiency of markets for consumer products", *Journal of Consumer Research*, 11 (2), pp. 708-718.

Hooley, G. J., Greenley, G. E., Cadogan, J. W., et al., 2005, "The performance impact of marketing resources", *Journal of Business Research* 58

(1), pp. 18-27.

Hsieh, Y., Chiu, H., Tang, Y., et al., 2018, "Does raising value co-creation increase all customers' happiness?", *Journal of Business Ethics* 152 (4), pp. 1053-1067.

Huang, X., Soutar, G. N., Brown, A., et al., 2004, "Measuring new product success: An empirical investigation of Australian SMEs", *Industrial Marketing Management* 33 (2), pp. 117-123.

Huber, G. P., 1991, "Organizational learning: the contributing processes and the literatures", *Organization Science* 2, pp. 88-115.

Huff, A. S., Jenkins, M., 2002, *Mapping strategic knowledge* (Thousand Oaks, CA: Sage).

Hult, G. T., Hurley, R. F., Knight, G., et al., 2004, "Innovativeness: Its antecedents and impact on business performance", *Industrial Marketing Management* 33 (5), pp. 429-438.

Hultink, E. J., Robben, H. S., 1999, "Launch strategy and new product performance: An empirical examination in the Netherlands", *Journal of Product Innovation Management* 16 (6), pp. 545-556.

Hung, S. C., Gao, J., Hu, M. C., 2009, "When technological uncertainties meet social uncertainties: Emerging technologies in emerging markets", *Technological Forecasting and Social Change*, 76 (9), pp. 1253.

Iansiti, M., 1997, *Technology integration: Making critical choices in a turbulent world* (Boston, MA: Harvard business school press).

Jain, A., 2013, "Learning by doing and the locus of innovative capability in biotechnology research", *Organization Science* 24 (6), pp. 1683-1700.

Jaworski, B. J., Kohli, A. K., 1993, "Market orientation: Antecedents and consequences", *Journal of Marketing* 57 (3), pp. 53-70.

Jefferies, J. G., Bishop, S., Hibbert, S., et al., 2019, "Customer boundary work to navigate institutional arrangements around service interactions: Exploring the case of telehealth", *Journal of Business Research* 105, pp. 420-433.

Jehn, K. A., 1995, "A multimethod examination of the benefits and detriments of intragroup conflict", *Administrative Science Quarterly* 40 (2), pp. 256-282.

Jenner, S., 2007, "Gates with teeth: Implementing a centre of excellence for investment decisions", Paper presented at the First International Stage-Gate Conference, St. Petersburg, FL.

Jeppesen, L. B., 2005, "User toolkits for innovation: Consumers support each other", *Journal of Product Innovation Management* 22 (4), pp. 347-362.

Jiao, J. R., Ma, Q., Tseng, M. M., 2003, "Towards high value—added products and services: Mass customization and beyond", *Technovation*, 23, pp. 809-821.

Jin, J., Guo, M., Zhang, Z., 2022, "Selective adoption of open innovation for new product development in High-tech SMEs in emerging economies", *IEEE Transactions Engineering Management* 69 (2), pp. 329-337.

Juliaorossi, J., Foreropineda, C., Losadaotalora, M., 2020, "Trajectories of innovation: A new approach to studying innovation performance", *Journal of Business Research* 115, pp. 322-333.

Jussila, J., Raitanen, J., Partanen, A., et al., 2020, "Rapid product development in university-industry collaboration: Case study of a smart design", *Technology Innovation Management Review* 10 (3), pp. 48-58.

Kagan, E., Leider, S., Lovejoy, W. S., 2018, "Ideation-execution transition in product development: An experimental analysis", *Management Science* 64 (5), pp. 2238-2262.

Kalcheva, I., McLemore, P., Pant, S., 2018, "Innovation: The interplay between demand-side shock and supply-side environment", *Research*

Policy 47 (2), pp. 440-461.

Kane, A. A., Argote, L., Levine, J. M., 2005, "Knowledge transfer between groups via personnel rotation: Effects of social identity and knowledge quality", *Organizational Behavior & Human Decision Processes* 96 (1), pp. 56-71.

Kaplan, A. M., Haenlein, M., 2006, "Toward a parsimonious definition of traditional and electronic mass customization", *Journal of Product Innovation Management* 23 (2), pp. 168-182.

Kaplan, S., Vakili, K., 2014, "The double-edged sword of recombination in breakthrough innovation", *Strategic Management Journal*, 36 (10), pp. 1435-1457.

Katila, R., Ahuja, G., 2002, "Somethin old, something new: A longitudinal study of search behavior and new product introduction", *Academy of Management Journal* 45 (6), pp. 1183-1194.

Kellogg, D. L., Youngdahl, W. E., Bowen, D. E., et al., 1997, "On the relationship between customer participation and satisfaction: Two frameworks", *International Journal of Service Industry Management* 8 (3), pp. 206-219.

Kessler, E. H., Chakrabarti, A. K., 1996, "Innovation speed: A conceptual model of context, antecedents, and outcomes", *Academy of Management Review* 21 (4), pp. 1143-1191.

Khanna, R., Guler, I., Nerkar, A., 2016, "Fail often, fail big, and fail fast? Learning from small failures and Rand performance in the pharmaceutical industry", *Academy of Management Journal* 59 (2), pp. 436-459.

Kim, D. H., 1993, "The link between individual and organizational learning", *Sloan Management Review*, Fall, pp. 37-50.

Kim, D. H., 1997, "The link between individual and organizational learning", *Sloan Management Review* Fall, pp. 41-62.

Kim, J. Y., Kim, J., Miner, A. S., 2009, "Can new firms learn from their own experience? The impact of success and recovery experience", *Organization Science* 20 (6), pp. 958-978.

Kim, W. C., Renée, M., 1998, "Value innovation: The strategic logic of high growth", *Harvard Business Review* 75 (1), pp. 102-112.

Kneeland, M. K., Schilling, M. A., Aharonson, B. S., 2020, "Exploring uncharted territory: Knowledge search processes in the origination of outlier innovation", *Organization Science* 31 (3), pp. 535-557.

Knudsen, M. P., 2007, "The relative importance of interfirm relationships and knowledge transfer for new product development success", *Journal of Product Innovation Management* 24 (2), pp. 117-138.

Kok, H., Faems, D., De Faria, P., et al., 2019, "Dusting off the knowledge shelves: Recombinant lag and the technological value of inventions", *Journal of Management* 45 (7), pp. 2807-2836.

Kor, Y. Y., Mesko, A., 2013, "Dynamic managerial capabilities: Configuration and orchestration of top executives' capabilities and the firm's dominant logic: Research Notes and Commentaries", *Strategic Management Journal* 34 (2), pp. 233-244.

Korsgaard, M. A., Jeong, S. S., Mahony, D. M., et al., 2008, "A multilevel view of intragroup conflict", *Journal of Management* 34 (6), pp. 1222-1252.

Koszegi, B., Rabin, M., 2006, "A model of reference-dependent preferences", *The Quarterly Journal of Economics*, 121 (4), pp. 1133-1165.

Kouvelis, P., Mukhopadhyay, S. K., 1995, "Competing on design quality: A strategic planning approach for product quality with the use of a control theoretic model", *Journal of Operations Management*, 12 (3-4), PP. 369-385.

Kristensson, P., Gustafsson, A., Archer, T., et al., 2004, "Harnessing the creative potential among users", *Journal of Product Innovation Management* 21 (1), pp. 4-14.

Krogh, G. V., Erat, P., Macus, M., 2000, "Exploring the link between dominant logic and company performance", *Creativity and Innovation Management* 9 (2), pp. 82-93.

Kumar, N., Yakhlef, A., Nordin, F., 2019, "Validation of organizational innovation as a creative learning process", *Journal of Business & Industrial Marketing* 34 (3), pp. 643-650.

Kwak, K., Yoon, H., 2020, "Unpacking transnational industry legitimacy dynamics, windows of opportunity, and latecomers' catch-up in complex product systems", *Research Policy* 49 (4), pp. 103-153.

Lampel, J., Mintzberg, H., 1996, "Customizing customization", *Social Science Electronic Publishing* 38 (1), pp. 21-30.

Lampel, J., Shamsie, J., 2000, "Probing the unobtrusive link: Dominant logic and the design of joint ventures at general electric", *Strategic Management Journal* 21, pp. 593-602.

Lampert, C. M., Kim, M., Junior, F. P., 2020, "Branching and anchoring: Complementary asset configurations in conditions of knightian uncertainty", *Academy of Management Review* 45 (4), pp. 847-868.

Lampert, C. M., Semadeni, M., 2010, "Search breadth and the cost of search", *Academy of Management Proceedings*, 2010 (1), pp. 1-6.

Langerak, F., Hultink, E. J., 2005, "The impact of new product development acceleration approaches on speed and profitability: Lessons for pioneers and fast followers", *IEEE Transactions on Engineering Management* 52 (1), pp. 30-42.

Langerak, F., Hultink, E. J., Robben, H. S., et al., 2004, "The impact of market orientation, product advantage, and launch proficiency on new product performance and organizational performance", *Journal of Product Innovation Management* 21 (2), pp. 79-94.

Lapre, M. A., Mukherjee, A. S., Van Wassenhove, L. N., et al., 2000, "Behind the learning curve: Linking learning activities to waste reduction", *Management Science* 46 (5), pp. 597-611.

Leatherbee, M., Katila, R., 2020, "The lean startup method: Early - stage teams and hypothesis - based probing of business ideas", *Strategic Entrepreneurship Journal* 14 (4), pp. 570-593.

Lee, S., Courtney, J. F., Okeefe, R. M., et al., 1992, "A system for organizational learning using cognitive maps", *Omega-international Journal of Management Science* 20 (1), pp. 23-36.

Lee, Y., O'Connor, G. C., 2003, "The Impact of communication strategy on launching new products: The moderating role of product lnnovativeness", *Journal of Product Innovation Management* 20 (1), pp. 4-21.

Leifer, R., McDermott, C., O'Connor, G., et al., 2000, *Radical innovation: How mature companies can outsmart upstarts* (Boston: Harvard Business School Press).

Lejarraga, T., Mullertrede, J., 2017, "When experience meets sescription: How syads integrate experiential and descriptive information in risky decisions", *Management Science* 63 (6), pp. 1953-1971.

Lengnick-Hall, C. A., Claycomb, V., Inks, L. W., et al., 2000, "From recipient to contributor: Examining customer roles and experienced outcomes", *European Journal of Marketing* 34, pp. 359-383.

Leonardi, P. M., 2011, "Early prototypes can hurt a team's creativity", *Harvard Business Review* 89 (12), pp. 28.

Leonard-Barton, D., 1992, "Core capabilities and core rigidities: A paradox in managing new product development", *Strategic Management Journal* 26 (1), pp. 111-125.

Levinthal, D. A., March, J. G., 1993, "The myopia of learning", *Strategic Management Journal* 14 (8), pp. 95-112.

Levitt, B., March, J. G., 1988, "Organizational learning", *Annual Review of Sociology* 14, pp. 319-340.

Li, J. J., Poppo, L., Zhou, K. Z., et al., 2008, "Do managerial ties in China always produce value? Competition, uncertainty, and domestic vs. foreign firms", *Strategic Management Journal* 29 (4), pp. 383-400.

Li, Y., Li, N., Li, C., et al., 2020, "The boon and bane of creative "Stars": A social network exploration of how and when team creativity is (and Is Not) driven by a star teammate", *Academy of Management Journal* 63 (2), pp. 613-635.

Li, Y., Li, P. P., Liu, Y., et al., 2010, "Learning trajectory in offshore OEM cooperation: Transaction value for local suppliers in the emerging economies", *Journal of Operations Management* 28 (3), pp. 269-282.

Liechty, J., Ramaswamy, V., Cohen, S. H., 2001, "Choice menus for mass customization: An experimental approach for analyzing customer demand with an application to a web-based information service", *Journal of Marketing Research* 38 (2), pp. 183-196.

Lin, K., Yu, A. P., Chu, P., et al., 2017, "User-experience-based design of experiments for new product development of consumer electronics and an empirical study", *Journal of Industrial and Production Engineering* 34 (7), pp. 504-519.

Lindell, M. K., Whitney, D. J., 2001, "Accounting for common method variance in cross-sectional research designs", *Journal of Applied Psychology* 86 (1), pp. 114-121.

Long, J. S., 1983, *Confirmatory factor analysis: A preface to LISREL* (Beverly Hills, CA: Sage).

Lovallo, D., Brown, A. L., Teece, D. J., et al., 2020, "Resource reallocation capabilities in internal capital markets: The value of overcoming inertia", *Strategic Management Journal* 41 (8), pp. 1365–1380.

Luthje, C., Herstatt, C., 2004, "The lead user method: An outline of empirical findings and issues for future research", *R & D Management* 34 (5), pp. 553–568.

Macher J. T., Mowery, D. C., 2003, "Managing" learning by doing: An empirical study in semiconductor manufacturing", *Journal of Product Innovation Management* 20 (5), pp. 391–410.

Macher, J. T., Mowery, D. C., 2003, "Managing" learning by doing: An empirical study in semiconductor manufacturing", *Journal of Product Innovation Management* 20 (5), pp. 391–410.

Magnotta, S. R., Johnson, C. M., 2020, "The role of sales team intragroup conflict on critical job outcomes", *Industrial Marketing Management* 84, pp. 126–137.

Magnusson, P. R., 2009, "Exploring the contributions of involving ordinary users in ideation of technology-based services", *Journal of Product Innovation Management* 26 (5), pp. 578–593.

Mahr, D., Lievens, A., Blazevic, V., et al., 2014, "The value of customer cocreated knowledge during the innovation process", *Journal of Product Innovation Management* 31 (3), pp. 599–615.

Maijanen, P., 2015, "Cognition as a driver and barrier of strategic renewal: Case of the Finnish Broadcasting Company", *International Journal of Business Innovation Research* 9 (3), pp. 351–374.

Makkonen, H., Saarikorpi, M., Rajala, R., 2019, "A transition from goods-dominant to service-dominant exchange logic in a B2B relationship: A relationship positioning perspective", *Industrial Marketing Management* 81, pp. 65-77.

Mansfield, E., 1988, "The speed and cost of industrial innovation in Japan and the United States: External vs. internal technology", *Management Science* 34 (10), pp. 1157-1168.

Mansfield, E., Rapoport, J., 1975, "The Costs of industrial product innovations", *Management Science* 21 (12), pp. 1380-1386.

March, J. G., Sproull, L. S., Tamuz, M., 2003, "Learning from samples of one or fewer. Special Issue: Organizational learning: Papers in honor of (and by) James G. March", *Organization Science* 2 (1), pp. 1-13.

March-Chordà, I., Gunasekaran, A., Lloria-Aramburo, B., 2002, "Product development process in Spanish SMEs: an empirical research", *Technovation*, 22 (5), pp. 301-312.

Markman, G. D., Gianiodis, P. T., Phan, P. H., Balkin, D. B., 2005, "Innovation speed: Transferring university technology to market", *Research Policy*, 34 (7), pp. 1058-1075.

Markowitz, H., 1952, "Portfolio selection", *The Journal of Finance*, 7 (1), pp. 77-91.

Markowitz, H., 1952, "Portfolio selection", *The Journal of Finance*, 7 (1), pp. 77.

Mascitelli, R., 2000, "From experience: Harnessing tacit knowledge to achieve breakthrough innovation", *Journal of Product Innovation Management* 17 (3), pp. 179-193.

Masucci, M., Brusoni, S., Cennamo, C., et al., 2020, "Removing bottlenecks in business ecosystems: The strategic role of outbound open innovation", *Research Policy* 49 (1).

McDermott, C. M. , O'Connor, G. C. , 2002, "Managing radical innovation: An overview of emergent strategy issues", *Journal of Product Innovation Management* 19 (6), pp. 424-438.

McGrath, R. G. , 2001, "Exploratory learning, innovative capacity, and managerial oversight", *Academy of Management Journal* 44 (1), pp. 118-131.

McKee, D. , 1992, "An organizational learning approach to product innovation", *Journal of Product Innovation Management* 9 (3), pp. 232-245.

Mckelvie, A. , Haynie, J. M. , Gustavsson, V. , 2011, "Unpacking the uncertainty construct: Implications for entrepreneurial action", *Journal of Business Venturing* 26 (3), pp. 273-292.

Meyer-Dohm, P. , 1992, "Human resources 2020: Structures of the 'learning company', Conference Proceedings, Human Resources in Europe at the Dawn of the 21st Century. Luxembourg: Office for Official Publications of the European Communities.

Miller, D. , 1996, "A preliminary typology of organizational learning: Synthesizing the literature", *Journal of Management* 22 (3), pp. 485-505.

Mills, D. O. , Friesen, B. , 1992, "The learning organization", *European Management Journal* 10 (2), pp. 146-156.

Miner, A. S. , Haunschild, P. R. , 1995, "Population-level learning", *Research in Organizational Behavior* 17, pp. 115-166.

Molina-Castillo, F. , Munuera-Alemán, J. , 2009, "New product performance indicators: Time horizon and importance attributed by managers", *Technovation* 29 (10), pp. 714-724.

Molina-Castillo, F. J. , Jimenez-Jimenez, D. , Munuera-Aleman, J. -L. , 2011, "Product competence exploitation and exploration strategies: The impact on new product performance through quality and innovativeness", *Industrial Marketing Management*, 40 (7), pp. 1172-1182.

Monroe, K, R. Krishnan, 1985, *The effect of price on subjective product evaluations*, (Lexington, MA: Lexington Books).

Mookherjee, D., Ray, D., 1991, "Collusive market structure under learning-by-doing and increasing returns", *The Review of Economic Studies*, 58 (5), pp. 993.

Morgan, T. A., Anokhin, S., 2020, "The joint impact of entrepreneurial orientation and market orientation in new product development: Studying firm and environmental contingencies", *Journal of Business Research* 113, pp. 129–138.

Nadler, D., Gerstein, M., Shaw, R., et al., 1992, *Organizational architecture: Designs for changing organizations* (San Francisco: Jossey-Bass).

Nambisan, S., Baron, R. A., 2009, "Virtual customer environments: Testing a model of voluntary participation in value co-creation activities", *Journal of Product Innovation Management* 26 (4), pp. 388–406.

Nambisan, S., Nambisan, P., 2008, "How to profit from a better 'virtual customer environment'", *MIT Sloan Management Review*, 49 (3), pp. 53–61.

Naor, M., Bernardes, E. S., Coman, A., 2013, "Theory of constraints: Is it a theory and a good one?", *International Journal of Production Research*, 51 (2), pp. 542–554.

Narayanan, V. K., Zane, L. J., Kemmerer, B., 2010, "The cognitive perspective in strategy: An integrative review", *Journal of Management*, 37 (1), pp. 305–351.

Nguyen, B., Chang, K., Simkin, L., 2014, "Customer engagement planning emerging from the 'individualist-collectivist' -framework: An empirical examination in China and UK. *Marketing Intelligence Planning*, 32 (1), pp. 41–65.

Nonaka, I., 1994, "A dynamic theory of organizational knowledge creation", *Organization Science* 5 (1), pp. 14-37.

Nonaka, I., Takeuchi, H., 1995, *The knowledge creating company* (Oxford, England: Oxford University Press).

Nunnally, J. C., 1978, *Psychometric Theory* (MA, New York: McGraw-Hill).

Obloj, K., Pratt, M., 2005, *Happy kids and mature losers: Differentiating the dominant logics of successful and unsuccessful firms in emerging markets* (Oxford, U. K.: Blackwell), p. 81-104.

Obloj, T., Obloj, K., Pratt, M. G., 2010, "Dominant logic and entrepreneurial firms' performance in a transition economy", *Entrepreneurship Theory & Practice* 34 (1), pp. 151-170.

Ocasio, W., 1997, "Towards an attention—Based view of the firm", *Strategic Management Journal*, 18, pp. 187-206.

Oertzen, A. S., Odekerken-Schroder, G., Brax, S. A., et al., 2018, "Co-creating services-conceptual clarification, forms and outcomes", *Journal of Service Management Josm* 29 (4), pp. 641-679.

Olson, E. M., Walker, O. C., Ruekert, R. W., 1995, "Organizing for effective new product development: The moderating role of product innovativeness", *Journal of Marketing*, 59 (1), pp. 48-62.

Packard, M. D., Clark, B. B., Klein, P. G., 2017, "Uncertainty types and transitions in the entrepreneurial process", *Organization Science* 28 (5), pp. 840-856.

Page, A. L., 1993, "Assessing new product development practice and performance: Establishing crucial norms", *Journal of Product Innovation Management* 10 (4), pp. 273-290.

Palmberg, C., 2006, "The sources and success of innovations —

Determinants of commercialisation and break-even times", *Technovation* 26 (11), pp. 1253-1267.

Parkinson, C. N., 1957, *Parkinson's law* (Cambridge, MA: Riverside Press, .

Pattikawa, L. H., Verwaal, E., Commandeur, H., et al., 2006, "Understanding new product project performance", *European Journal of Marketing* 40, pp. 1178-1193.

Payne, A., Frow, P., Eggert, A., 2017, "The customer value proposition: Evolution, development, and application in marketing", *Journal of the Academy of Marketing Science*, 45 (4), pp. 467-489.

Perks, H., Gruber, T., Edvardsson, B., et al., 2012, "Co-creation in radical service innovation: A systematic analysis of microlevel processes", *Journal of Product Innovation Management* 29 (6), pp. 935-951.

Picard, P. M., Okubo, T., 2012, "Firms' locations under demand heterogeneity", *Regional Science and Urban Economics*, 42 (6), pp. 961-974.

Piller, F. T., Ihl, C., Vossen, A., 2010, "A typology of customer Co-creation in the innovation process", *SSRN Electronic Journal*.

Pisano, G., 1996, *The development factory* (Cambridge, MA: Harvard Business School Press) .

Podsakoff, P. M., Mackenzie, S. B., Lee, J., et al., 2003, "Common method biases in behavioral research: A critical review of the literature and recommended remedies", *Journal of Applied Psychology* 88 (5), pp. 879-903.

Poetz, M. K., Schreier, M., 2012, "The value of crowdsourcing: Can users really compete with professionals in generating new product ideas?", *Journal of Product Innovation Management* 29 (2), pp. 245-56.

Porter, M. E., 1980, *Competitive strategy: Techniques for analyzing industries and competitors*, (New York: Free Press,)

Porter, M. E., 1987, "From competitive advantage to corporate strategy", *Harvard Business Review* 65 (3), pp. 43-59.

Porter, M. E., 1990, *The competitive advantage of nations* (New York: Free Press).

Prahalad, C. K., 2004, "The blinders of dominant logic", *Long Range Planning* 37 (2), pp. 171-179.

Prahalad, C. K., Bettis, R. A., 1986, "The dominant logic: A new linkage between diversity and performance", *Strategic Management Journal* 7 (6), pp. 485-501.

Prahalad, C. K., Ramaswamy, V., 2004, "Co-creation experiences: The next practice in value creation", *Journal of Interactive Marketing* 18 (3), pp. 5-14.

Prandelli, E., Pasquini, M., Verona, G., et al., 2016, "In user's shoes: An experimental design on the role of perspective taking in discovering entrepreneurial opportunities", *Journal of Business Venturing* 31 (3), pp. 287-301.

Pratt, M. G., 2003, "Identity issues in groups: Research in managing groups and teams", Disentangling collective identity, Polzer, J. E., Mannix, N. M., ed., (Stanford, CT: Elsevier Science Ltd), pp. 161-188.

Prigogine, I., Stenger, I., 1984, *Order out of chaos*, (London: Heinemann)

Ramoglou, S., Tsang, E. W., 2016, "A realist perspective of entrepreneurship: Opportunities as propensities", *Academy of Management Review* 41 (3), pp. 410-434.

Ranjan, K. R., Read, S., 2016, "Value co-creation: concept and measurement", *Journal of the Academy of Marketing Science* 44 (3), pp. 290-315.

Reagans, R., McEvily, B., 2003, "Network structure and knowledge transfer: The effects of cohesion and range", *Administrative Science Quarterly* 48 (2), pp. 240-267.

Redondo, M., Camarero, C., 2017, "Dominant logics and the manager's role in university business incubators", *Journal of Business & Industrial Marketing* 32 (2), pp. 282-294.

Repenning, N. P., Sterman, J. D., 2002, "Capability traps and self-confirming attribution errors in the dynamics of process improvement", *Administrative Science Quarterly* 47, pp. 265-295.

Ries, E., 2011, *The lean startup: How today's entrepreneurs use continuous innovation to create radically successful business* (MA, New York: Crown Business).

Roper, S., Love, J. H., Bonner, K., et al., 2017, "Firms' knowledge search and local knowledge externalities in innovation performance", *Research Policy* 46 (1), pp. 43-56.

Rosenbaum, M. S., Massiah, C., 2007, "When customers receive support from other customers: Exploring the influence of intercustomer social support on customer voluntary performance", *Journal of Service Research* 9 (3), pp. 257-270.

Rosenberg, N., 2006, *Innovation and economic growth*, (Paris: OECD Publishing).

Rothaermel, F., Sugiyama, S., 2001, "Virtual internet communities and commercial success: Individual and community-level theory grounded in the atypical case of TimeZone. com", *Journal of Management*, 27 (3): 297-312.

Salk, J. E., Simonin, B. L., 2015, "Collaborating, learning and leveraging knowledge across borders: A meta-theory of learning", *Handbook of Organizational Learning and Knowledge Management*, ed. Easterby-Smith, M., Lyles, M. A. (New York: John Wiley & Sons).

Salonen, A., Rajala, R., Virtanen, A., 2018, "Leveraging the benefits of modularity in the provision of integrated solutions: A strategic learning perspective", *Industrial Marketing Management* 68, pp. 13-24.

Sanasi, S., Manotti, J., Ghezzi, A., 2022, "Achieving agility in high-reputation firms: Agile experimentation revisited", *IEEE Transactions Engineering Management* 69 (6), pp. 3529-3545.

Sandvik, I. L., Sandvik, K., 2003, "The impact of market orientation on product innovativeness and business performance", *International Journal of Research in Marketing* 20 (4), pp. 355-376.

Sawhney, M., Verona, G., Prandelli, E., et al., 2005, "Collaborating to create: The Internet as a platform for customer engagement in product innovation", *Journal of Interactive Marketing* 19 (4), pp. 4-17.

Schmickl, C., Kieser, A., 2008, "How much do specialists have to learn from each other when they jointly develop radical product innovations?", *Research Policy* 37 (3), pp. 1148-1163.

Schrage, M., 2000, *Seriousplay: How the world's best companies simulate to innovate* (Boston, MA: Harvard Business School Press).

Schwarz, A., Rizzuto, T., 2017, "Carraher-Wolverton, C., et al., Examining the impact and detection of the 'urban legend' of common method bias", *Data Base for Advances in Information Systems* 48 (1), pp. 93-119.

Segars, A. H., 1997, "Assessing the unidimensionality of measurement: A paradigm and illustration within the context of information systems research", *Omega-international Journal of Management Science* 25, pp. 107-121.

Seidel, V. P. O'Mahony, S., 2014, "Managing the repertoire: Stories, metaphors, prototypes, and concept coherence in product innovation", *Organization Science* 25 (3), pp. 691-712.

Sethi, R., Iqbal, Z., 2008, "Stage-Gate controls, learning failure, and adverse effect on novel new products", *Journal of Marketing* 72 (1), pp. 118-134.

Shane, S., 2000, "Prior knowledge and the discovery of entrepreneurial opportunities", *Organization Science* 11 (4), pp. 448-469.

Sheng, S., Zhou, K. Z., Li, J. J., et al., 2011, "The effects of business and political ties on firm performance: Evidence from China", *Journal of Marketing* 75 (1), pp. 1-15.

Shepherd, D. A., Gruber, M., 2020, "The lean startup framework: Closing the academic-practitioner divide", *Entrepreneurship Theory and Practice* 45 (5), pp. 967-998.

Simeone, L., Secundo, G., Schiuma, G., et al., 2017, "Adopting a design approach to translate needs and interests of stakeholders in academic entrepreneurship: The MIT Senseable City Lab case", *Technovation* 64-65, pp. 58-67.

Simonson, I., 2005, "Determinants of customers' responses to customized offers: Conceptual framework and research propositions", *Journal of Marketing* 69 (1), pp. 32-45.

Sirmon, D. G., Hitt, M. A., Ireland, R. D., et al., 2007, "Managing firm resources in dynamic environments to create value: Looking inside the black box", *Academy of Management Review* 32 (1), pp. 273-292.

Skjolsvik, T., 2018, "Combining goods and service-dominant logics in purchasing strategies", *Journal of Business & Industrial Marketing* 33 (8), pp. 1087-1099.

Slater, S. F., Narver, J. C., 1995, "Market orientation and the learning organization", *Journal of Marketing* 59 (3), pp. 63-74.

Snihur, Y., Reiche, B. S., Quintane, E., 2017, "Sustaining actor engagement during the opportunity development process", *Strategic Entrepreneurship Journal* 11 (1), pp. 1-17.

Sommer, S. C., Loch, C. H., 2004, "Selectionism and learning in projects with complexity and unforeseeable uncertainty", *Management Science* 50 (10), pp. 1334-1347.

Srinivasan, R., Lilien, G. L., Rangaswamt, A., 2006, "The emergence of dominant designs", *Journal of Marketing* 70 (2), pp. 1-17.

Stead, H., 1976, "The costs of technological innovation", *Research Policy* 5 (1), pp. 1-9.

Steinbruner, J., 1974, "The cybernetic theory of decision", *Administrative Science Quarterly* 21 (2), pp. 360-372.

Sternberg, R. J., O'Hara, L. A., 1999, *Creativity and intelligence*, (Cambridge: Cambridge University Press).

Stewart, D. M., Grout, J. R., 2009, "The human side of mistake-proofing", *Production and Operations Management* 10 (4), pp. 440-459.

Suchman, M. C., 1995, "Managing legitimacy: Strategic and institutional approaches", *Academy of Management Review* 20 (3), pp. 571-610.

Syam, N. B., Kumar, N., 2006, "On customized goods, standard goods, and competition", *Marketing Science*, 25 (5), PP. 525-537.

Talke, K., 2007, "Corporate mindset of innovating firms: Influences on new product performance", *Journal of Engineering and Technology* 24 (1), pp. 76-91.

Tatikonda, M. V., Montoya-Weiss, M. M., 2001, "Integrating operations and marketing perspectives of product innovation: The influence of organizational process factors and capabilities on development performance", *Management Science* 47 (1), pp. 151-172.

Taylor, A., Greve, H. R., 2006, "Superman or the fantastic four? Knowledge combination and experience in innovative teams", *Academy of Management Journal* 49 (4), pp. 723-740.

Taylor, F. W. , 1911, *Scientific management* (New York: Harper & Row) .

Thomas A. L. , Christian, M. , 2003, "Calculating the natural Rate of interest: A comparison of two alternative approaches", *Richmond Fed Economic Brief*, 15-10.

Thomke, S. H. , 1998, "Managing experimentation in the design of new products", *Management Science* 44 (6), pp. 743-762.

Thompson, P. , 2007, "How much did the liberty shipbuilders forget", *Management Science* 53 (6), pp. 908-918.

Thorndike, E. L. , 1898, "Animal intelligence: An experimental study of the associative processes in animals", *American Journal of Psychology* 2 (4), pp. 1-109.

Tjosvold, D. , 1985, "Implications of controversy research for management", *Journal of Management*, 11 (3), pp. 21-37.

Todorova, G. , Durisin, B. , 2007, "Absorptive capacity: Valuing a reconceptualization", *Academy of Management Review*, 32 (3), pp. 774-786.

Tsang, E. W. , 2002, "Acquiring knowledge by foreign partners from international joint ventures in a transition economy: Learning-by-doing and learning myopia", *Strategic Management Journal* 23 (9), pp. 835-854.

Van den Ende, J. , van de Kaa, G. , den Uijl, S. , de Vries, H. J. , 2012, "The paradox of standard flexibility: The effects of Co-evolution between standard and interorganizational network", *Organization Studies*, 33 (5-6), pp. 705-736.

Vanneste, B. S. , Puranam, P. , 2010, "Repeated interactions and contractual detail: Identifying the learning effect", *Organization Science* 21 (1), pp. 186-201.

Verbeke, A. , 2010, "International acquisition success: Social community and dominant logic dimensions", *Journal of International Business Studies* 41 (1), pp. 38-46.

Verma, P., Kumar, V., Daim, T., Sharma, N. K., 2024, "Design thinking framework toward management control system in environmental dynamism: An innovation perspective", *IEEE Transactions Engineering Management* 71, pp. 4955-4970.

Vesey, J. T., 1991, "The new competitors: They think in terms of 'speed-to-market'", *The Executive* 5 (2), pp. 23-33.

Von Hippel, E., 1994, "Stocky information, and the locus of problem solving: Implication for innovation", *Management Science* 40 (4), pp. 429-439.

Von Hippel, E., 2001, "User toolkits for innovation", *Journal of Product Innovation Management* 18 (4), pp. 247-257.

Von Hippel, E., *Democratizing innovation* (Cambridge, MA: MIT Press, 2005).

Von Hippel, E., Tyre, M. J., 1995, "How learning by doing is done: Problem identification in novel process equipment", *Research Policy* 24 (1), pp. 1-12.

Voorhees, C. M., Brady, M. K., Calantone, R., et al., 2016, "Discriminant validity testing in marketing: An analysis, causes for concern, and proposed remedies", *Journal of the Academy of Marketing Science* 44 (1), pp. 1-16.

Waldrop, M. M., Stein, D., 1992, "Complexity: The emerging science at the edge of order and chaos", *Physics Today*, 45 (12), pp. 83-83.

Walker, K., Ni, N., Huo, W., et al., 2014, "Is the red dragon green? An examination of the antecedents and consequences of environmental proactivity in China", *Journal of Business Ethic* 125 (1), pp. 27-43.

Wall, J. A., Callister, R. R., 1995, "Conflict and its management",

Journal of Management 21 (3), pp. 515-558.

Walsh, J. P., 1995, "Managerial and organizational cognition: Notes from a trip down memory lane", *Organization Science*, 6 (3), pp. 280-321.

Walsh, J. P., Ungson, G. R., 1991, "Organizational memory", *The Academy of Management Review* 16, pp. 57-91.

Wasko, M., Faraj, S., 2000, "'It is what one does': Why people participate and help others in electronic communities of practice", *The Journal of Strategic Information Systems*, 9 (2-3), pp. 155-173.

Wei, Z., Song, X., Wang, D., 2017, "Manufacturing flexibility, business model design, and firm performance", *International Journal of Production Economics* 193, pp. 87-97.

Wei, Z., Yi, Y., Guo, H., et al., 2014, "Organizational learning ambidexterity, strategic flexibility, and new product development", *Journal of Product Innovation Management* 31 (4), pp. 832-847.

Weick, K. E., Bougon, M. G., 1986, *Organizations as cognitive maps: Charting ways tosuccess and failure* (San Francisco: Jossey-Bass).

Weick, K., Sutcliffe, K. Obstfeld, D., 1999, "Organizing for high reliability: Processes of collective mindfulness", 3, pp. 81-123.

Weigelt, C., Sarkar, M. B., 2009, "Learning from supply-side agents: The impact of technology solution providers' experiential diversity on clients' innovation adoption", *Academy of Management Journal* 52 (1), pp. 37-60.

Wessel, M., Thies, F., Benlian, A., 2022, "The role of prototype fidelity in technology crowdfunding", *Journal of Business Venturing* 37 (4), .

Wheelwright, S. C., Clark, K. B., 1992, *Revolutionizing product development* (New York: Free Press).

Witell, L., Kowalkowski, C., Perks, H., et al., 2019, "Characterizing customer experience management in business markets", *Journal of Business Research*

116, pp. 420-430.

Witell, L., Kristensson, P., Gustafsson, A., Löfgren, M., 2011, "Idea generation: Customer co-creation versus traditional market research techniques", *Journal of Service Management* 22 (2), pp. 140-159.

Wright, T. P., 1936, "Factors affecting the cost of airplanes", *Journal of the Aeronautical Sciences* 3 (4), pp. 122-128.

Wu, B., Knott, A. M., 2006, "Entrepreneurial risk and market entry", *Management Science* 52 (9), pp. 1315-1330.

Wu, F., Mahajan, V., Balasubramanian, S., 2003, "An analysis of e-business adoption and its impact on business performance", *Journal of the Academy of Marketing Science* 31 (4), pp. 425-447.

Xie, Z., Hall, J., Mccarthy, I. P., et al., 2016, "Standardization efforts: The relationship between knowledge dimensions, search processes and innovation outcomes", *Technovation* 48, pp. 69-78.

Yi, Y., Gong, T., 2013, "Customer value co-creation behavior: Scale development and validation", *Journal of Business Research* 66 (9), pp. 1279-1284.

Yoo, O. S., Huang, Y., Arifoğlu, K., 2021, "A theoretical analysis of the lean start-up method," *Marketing Science* 40 (3), pp. 395-412.

Zahra, S. A., George, G., 2002, "Absorptive capacity: A review, reconceptualization, and extension", *Academy of Management Review* 27 (2), pp. 185-203.

Zander, U., Kogut, B., 1995, "Knowledge and the speed of the transfer and imitation of organizational capabilities: An empirical test", *Organization Science* 6 (1), pp. 76-92.

Zeithaml, V. A., 1988, "Consumer perceptions of price, quality, and value: A means-end model and synthesis of evidence", *Journal of Marketing* 52

(3), pp. 2-22.

Zhang, Y., Haiyang, L. I., 2010, "Innovation search of new ventures in a technology cluster: The role of ties with service intermediaries", *Strategic Management Journal* 31 (1), pp. 88-109.

Zhang, Y., Li, H., 2010, "Innovation search of new ventures in a technology cluster: The role of ties with service intermediaries", *Strategic Management Journal*, 31 (1), pp. 88-109.

Zhang, Y., Waldman, D. A., Han, Y. L., et al., 2015, "Paradoxical leader behaviors in people management: Antecedents and consequences", *Academy of Management Journal* 58 (2), pp. 538-566.

Zhou, K. Z., Yim, C. K. (Bennett), Tse, D. K., 2005, "The effects of strategic orientations on technology-and market-based breakthrough innovations", *Journal of Marketing*, 69 (2), pp. 42-60.

Zhou, K. Z., 2006, "Innovation, imitation, and new product performance: The case of China", *Industrial Marketing Management*, 35, pp. 394-402.

Zhou, K. Z., Li, J. J., Sheng, S., et al., 2014, "The evolving role of managerial ties and firm capabilities in an emerging economy: Evidence from China", *Journal of the Academy of Marketing Science* 42 (6), pp. 581-595.

Zhou, K. Z., Wu, F., 2009, "Technological capability, strategic flexibility, and product innovation", *Strategic Management Journal* 31 (5), pp. 547-561.

Zhu, Q., Sarkis, J., Lai, K., 2012, "Internationalization and environmentally-related organizational learning among Chinese manufacturers", *Technological Forecasting and Social Change* 79 (1), pp. 142-154.

Zirger, B. J., Maidique, M. A., 1990, "A model of new product development: An empirical test", *Management Science* 36 (7), pp. 867-883.

Zollo, M. , Reuer, J. J. , 2010, "Experience spillovers across corporate development activities", *Organization Science* 21 (6), pp. 1195-1212.

Zott, C. , Amit, R. , 2008, "The fit between product market strategy and business model: Implications for firm performance", *Strategic Management Journal* 29 (1), pp. 1-26.

Zuo, L. , Fisher, G. J. , Yang, Z. , 2019, "Organizational learning and technological innovation: The distinct dimensions of novelty and meaningfulness that impact firm performance", *Journal of the Academy of Marketing Science* 47 (6), pp. 1166-1183.

Çambel, A. B. , 1993, *Applied chaos theory: A paradigm for complexity*, (San Diego: Academic Press).

图书在版编目(CIP)数据

高新技术制造企业原型设计策略研究 / 宋茜著.
北京：社会科学文献出版社，2024.12. --ISBN 978-7-5228-4529-6

Ⅰ.F279.244.4

中国国家版本馆 CIP 数据核字第 202486MR04 号

高新技术制造企业原型设计策略研究

著　　者 / 宋　茜

出 版 人 / 冀祥德
组稿编辑 / 高　雁
责任编辑 / 贾立平
文稿编辑 / 赵亚汝
责任印制 / 王京美

出　　版 / 社会科学文献出版社·经济与管理分社（010）59367226
　　　　　　地址：北京市北三环中路甲 29 号院华龙大厦　邮编：100029
　　　　　　网址：www.ssap.com.cn
发　　行 / 社会科学文献出版社（010）59367028
印　　装 / 三河市尚艺印装有限公司

规　　格 / 开　本：787mm×1092mm　1/16
　　　　　　印　张：15.25　字　数：216 千字
版　　次 / 2024 年 12 月第 1 版　2024 年 12 月第 1 次印刷
书　　号 / ISBN 978-7-5228-4529-6
定　　价 / 128.00 元

读者服务电话：4008918866

版权所有 翻印必究